KB044878

소크라테스의 변명
파이돈 | 크리톤 | 향연

# 플라톤 PLATON

고대 그리스의 철학자. 소크라테스의 제자이자 아리스토텔레스의 스승으로 서양 철학에 지대한 영향을 끼쳤다. 명문 귀족의 집안에서 태어나 20살에 소크라테스의 제자가 되었다. 소크라테스가 독배를 마셨을 때 그의 나이 28살이었다. 정치에도 뜻을 두었으나 소크라테스의 죽음을 계기로 정치에 회의를 느끼고 철학자로서의 삶을 결심한다. 소크라테스의 사상과 철학이 담긴 저서들을 저술하고 그 안에 자신의 철학도 담는다. 그 후 여러 곳을 여행하며 견문을 넓히고 기원전 387년에 철학 중심의 종합 학교인 아카데메이아라는 학교를 세웠다.

플라톤의 저서는 소크라테스가 법정에서 변론한 「소크라테스의 변명」을 제외하면 전부 대화체 형식으로 되어 있어 『대화편』이라고도 말한다. 플라톤이 30대부터 70대까지 저술한 이 대화편들은 「파이돈」 「크리톤」 「향연」 「국가」 「프로타고라스」 등 35편이다. 소크라테스는 자신의 철학을 저술 활동으로 남기지 않았고, 따라서 그의 사상을 엿보려면 플라톤의 『대화편』에 기대야 한다. 초기의 대화편에서 소크라테스의 철학을 짙게 느낄 수 있으며 후기로 갈수록 소크라테스 철학을 근간으로 한 플라톤의 철학이 나타난다.

## 옮긴이 강윤철

연세대학교 국어국문학과를 졸업하고 한국외국어대학교 대학원에서 영문학을 전공했다. 출판사 편집장을 거쳐 지금은 에이전시에서 번역 활동을 하고 있다. 번역서로 『노인과 바다』 『카네기 인간관계론』 『데미안』 『니체의 신은 죽었다』 등이 있다.

PLATON
DIALOGUES
플라톤의 대화편

소크라테스의
**변명** 파이돈
크리톤 향연

죽음으로 완성시킨
소크라테스의 진리

플라톤 지음 | 강윤철 옮김

스타북스

# '악법도 법이다', '너 자신을 알라'로 알려진 위대한 사상가

지혜를 사랑한 위대한 사상가 소크라테스는 살아 있는 동안 아무런 글도 남기지 않는다. 하지만 그의 제자 플라톤이 심혈을 기울여 스승의 사상과 철학적 삶을 알리는데 그중 소크라테스의 삶과 철학을 엿볼 수 있는 저서들이 「소크라테스의 변명」「파이돈」「크리톤」「향연」이다.

「소크라테스의 변명」은 소크라테스가 사형당하기 전 법정에서 변론하는 형태로 이루어져 있다. 소크라테스는 자신이 고발당한 죄목에 대한 부당함을 하나하나 열거하며 변론한다. 소크라테스의 죄목은 첫째로 소크라테스는 하늘에 있는 것과 땅속에 있는 것을 탐구하는 괴상한 사람이며 악행을 일삼으며 악을 선처럼 보이게 하고 남에게도 터무니없는 것을 가르친다라는 것이고, 둘째로 국가가 신앙하는 신을 믿지 않고 새로운 신을 믿는 죄를 범했으며 젊은이를 타락시킨다는 것이다. 그러나 소크라테스는 이것이 오해임을 밝히며 자연철학을 모르기 때문에 그러한 것들을 가르친 적이 없고 이러한 오해를 받게 된 원인이 델포이 신탁의 말에 있다고 한다. 소크라테스는 자신이 세상에서 가장 현명한 자라는 신탁을 받았는데 그 의미를 밝히기 위해 자기보다 현명한 자들을 찾아 나선다. 그러나 소크라테스가 찾아간 이들은 자신이 실제로 지닌 지혜보다 많은 지혜를 가졌다고 생각한다. 소크라테스는 자기는 자신의 무지를 알기 때문에 이들보다 현명하다는 결론에 이르고 자신의 무지를 모르는 이들을 일깨워 주기 위해 사람들을 찾아 다녔는데 그로 인해 사람들의 미움을 받게 되었다며 경위를 설명한다. 소크라테스는 담대하고 차분하게 변론한다. 이때 자신을 극형에 처하려는 법의 부당함을 주장하지 않고 목숨을 구걸하는 행위 역시 하지 않는다. 준엄하고 당당하게 의견을 밝히고 죽음을 두려워 않으며 오히려 기꺼워하는 모습을 보여 준다. 그리하여 판결을 받아들이고 조용히 죽음을 택한다. 여기에서는 소크라테스의 죽음과 삶에 대한 철학과 훌륭한 인격이 드러나 있다.

「파이돈」은 소크라테스의 최후를 장식하는 비장한 대서사시이다. 이 대화편은, 소크라테스의 제자 파이돈이 에케크라테스에게 소크라테스의 죽음에 대해 전해 주는 내용이다. 소크라테스는 사형 집행 때까지 태연하게 친우들과 이야기를 나눈다. 그는 주로 심미아스와 케베스와 대화를 나누며 죽음에 대해 이야기한다. 대화의 주제는 불멸한 영혼과 유한한 육체 그리고 내세이다. 죽음은 영혼과 육체의 분리에 불과하지만 영혼은 불멸하고 죽음을 통해 순수한 본질의 세계로 되돌아가는 것이라고 한다. 영혼은 육체라는 감옥에 의해 참다운 진리를 포착하지 못하지만 죽음을 통해 육체에서 해방된다는 것이다. 영혼불멸설을 중심으로 여러 가지 예를 드는 소크라테스의 논증은 흡족하지 못한 부분도 있으나 진리를 향한 그의 정신은 되새길 만하다. 죽음을 앞에 둔 그는 사형수가 아닌 새로운 세계로 떠나는 모습이다. 죽음을 두려워하지 않는 이유는 영혼 불멸과 내세에 대한 확고한 정의가 자리 잡고 있기 때문이다. 그리하여 정숙하게 죽음을 맞이하는 그의 태도는 읽는 이의 마음을 울린다.

「크리톤」은 철학자로서의 소크라테스가 아닌 나라를 사랑하고 국법을 존중한 국민으로서 소크라테스를 그린다. 죽음을 기다리는 소크라테스와 그를 설득하러 온 절친한 친구인 크리톤과의 대화가 담겨 있다. 크리톤은 소크라테스가 이대로 죽어서는 안 된다고 생각하여 아테네에서 가르치던 철학을 다른 나라에서 가르치라고 하고, 아내와 자녀들의 생계와 교육을 이유로 탈옥을 권유한다. 그러나 소크라테스는 흔들리지 않고 탈옥이 합당한가 여부로 태도를 결정하겠다고 하며 이러한 이유들에 논박하며 국민의 도리를 저버리고 탈옥을 하는 행위는 법을 어지럽히며 악을 악으로 갚는 것은 옳지 못하다는 견지에서 이를 거절한다. 이어 소크라테스는 법률을 의인화하여 국법의 존엄성과 국법을 지켜야 하는 국민의 도리에 대해 조목조목 설명한다. 요컨대 정의를 앞세우고 개인의 생명이나 자신에 대한 것은 뒤로 돌려야 한다는 것이다. 이 대화편에서 주목할 점은 압도적 권위를 갖고 있는 준법정신이다. 자신의 목숨이나 가족의 생계, 교육 등 그 어떤 것도 정의보다 우선이 되어서는 안 되며 국법을 준수하고 실천하는 국민의 절대적인 복종을 강조한다. 결국 소크라테스는 죽음을 수용하며 신념을 지키는 모습을 보여 준다.

「향연」은 가장 아름다운 대화편으로 알려져 있다. 작품 속 요소들이 하나 조화를 이루고 있으며 높은 예술성과 완벽한 구성을 드러낸다. 「향연」의 화자는 아폴로도로스로 아리스토데모스에게 들은 이야기를 전달하고 있다. 아리스토데모스는 소크라테스를 따라 아가톤의 집에서 열리는 연회에 간다. 그 연회에서 에로스를 찬미하는 연설을 하자는 이야기가 나오고 모두 그에 동의하여 에로스를 찬미하는 연설을 한다. 「향연」의 내용은 도입부, 찬양 연설, 마무리 이렇게 세 부분으로 나눌 수 있으며 에로스를 다양한 시각과 맥락에서 다루고 있다.

가장 먼저 에로스를 찬양하는 연설에 나선 파이드로스는 에로스가 가장 오래된 신이라 말하며 이 신이 내린 많은 은혜 중 하나는 인간에게 수치심을 준 것이라고 한다. 애자(愛子)가 부끄러운 일을 할 때 그의 가족이나 친구보다 그의 애인이 더 부끄러움을 느끼고 괴로워하며 반대로 애자는 자신의 비겁한 행위를 애인이 알면 큰 부끄러움을 느낀다고 하였다. 그러므로 국가와 군대를 조직할 때 애자와 애인을 한데 묶으면 좋을 것이라 하며 명예와 용기의 덕을 고취하는 에로스를 찬양한다.

다음에 연설한 파우사니아스는 에로스를 무조건 찬양할 수 없으며 아프로디테가 둘인 것처럼 에로스 역시 둘이라고 한다. 그리하여 찬양하고 따라야 할 것은 육체적인 쾌락을 좇는 에로스가 아닌 혼의 덕을 함양하는 에로스라고 한다.

에리크시마코스는 자신의 전문 분야인 의학을 들어 두 가지 사랑의 영역은 모든 사물에 미치며 사람뿐만 아니라 동물과 식물 역시 그러하다고 말한다. 또한 음악이 사랑의 원리를 조화에 응용한 것처럼 사랑에도 조화가 중요함을 주장한다. 그리하여 사물들의 형성 원리로서의 우주적 에로스를 말한다.

아리스토파네스는 에로스에 대한 새로운 해석으로 오래전 이야기를 들려준다. 원시적인 인간은 몸집이 둥글고 얼굴이 둘이며 손발이 넷인 모습을 하고 있었다. 야심이 커서 신들의 자리를 노렸기 때문에 신은 인간을 양분하였다. 둘로 갈라진 인간은 각각 짝을 찾아 일할 생각도 않고 부둥켜안아 굶어 죽어 버렸다. 이를 불쌍히 여긴 제우스가 남녀를 배합시키는 새로운 방법을 생각해 냈고 지금에 이른다. 아리스토파네스는 우리가 여기서 더 불의를 저지르면 인간은 또다시 양분되며 신을 공경해야 한다고 말한다. 또 에로스를 통해 인간이 상실한 본성을 찾을 수 있을 거라 한다.

다음 연설 주자인 아가톤은 에로스가 질서의 창시자이며 살아 있는 동물을 만들어 내고 기술을 발명했으며 인간의 안내자이자 구세주라고 하며 모든 좋은 현상들의 원인을 에로스로 본다.

마지막으로 소크라테스는 앞서 연설한 이들의 말들을 교정하거나 비판하며 아가톤과의 문답식 논의를 통해 에로스가 갖고 있지 않는 것을 소유하고자 하는 욕구라고 한다. 또한 디오티마와 만난 이야기를 들려주며 에로스에 대해 설명한다. 에로스는 무지와 지혜의 중간에 있는 철학자와 비슷하며 아름다움을 요구하며, 그 아름다움은 선이다. 즉 에로스는 선을 소유하려고 하며 이를 영원히 보존하고자 한다. 남녀가 사랑하는 이유는 단순히 아름다움만을 사랑하는 것이 아닌 생식에 대한 욕구도 있다. 인간은 사멸해 가는 자로 생식을 통해 불사를 얻는다는 것이다. 그리고 불사를 얻는 보다 효과적인 방법은 고귀한 정신의 생식으로 이는 육체적인 생식보다 가치 있는 것이다. 정신적인 생식을 추구하여 궁극의 목표인 아름다움 자체에 이른다고 한다.

소크라테스의 연설이 끝나고 많은 사람들이 그에게 박수를 보낸다. 그 후 나타난 알키비아데스의 등장으로 분위기가 달라지고 그는 에로스 찬양 대신 소크라테스를 찬양한다. 알키비아테스의 연설이 끝난 후 술자리는 끝이 나고 소크라테스는 아가톤의 집을 떠나 평소처럼 리케이온의 숲에서 목욕을 하고 집으로 돌아간다.

이 대화편에서는 에로스에 대한 당시 사람들의 가치관을 엿볼 수 있으며 주로 남성 사이의 사랑이 다뤄진다. 이런 동성애는 현대인에게는 이질감이 들 수 있으나 당시 고대 문화의 한 부분이기도 했다. 이뿐 아니라 '사랑하는 자'와 '사랑받는 자'를 구별하는 것 또한 일반적인 특징이다. 나이든 남자는 젊은 남자에게 덕을 가르치고 그가 성숙한 인간으로 발전할 수 있도록 돕는다. 이러한 관계는 파우사니아스의 연설에서도 드러난다. 그 시대 동성애에 대한 배경을 들자면 그리스인들은 용감한 기상을 길러 외부의 침

입에서 나라를 지킬 필요가 있었기 때문에 여자보다 남성간의 사랑을 존중했다. 운동 경기나 정치 철학 등 높은 신분을 가진 자만이 할 수 있는 활동도 남자들에게만 한정되어 있었다. 그리하여 덕과 행복에 대한 개념 역시 남성들의 활동에 집중되어 있었다.

위의 대화편들에서 당시 시대상은 물론 소크라테스의 신념을 알 수 있다. 소크라테스는 단순한 지식이 아닌 실천하는 지식을 중요하게 보았고, 일방적으로 해답을 주기보다 상대방에게 질문을 하여 무지를 깨닫고 진리를 찾아갈 수 있게 도왔다. 독단적인 지식을 배격하고 잘못을 제거하여 일반적인 진리에 도달하게 한 것이다. 또한 선을 중요시하였고 도덕적이고 금욕적인 삶을 추구했다. 진리를 위해서라면 죽음 앞에서도 당당했던 소크라테스의 말들은 현대인에게 교훈을 주는 바가 크다고 할 수 있다.

# 차례

# 소크라테스의 **변명**

## APOLOGÍA SOKRÁTOUS

ὅτι μὲν ὑμεῖς ὦ ἄνδρες Ἀθηναῖοι πεπόνθατε ὑπὸ τῶν ἐμῶν κα-
ρων, οὐκ οἶδα· ἐπὼ γ᾽ οὖν καὶ αὐτὸς ὑπ᾽ αὐτῶν ὀλίγου λὲν ἐ-
ἐπελαθόμην, οὕτω πιθανῶς ἔλεγον· καίτοι ἀληθές γε ὡς
πεῖν οὐδὲν εἰρήκασι. μάλιστα δὲ αὐτῶν ἓν ἐθαύμασα τῶν το-
ἐν ἐψεύσαντο, τοῦτο. ἐν ᾧ ἔλεγον ὡς χρῆν ὑμᾶς εὐλαβεῖσθαι,
ἐμοῦ δ᾽ ἐξαπατηθῆτε ὡς δεινοῦ ὄντος λέγειν· τὸ γὰρ μὴ αἰσχ
αὐτίκα ὑπ᾽ ἐμοῦ ἐξελεγχθήσονται ἔργῳ, ἐπειδὰν μηδ᾽ ὁπωστιοῦν φαίνωμαι
νιν, τοῦτό μοι ἔδοξεν αὐτῶν ἀναισχυντότατον εἶναι· εἰ μὴ ἄρα δεινὸν καλοῦσι
λέγειν, τὸν τἀληθῆ λέγοντα· εἰ μὲν γὰρ τοῦτο λέγουσιν, ὁμολογοίην ἄν, ἔγωγε οὐ κα-
τὸ εἶναι ῥήτωρ. οὗτοι μὲν οὖν ὡς πῦρ ἐγὼ λέγω, οὐδὲν ἀληθὲς εἰρήκασιν· ὑμεῖς
ὑμῶν δὲ πᾶσαν τὴν ἀλήθειαν. οὐ μέντοι μὰ Δία ὦ ἄνδρες Ἀθηναῖοι κεκαλλιεπη-
λόγους ὥσπερ οἱ τούτων, ῥήμασί τε καὶ ὀνόμασιν· οὐδὲ κεκοσμημένους, ἀλλ᾽
ἐκῆ λεγόμενα τοῖς ἐπιτυχοῦσιν ὀνόμασι· πιστεύω γὰρ δίκαια εἶναι ἃ λέγ
εἰς ὑμῶν προσδοκησάτω ἄλλως· οὐδὲ γὰρ ἄν, δήπου πρέποι ὦ ἄνδρες τ
κιᾷδε ὥσπερ μειρακίῳ πλάττοντι λόγους εἰς ὑμᾶς εἰσιέναι· καὶ μέντοι καὶ
ρες Ἀθηναῖοι τοῦτο ὑμῶν δέομαι καὶ παρίεμαι· ἐὰν διὰ τῶν αὐτῶν λόγων
μου ἀπολογουμένου δι᾽ ὧνπερ εἴωθα λέγειν καὶ ἐν ἀγορᾷ καὶ ἐπὶ τῶν τραπ
ὑμῶν οἱ πολλοὶ ἀκηκόασι καὶ ἄλλοθι, μήτε θαυμάζειν μήτε θορυβεῖν τούτ
ἔχει γὰρ οὑτωσί. νῦν ἐγὼ πρῶτον ἐπὶ δικαστήριον ἀναβέβηκα, ἔτη γεγονὼς
δομήκοντα· ἀτεχνῶς οὖν ξένως ἔχω τῆς ἐνθάδε λέξεως. ὥσπερ οὖν ἂν
εἰ ξένος ἐτύγχανον ὢν ξυνεγιγνώσκετε δήπου ἄν μοι εἰ ἐν ἐκείνῃ τῇ φωνῇ τε
τῷ ἔλεγον, ἐν οἷς περ ἐτεθράμμην· καὶ δὴ καὶ νῦν τοῦτο ὑμῶν δέομαι
ὥς γέ μοι δοκῶ· τὸν μὲν τρόπον τῆς λέξεως ἐᾶν· ἴσως μὲν γὰρ τι χείρ
δὲ βελτίων ἂν εἴη, αὐτὸ δὲ τοῦτο σκοπεῖν καὶ τούτῳ τὸν νοῦν προσέ-
μα λέγω, ἢ μή· δικαστοῦ μὲν γὰρ αὕτη ἀρετή· ῥήτορος δὲ, τἀληθῆ λ
ῶτον μὲν οὖν δίκαιός εἰμι ἀπολογήσασθαι ὦ ἄνδρες Ἀθηναῖοι πρὸς τὰ
μου ψευδῆ κατηγορημένα· καὶ πρὸς τοὺς πρώτους κατηγόρους· ἔπειτα
ὕστερον καὶ τοὺς ὑστέρους· ἐμοῦ γὰρ πολλοὶ κατήγοροι γεγόνασι πρὸς ὑμᾶς·
τὰ πολλὰ ἤδη ἔτη· καὶ οὐδὲν ἀληθὲς λέγοντες· οὓς ἐγὼ μᾶλλον φοβοῦ
τὰ ἀμφὶ αὐτὸν καὶ τοὺς ὄντας καὶ τούτους δεινούς· ἀλλ᾽ ἐκεῖνοι δεινότερο
τες οἳ ὑμῶν τοὺς πολλοὺς ἐκ παίδων παραλαμβάνοντες, ἔπειθόν τε καὶ
ἐμοῦ οὐδὲν ἀληθές· ὡς ἔστι τις Σωκράτης ἀνὴρ σοφός· τά τε μετέωρα
τα, καὶ τὰ ὑπὸ γῆν πάντα ἀνεζητηκώς· καὶ τὸν ἥττω λόγον, κρείττω ποιῶν
ρες Ἀθηναῖοι ταύτην τὴν φήμην κατασκεδάσαντες, οἱ δεινοί εἰσί μου κατη
οῦ ἀκούοντες, ἡγοῦνται τοὺς ταῦτα ζητοῦντας, οὐδὲ θεοὺς νομίζειν· ἔπ

**01**[1] 아테네 시민 여러분![2] 여러분이 나를 고발한 사람들의 연설을 듣고 어떤 느낌을 받았는지 알 수 없습니다. 그들의 말은 나 자신 역시 내가 누구인가를 잊을 정도로 그럴 듯한 것이었습니다. 그만큼 그들의 말은 설득력이 있었습니다. 그러나 그들은 진실한 말은 단 한 마디도 하지 않았습니다. 뿐만 아니라 그들이 한 숱한 거짓말 가운데 나를 가장 놀라게 한 말은 나의 웅변에 속지 않도록 조심하라는 말이었습니다. 그들은 마치 내가 대단한 웅변가라도 되는 것처럼 말했습니다. 내가 입을 열면 변변한 웅변가가 아니라는 사실이 드러나고 말텐데도 그들은 그 말이 부끄러운 줄도 몰랐습니다. 이것이야말로 그들이 얼마나 파렴치한가를 알 수 있습니다. 만일 그들이 진실을 말하는 사람이 웅변가라

---

1  1장은 변명의 서론, 2장은 문제 제기, 3장은 소크라테스의 변명이 본격적으로 시작된다.
2  소크라테스는 '재판관 여러분'이라는 관례적인 호칭이 아닌 '아테네 시민 여러분'을 사용했다. 재판관들이 그를 재판할 도덕적 권리가 없다고 여겼기 때문이다.

고 하면 그건 이야기가 다릅니다. 그들의 말이 그런 뜻이라면 스스로 웅변가임을 인정할 것입니다. 그러나 그들은 진실에 대해서는 단 한 마디도 하지 않았습니다. 그와는 반대로 여러분은 나에게서 모든 진실을 들으실 것입니다.

아테네 시민 여러분, 제우스 신에 맹세코 여러분이 들으실 이야기는 그들의 말처럼 미사여구로 수식된 말이 아닙니다. 나는 그때그때 내 머릿속에 떠오르는 생각을 꾸밈없이 털어놓을 것입니다. 그것은 내가 말하는 말이 옳다고 믿기 때문입니다. 여러분, 나에게 젊은 웅변가들의 변론에서 듣던 기대를 거시면 안 됩니다. 나와 같이 적지 않은 나이에 풋내기 연설가처럼 기교를 부리면서 변명을 늘어놓는 행동은 아무래도 연륜에 어울리지 않을 테니 말입니다. 그리고 아테네 시민 여러분, 여러분에게 한 가지 부탁을 드리려고 합니다. 시장의 환전소 앞이나 그 밖의 이곳저곳에서 종종 이야기를 한 일이 있으므로 여러분들 중에는 제 이야기를 들은 분이 있는 줄로 압니다. 지금도 그때처럼 이야기를 하겠지만 그것 때문에 놀라거나 소란을 피우지는 마십시오. 이미 나이가 일흔 살이 되었지만 법정에 나서기는 오늘이 처음입니다. 그래서 이 법정 안에서 쓰는 말들은 외국어처럼 생소합니다. 가령 내가 외국에서 온 사람이라면 거기서 써 오던 말을 그대로 쓰고 그 말투로 말하더라도 여러분은 사정을 살펴서 이해해 줄 것입니다. 그와 마찬가지로 내 변론을 관대히 봐 달라고 부탁하는 일은 무리한 것이 아니라 생각합니다. 서툰 말도 있고 그럴듯한 말도 있겠지만 말투가 아닌 내가 옳은 말을 하는가 그렇지 않은가에 대해서만 유념해 주십시오. 재판장은 올바른 재판을 해야 하고 변론인은 진실을 말해야 하니까요.

**02** 우선 처음으로 나에게 제기된 거짓 고발과 고발자들에 대해서 이야기하고 다음에 그 후에 나온 고발과 고발자에 대해서 이야기하겠습니다. 이렇게 하는 것은 오래전부터 많은 고발자들이 여러 해에 걸쳐 진실한 말을 한 마디도 하지 않고 무고하게 나를 고발했기 때문입니다.

　나는 아니토스[3]와 그의 일파를 두렵게 생각하지만 이들보다도 그들을 훨씬 더 두렵게 생각합니다. 저들이 한층 더 두려운 이유는 여러분들의 마음을 어린 시절부터 기만으로 휘어잡고 나에게 터무니없는 죄를 씌우려 했기 때문입니다. '소크라테스라는 사람이 있는데 위로는 하늘 위의 일을 살피고 밑으로는 지하의 일을 탐구하고 규명하고 옳지 않은 이론을 올바른 것처럼 들려준다' 따위의 것입니다.

　아테네 시민 여러분, 이와 같은 헛소문을 퍼뜨린 이 사람들이 내가 가장 두렵게 생각하는 고발인들입니다. 누구든지 이런 소

---

3　Anytus : 원고인 밀레토스 측의 변호인. 민주파의 정치가로 그가 이 소송의 주모자임이 여기서 밝혀진다.

문을 들으면 그런 것을 탐구하는 사람은 신을 믿지 않는 사람이라고 생각하게 될 터이니 말입니다.

이런 소문을 퍼뜨린 사람은 상당히 많으며, 그들은 오래전부터 나를 중상해 왔습니다. 더욱이 그들이 그런 이야기를 하던 때가 여러분들이 아직 청년이었던 시절, 또는 소년이었던 시절처럼 감수성이 많아 남의 말을 곧이듣기 쉬운 시기였습니다. 말하자면 궐석재판(闕席裁判)을 받는 거나 다름없었고 아무도 그들의 고발에 대해 변명한 사람이 없었습니다. 무엇보다도 허무맹랑한 것은 그들이 누구인지 알 수 없다는 것이었습니다. 단지 그 무리 중 교활한 희극 작가[4]가 한 사람이 있다는 사실을 알고 있을 뿐입니다. 공연한 질투에 눈이 어두워 나를 중상하려고 여러분에게 헛소문을 퍼뜨린 사람들이야말로―그들 중에는 자신도 그렇게 믿고 남도 믿게 하려는 사람도 있었습니다―가장 다루기 어려운 사람들입니다. 그들 중 누구 하나 여기에 소환하여 따져볼 수도 없고 그것을 변명하자니 마치 내 그림자와 싸우는 것처럼 대답하는 사람이 없는 데서 논박을 해야 하는 꼴과 같다고 하겠습니다.

여러분, 이미 말한 바와 같이 내게 나타난 고발인은 두 부류가 있다는 점을 알아 주셨으면 합니다. 하나는 지금 나를 고발한 무리이고, 다른 하나는 오래전부터 나를 고발해 온 무리입니다. 우선 오래전부터 나를 고발해 온 무리에 대해서 먼저 답변을 하렵

---

4  아리스토파네스로 그는 「구름」이라는 작품 속에서 소크라테스를 희극 인물로 묘사하였다.

니다. 왜냐하면 여러분은 지금 나를 고발한 무리의 말보다 오래 전부터 나를 고발한 무리의 말을 더 일찍, 더 자주 들으셨기 때문입니다.

자, 그렇다면 변명을 시작하겠습니다. 나는 짧은 시간 내에 여러분들이 오랫동안 갖고 있었던 편견을 없애려고 애쓰지 않으면 안 됩니다. 만일 이 일이 여러분들이나 나에게 좋은 일이라면, 내가 성공할 수 있기를. 그리고 내 변명이 얼마만큼이라도 성과를 낼 수 있기를 바랍니다. 하지만 그것은 결코 쉬운 일이 아니며 또한 이 일의 성질이 어떤지 충분히 알고 있습니다. 그러나 오직 이 결과를 신의 뜻에 맡기기로 하고 법에 순종하여 변명하겠습니다.

**03** 나는 사건의 시작으로 다시 돌아가서 나에 대한 고발과 중상을 하게 된 이유를 따지고자 합니다. 또한 멜레토스[5]가 나에게 고발을 하게 한 그 죄상이 대체 무엇인지를 살펴보기로 하겠습니다. 실제로 그들이 법정에 선서한 선서서를 읽어 보겠습니다.

'소크라테스는 하늘에 있는 것과 지하에 있는 것을 탐구하는 괴상망측한 사람이다. 악행을 일삼으며 악을 선처럼 보이게 하고 또한 남에게도 그런 터무니없는 것을 가르친다'

이것이 대략 고발의 내용입니다. 사실 여러분들은 아리스토파네스의 희극을 직접 보셨을 것입니다. 그 연극에 등장하는 소크

---

5  Meletos : 시인으로서 표면상의 고발인이다.

라테스라는 인물은 여기저기를 공중으로 돌아다닌다고 허풍을 떨고, 영문을 모를 소리를 많이 하는데 한 마디도 이해할 수가 없었습니다. 그렇다고 해서 내가 자연철학[6]을 무시하는 말은 아닙니다. 만일 멜레토스가 자연철학을 경멸했다는 큰 죄로 나를 고발했다면 유감스러운 일이 아닐 수 없습니다.

아테네 시민 여러분, 사실 나는 이런 일에 전혀 관심이 없다고 말씀드리고 싶습니다. 절대로 물질에 대해 이야기하는 사람이 아니며 이 사실에 대해서 여러분들 대다수가 증인이 되어 주리라고 생각합니다. 그리고 여러분들 중 이전에 나의 대화를 들은 적이 있는 분이 많을 거라 생각합니다. 그분들 중 내가 이런 것에 대하여 사소하게라도 말한 것을 들은 적이 있다면 그 여부를 밝혀 주십시오. 그러면 그 고소 내용의 다른 부분의 진실 역시 가려낼 수 있을 것입니다.

**04** 또한 내가 사람을 가르친다고 나서고 그 대가로 돈을 받는다는 소문 역시 터무니없는 말입니다. 하기야 레온티노이 사람인 고르기아스, 케오스 사람인 프로디코스, 엘리스 사람인 히피아스[7]처럼 시민들을 가르치는 일 또한 훌륭하다고 생각합니다. 그들은 모두 여러 도시를 돌아다니며 청년들을 설득하였습니다.

---

6 그리스 초기 철학자들은 자연의 본성과 원질에 대해 연구했기 때문에 그 학문을 자연철학이라고 한다.
7 고르기아스, 프로디코스, 히피아스 모두 당시 대표적인 소피스트로 외교 사절로 활약했다.

지방 청년들은 — 자기 나라 사람 중에는 누구든 대가를 치르지 않고 원하는 사람과 사귈 수 있지만 — 그들을 가르침을 받기 위해 고향을 버리고 그들을 따라나섰습니다. 비록 그것에 대해서 돈을 치렀지만 고마운 마음을 느끼게 할 수 있기 때문입니다. 그 밖에도 파로스섬 사람으로 슬기로운 사람이 지금 아테네에 머물고 있다는 것을 알았습니다. 그에 대한 다음과 같은 이야기를 들은 적이 있습니다.

소피스트를 위해 다른 사람들이 지불한 돈보다 많은 돈을 소비한 히포니코스의 아들인 칼리아스를 만나 우연히 이야기를 듣게 되었습니다. 나는 그에게 두 아들이 있다는 사실을 알았습니다. "칼리아스, 만일 당신의 아들들이 망아지나 송아지였다면 그들을 사육할 훌륭한 조련사를 고용하여 보수를 지불하고, 그들에게 어울리는 훈련을 시켜야 하지 않겠는가? 그리고 그는 말이나 농사에 능한 사람이라야 할 걸세. 그러나 실은 자네의 아들들은 사람이니 그들을 훌륭한 사람으로 키우려고 한다면 어떤 사람을 택해서 아들들을 가르칠 작정인가? 가르치는 사람은 인간으로서 갖추어야 할 덕을 아는 지식인이라야 될 줄 아네만. 그런 사람이 있을까?"

"네 있습니다."

그래서 내가 물었습니다.

"그게 누구인가? 어느 나라 사람이고 대가는 얼마인가?"

"소크라테스, 그는 파로스섬에서 온 에우에노스[8]입니다. 5므나[9]를 수업료로 주고 있습니다."

그리하여 나는 에우에노스가 그런 재주를 가지고 또 그와 같은 보수를 받고 수업을 한다면, 에우에노스는 행복한 사람이라고 말했습니다. 만일 내게 그런 지식이 있는 사람이라면 자랑으로 여겼을 것입니다. 그러나 아테네 시민 여러분! 나는 그런 지식이 전혀 없습니다.

**05** 여러분 중 어떤 분은 이렇게 말하는 사람이 있을 것입니다.

"소크라테스, 도대체 당신은 무슨 일을 하오? 당신을 고발한 그 원인은 어디서 생겼소? 당신의 평소 언행 중 분명 남들과 다른 부분이 있지 않고서 그런 평판과 소문이 나돌 리가 없소. 당신이 유난한 행동을 하지 않았다면 당신이 하는 일이 무엇인지 밝혀 주시오. 그러면 우리도 당신에 대해 섣부르게 판단하지 않을 테니."

누군가 이렇게 말한다면 그 말이 정당하다고 생각합니다. 그래서 나는 대체 무엇 때문에 지혜로운 자라는 이름을 얻었고, 또 그런 중상을 받았는지 여러분께 그 까닭을 밝히려고 합니다. 그러니 여러분들은 나의 이야기를 끝까지 들어 주십시오. 여러분들 중에는 혹여나 내가 엉뚱한 말을 하고 있는 것은 아닌지 오해

---

8  Euenos : 소피스트로 파로스 출신의 현인.
9  1므나는 영국 돈 1실링 3펜스에 해당.

하는 분도 계실 겁니다. 그러나 일말의 거짓 없는 사실만을 지금부터 전하려고 하니 들어 주십시오.

아테네 시민 여러분, 내가 이러한 명성을 얻은 것은 어쨌거나 일종의 지혜가 있기 때문이라 생각합니다. 그것은 어떤 지혜일까요? 아마 그것은 보통 사람이 지니고 있는 지혜일 겁니다. 실제로 내가 갖고 있는 지혜란 특별할 것 없습니다. 그렇지만 앞서 이야기한 사람들은 평범한 사람 이상의 지혜를 갖고 있다고 생각합니다. 나처럼 평범한 사람은 그것이 아니라면 무엇이라 말해야 좋을지 모르겠습니다. 사실 나는 그런 지혜를 갖고 있지 않을뿐더러 누가 나에게 그런 지혜를 갖고 있다고 주장한다면 그는 거짓말을 하고 있으며 나를 중상하기 위해 그런 말을 하는 것입니다.

아테네 시민 여러분! 내가 하는 말들이 터무니없게 들릴지라도 이야기를 가로막지 말고 조용히 귀를 기울여 주십시오. 이제부터 말하려는 말은 내 말이 아니라, 여러분이 충분히 신뢰할 수 있는 분의 말을 전하려는 것입니다. 이분은 델포이의 신(神)입니다. 만일 나에게 지혜가 있다면 그것이 어떤 종류의 지혜인지 말해 줄 것입니다. 여러분께서는 카이레폰[10]을 알고 계실 것입니다. 그는 어린 시절부터 나의 친구였고 여러분의 동지로서 한때 망명을 했다가 여러분과 함께 돌아왔습니다. 아시다시피 카이레폰은 모든 행동이 성급하면서 어떤 일에 빠지면 깊이 파고드는 성

---

**10** chairephon : 소크라테스의 진실한 친구로서 소크라테스를 고발한 아니토스와도 민주파의 동지였다.

격이기도 합니다. 그는 언젠가 델포이의 신전에 가서 대담하게도 신탁을 구하려고 하였습니다. 그 일에 대해 이야기하려고 하니 나의 이야기를 가로막지 말기를 간청합니다.

그는 신전에 나가서 이 세상에 나보다 더 지혜로운 자가 있는지 그 여부를 신탁에서 구했습니다. 델포이의 무녀는 더 지혜로운 자는 아무도 없다고 대답하였습니다. 이 일에 대해서는 여기 있는 그의 아우가 여러분에게 증언할 것입니다. 카이레폰은 이미 세상을 떠나고 없으니까요.

**06** 그런데 여러분, 내가 무엇 때문에 이런 말을 하는지 아시겠습니까? 다름이 아니라 내가 어째서 그처럼 심한 중상을 당하게 되었는지 그 까닭을 들려 드리기 위해서입니다. 나는 그 신탁을 들었을 때 속으로 생각했습니다.

'신은 대체 무엇을 말씀하려는 것일까? 어떻게 이 말씀을 해석해야 옳은가? 나는 신탁의 말씀처럼 나 자신이 지혜로운 사람이 아님을 알고 있다. 델포이 신께서 나를 세상에서 가장 지혜로운 사람이라고 하신 것은 무슨 뜻이 있어서 일까? 신이 거짓말을 할 리는 없으니 어떤 섭리가 있을 것이다'

나는 신의 섭리가 어디에 있는지 오랫동안 곰곰이 생각했습니다. 그래서 지혜로운 사람이라는 명성을 얻는 사람을 찾아가기로 하였습니다. 만일 그 사람이 나보다 더 지혜가 있다면 신탁을 향해 반박하려고 말입니다.

'이분이 저보다 더 지혜로운데 당신께서는 어찌하여 제가 가장 지혜로운 사람이라고 말씀하십니까?'

분명히 이와 같이 말할 수 있을 거라 확신했습니다. 그리하여 그분과—구태여 이름을 밝힐 필요는 없지만, 그분은 정치가였습니다—이야기를 나누면서 관찰한 결과 다음과 같은 사실을 깨달았습니다. 많은 사람들이 그분을 지혜로운 사람이라고 인정하며, 자신 역시 그렇게 자부하고 있었던 것 같습니다. 그러나 실로 그렇지 못하다고 생각하게 되었습니다. 그리하여 나는 그로 하여금 자신이 지혜로운 사람이라 자부하는 것이 옳지 않은 생각임을 알리려고 애를 썼습니다. 그런데 그 결과 그를 비롯하여 그 자리에 있던 많은 사람들에게 적의를 갖게 하였습니다. 나는 거기에서 돌아오면서 생각했습니다.

'분명히 저 사람은 나보다 더 지혜롭지 못하다. 그 사람도 나도 아름다움과 선한 것에 대해 아무 것도 모르는데도, 그 사람은 자기가 모른다는 사실을 모른다. 그러나 나의 경우 내가 모른다는 사실을 알고 있다. 대수롭지 않은 점이지만, 내가 모른다는 것을 분명히 알고 있기 때문에 그 사람보다는 지혜로운 것이 아닐까?'

그 후에도 나는 그 사람보다 더 지혜로운 사람들을 찾아갔습니다만 역시 똑같은 결론을 얻고 말았습니다. 그리고 그곳에서도 역시 그와 그 밖의 많은 사람들에게 미움을 받게 되었습니다.

**07** 그 후로 오늘날까지 여러 사람들을 찾아다녔습니다. 가는 곳마다 미움을 사고 있다는 사실을 깨닫고 괴로워도 하고 걱정스러워 하기도 했지만 말입니다. 그러나 신에 대한 의무를 게을리할 수 없었습니다. 신탁의 의미가 무엇인가를 밝혀내기 위해서 지혜로워 보이는 모든 사람을 찾아가 보기로 하였습니다.

아테네 시민 여러분, 나는 개에게 맹세하지만[11]—여러분에게는 어디까지나 있는 진실을 그대로 전하기 위해—이와 같은 말씀을 드리는 겁니다.

신의 말씀을 따라 살펴보니, 가장 훌륭하다고 명성을 얻은 사람들은 사려가 부족하고 어리석을 뿐이며, 미천하게 여겨지는 사람들이 더 지혜롭고 훌륭하게 보였습니다. 그리고 나는 괴로운 편력—결국 신탁의 말은 부정할 수 없음을 밝혀준—의 이야기를 들려드리겠습니다.

이번에야말로 내가 지혜로운 사람이 아니라는 사실을 입증하기 위해 정치가 다음에는 시인, 비극 작가, 디티람보스 시인[12], 그 밖의 많은 시인들을 찾아갔습니다. 그들을 만나면 나 자신의 어리석음과 무지가 곧 드러날 것이라 기대했습니다. 그들의 작품 중 정성 들여 완성하였다고 생각되는 작품을 골라 그 시가 지니는 뜻에 대해 질문했습니다. 그렇게 하면 그들은 나에게 무엇인

---

11 맹세를 할 때 함부로 신의 이름을 부르지 않기 위해 쓰는 말.
12 Dithyrambos : 디오니소스의 제례 때에 피리에 맞춰 춤을 추면서 부르는 합창.

가를 가르쳐 줄 수 있으리라 믿었던 것입니다. 여러분은 믿어 주시겠습니까? 나는 진실을 말할 것이지만 부끄러움을 감출 수 없습니다. 왜냐하면 그곳에 있는 사람들 대부분이 작가들보다 더 훌륭하게 시를 설명할 수 있었다는 사실입니다. 그래서 나는 시인은 지혜로 시를 쓰는 것이 아닌 신의 계시를 받는 점쟁이나 예언자들의 그것처럼 타고난 소질과 영감으로 시를 쓴다는 사실을 알았습니다.

시인들은 훌륭한 구절을 많이 남기지만 그 의미가 무엇인가 전혀 이해하지 못했습니다. 더 나아가 시를 쓴다는 이유로 다른 일에도 가장 지혜가 있다고 믿고 있지만 사실은 그렇지 않다는 점을 알게 됐습니다. 그리하여 정치가들의 경우와 마찬가지 이유로 나 자신이 시인들보다 지혜롭다는 생각을 가지고 돌아왔습니다.

**08** 끝으로 나는 공예가를 찾아갔습니다. 나 자신이 아무것도 모른다는 사실을 알고 있지만 그들은 훌륭한 것을 많이 갖고 있다는 것을 믿었기 때문입니다. 나의 생각은 틀리지 않았습니다. 그들은 내가 모르는 것을 많이 알고 있었고, 그 점에 대해서는 나보다 훨씬 더 지혜로웠습니다. 아테네 시민 여러분, 그러나 이 훌륭한 기술자 역시도 시인들과 같은 잘못을 저지르고 있다고 생각되었습니다. 그들은 기술적인 일에 뛰어났으므로 그 밖의 일에서도 뛰어난 사람인 것처럼 생각하고 있었습니다. 이러한 편

견으로 그들의 지혜가 가려지고 있는 것처럼 보였습니다. 그러므로 신탁을 대신하여 자신에게 묻지 않을 수 없었습니다.

'나는 그들의 지혜도, 그들의 무지도 갖지 않은 현재 상태에 머무는 것이 옳은가. 아니면 그들처럼 지혜와 무지를 다 지녀야 하는가?'

그리하여 나는 나 자신과 신탁에 대하여 현재의 상태로 있는 것이 나에게는 더 좋을 것이라는 결론을 내렸습니다.

**09** 아테네 시민 여러분, 이와 같이 깊게 탐구하다 보니 많은 사람들이 나를 미워하고, 위험한 적이 생겼으며 많은 악평을 받게 되었습니다. 그리고 나는 지혜로운 자라는 명성만 듣게 되었습니다. 이것은 내가 다른 사람에게 반박을 할 때 그 자리에 있던 사람들이 내가 구하고자 한 지혜를 나 자신이 갖고 있을 거라 믿었기 때문에 그렇게 된 것입니다. 하지만 여러분, 진정한 지자(知者)는 신뿐이라고 생각합니다. 그리고 신이 전한 말의 의미는 인간의 지혜란 보잘것없고 가치 없음을 뜻한다는 생각이 듭니다. 그러므로 신이 말한 소크라테스 역시 여기에 있는 소크라테스를 가리키는 것이 아니라 예일 뿐입니다. 즉 신은 "인간들 중 가장 지혜로운 사람은 소크라테스처럼 그의 지혜가 사실은 아무 쓸모가 없음을 잘 아는 사람이다."라고 말했던 것입니다.

그러므로 나는 신의 뜻에 따라 이리저리 돌아다니며 지혜로운 사람이라고 여겨지면 우리나라 사람이든 다른 나라 사람이든 가리지 않고 그들을 관찰하였습니다. 그리하여 지혜롭다고 생각되지 않은 경우에는 신의 뜻에 따라 그가 지혜로운 자가 아님을 깨닫게 하였습니다. 이와 같은 일에 몰두하여 나라일도 집안일을 돌볼 잠깐의 겨를도 없어 곤궁하게 살았지만 신의 말씀을 따르기 위함이었습니다.

**10** 그 밖에 또 다른 문제가 있습니다. 젊고 한가하고 부유한 집안의 젊은이들이 자발적으로 나를 따라다니면서 내가 사람들과 묻고 따지는 것에 관심을 갖고 귀를 기울여 듣다가 곧잘 나의 흉내를 내며 다른 사람에게 묻고 따지는 것이었습니다. 그들은 자신이 무엇을 알고 있다고 생각하지만 사실은 아는 것이 거의 혹은 전혀 아무것도 모른다는 것을 알게 되었습니다. 그리하여 질문을 받은 사람들은 젊은이들이 아닌 나에게 화를 내며 말했습니다.

"소크라테스 때문에 이런 일이 생겼다. 천하에 고약하기 짝이 없구나. 이리저리 돌아다니며 젊은이들을 타락시키고 있다."

만일 그들에게 소크라테스가 무엇을 하고 무엇을 가르쳐서 그러느냐 묻는다면 아무것도 알지 못하는 그들은 결국 대답을 하지 못합니다. 무지를 가리기 위해 학문을 하는 사람들을 비난할 때 쓰는 말을 인용하여, '구름 위나 지하의 일을 가르친다'거나

'신들을 믿지 않는다'거나 '옳지 않은 것을 옳은 것처럼 만드는 자이다'라고 말하는 것입니다.

이것은 그들이 아는 체하고 있지만 실제로 아무것도 모르기 때문에, 그들 자신이 아무것도 모른다는 사실이 폭로되는 것을 절대로 원치 않기 때문에 그들은 진실을 말하고 싶지 않았으리라고 나는 생각합니다.

명예욕이 강하고 성급한 그들은 수효가 많아 모두 한패가 되어 나를 비방하였습니다. 오래전부터 오늘날까지 맹렬한 중상으로 여러분들의 귀를 막았던 것입니다. 이러한 일들이 원인이 되어 멜레토스와 아니토스와 리콘[13]이 나를 공격하였습니다. 멜레토스는 작가들을 대신해서, 아니토스는 정치가와 기술자를 대신해서, 리콘은 변론가를 대신해서 나를 괴롭혔습니다.

따라서 처음에 말씀드린 바와 같이, 짧은 시간 안에 이와 같이 맹렬하고 어마어마한 중상을 씻어 낼 수 있을 것이라 생각하지 않습니다. 그렇게 된다면 그것을 오히려 이상하게 생각할 것입니다.

오, 아테네 시민 여러분, 이것은 추호의 거짓 없는 진실입니다. 나는 작은 일이든 큰일이든 어느 하나도 숨기지 않았고 전부 여러분께 말씀드립니다. 물론 이렇게 솔직하기 때문에 미움을 받고 있다는 사실도 잘 알고 있습니다. 그러나 그들의 증오가 바로 내가 진실하다는 증거가 아니고 무엇이겠습니까? 그리고 장차

---

13 LyKon : 아니토스와 함께 펠레토스의 변호인이 되어 소크라테스를 고소하는 책략을 꾸민 자.

조사해 보시면 그 진실이 중상의 원인이 되었다는 사실을 여러분들은 아실 겁니다.

**11** 이만하면 처음의 고발자들의 고발 내용에 관한 변명은 충분하다고 생각합니다. 이제부터는 자칭 선량한 애국자인 멜레토스와 나를 나중에 고발한 사람들의 고발 내용에 대한 변명을 하려고 합니다. 그러면 그들의 고발장을 살펴보기로 하겠습니다. 대략 다음과 같은 내용이 있습니다.

"소크라테스는 죄인이다. 청년들을 타락시키고 나라에서 인정하는 신을 믿지 않으면서 스스로 새로운 신을 섬기는 악덕한 자이다."

이것이 그들의 고발 내용입니다. 그러면 이제부터 그 조목을 하나하나 따져가며 진위를 가려보겠습니다.

첫째로 내가 청년들을 타락시키는 자라고 주장하였습니다. 그렇지만 아테네 시민 여러분, 이에 대해 오히려 진정한 죄인은 멜레토스라고 하지 않을 수 없습니다. 그는 일을 성의 있게 하지 않으면서 성실한 척하고 함부로 타인을 재판에 회부하고 있습니다. 이것은 진실한 척하면서 남을 희롱하는 위선자와 다를 것이 없습니다. 이와 같은 사실을 여러분에게 밝히려고 합니다.

**12** "자, 멜레토스! 이리 나와서 대답해 주게. 자네는 젊은 청년

들을 선도하는 것을 중요하게 여기지 않나?"

"물론, 그렇습니다."

"그러면 재판관들에게 말하게. 그들을 선도하는 사람은 누구인가? 그런 일에 관심을 갖고 있는 자네라면 분명히 알고 있을 테지. 자네는 청년들을 타락시키는 사람을 찾았다는 듯이 나를 끌어내서 고발하였으니까. 그렇다면 반대로 청년들을 선도하는 사람은 대체 누구란 말인가? 그것을 이분들에게 말해 주게. 오, 멜레토스. 자네는 왜 굳게 입을 다물고 아무 말도 하지 못하나? 이것은 수치스러운 일일 뿐만 아니라 내가 말한 것, 즉 자네는 그런 일에 관심을 갖고 있지 않다는 말의 증거가 아닌가? 어찌됐든 말해 보게. 청년들을 선도할 수 있는 사람은 누구인가?"

"법률입니다."

"내 질문은 그것이 아니네. 내 질문은 그 법률을 가장 잘 아는 사람이 누구인가 하는 걸세."

"소크라테스, 이 법정에 계시는 재판관들이 아니겠습니까?"

"멜레토스, 도대체 무슨 말을 하고 있는가? 이분들이 청년들을 선도하고 가르칠 수 있단 말인가?"

"그렇습니다."

"그렇다면 재판관 모두가 그렇단 말인가? 혹은 그런 분도 있고 그렇지 못한 분도 있단 말인가?"

"이분들 모두가 그렇습니다."

"헤라 여신에게 맹세하지만 이것은 훌륭한 말이네. 자네 말은 청년들을 선도할 분이 그만큼 많다는 것이지 않은가. 그렇다면 그들은 여기 있는 방청객들도 훌륭하게 선도할 수 있는가, 그렇지 않은가?"

"그들도 마찬가지입니다."

"그렇다면 원로원 의관들에 대해서는 어떻게 생각하느냐?"

"그들도 마찬가지입니다."

"멜레토스, 그렇다면 공민 의회에 모이는 의원들은 청년들을 타락시키는 일 따위는 하지 않겠지? 그렇다면 그분들 역시 청년들을 선도할 수 있지 않은가?

"물론입니다."

"그렇다면 결국 모든 아테네 사람들은 누구나 청년들을 선도한다는 말이며, 타락시키는 자는 나 하나뿐 아닌가?"

"그렇습니다. 그것이 바로 강력히 주장하고 싶은 말이었습니다."

"그 말이 사실이라면 나는 매우 불행한 사람이로군. 내 질문에 대해 한 번 더 답변해 주기 바라네. 말(馬)에 관해서도 마찬가지로 생각하는가? 즉 세상 모든 사람들이 말을 잘 다루나 어느 한 사람만 말에게 해를 끼칠 수 있는가? 실은 그 반대가 아닐까? 단 한 사람 혹은 소수의 사람만이 말을 잘 다룰 수 있고 그 밖의 대부분의 사람들이 말을 다루면 오히려 말을 못 쓰게 만들지는 않는가? 멜레토스, 물론 말에 대한 예일 뿐이지만, 그 밖의 모든 동물들 역시 마찬가지가 아닐까? 자네나 아니토스나 반대를 하건 찬성을 하건 이것은 틀림없는 사실이네. 그런데 젊은이를 타락시키는 사람은 한 사람이고, 다른 사람들은 모두 선도한다면 청년들로서는 매우 다행인 일이네. 하지만 멜레토스. 자네가 젊은이들의 일에 관심을 가지지 않았다는 것이 충분히 드러났네. 나를 여기다 끌어낸 일에 관해 자넨 아무런 관심도 갖지 않았다는, 사실이 분명해졌네."

**13** "제우스 신의 이름으로, 한 가지 더 질문하겠네. 세상을 살아가는 데 선량한 시민들과 함께 사는 것이 좋은가. 악한 시민들과 함께 사는 것이 좋은가? 대답해 주게. 내 질문이 어려운 질문은 아니지 않나? 악한 시민들은 가까이 있는 사람들에게 피해를 주지만 선량한 시민들은 선한 일을 하기 마련이 아니겠나?"

"옳은 말씀입니다."

"그렇다면 자기와 함께 사는 사람들에게 도움을 받기보다 피해를 받기를 원하는 사람이 있을까? 법률도 자네 대답을 요구하네. 이 세상에 누가 피해를 받기를 원하겠는가? 대답해 주게."

"물론 아무도 없습니다."

"또한 자네는 내가 청년을 타락시켰다는 이유로 나를 여기에 끌어냈는데, 내가 고의로 했단 말인가? 아니면 고의로 하지 않았단 말인가?"

"고의로 그렇게 했다고 생각합니다."

"그러나 멜레토스. 자네는 조금 전에 선량한 시민은 좋은 일을 하고 악한 시민은 악한 일을 한다고 인정하지 않았는가? 젊은 자네는 그러한 사실을 알 만큼 탁월한 지혜를 갖고 있고, 늙은 나는 함께 사는 사람을 타락시키면 나 자신도 피해를 입을 거라는 사실을 알지 못할 정도로 어리석다는 말인가? 그것을 고의적으로 할 만큼 말인가? 나는 자네의 말을 믿을 수 없네. 비단 나뿐만 아니라 모든 사람들이 자네의 말을 믿기 어려울 걸세. 결국 자네의 말은 내가 세상 사람들을 타락시키지 않았거나 고의로 행한 일이 아니라는 말이 되네. 어느 쪽이든 자네는 거짓말을 하고 있네. 만일 고의로 청년을 타락시킨 것이 아니라면, 그런 본의 아닌 잘못으로 이곳에 끌어내어 재판하는 것은 옳지 못한 일일세. 그것은 이런 곳에 끌어내서 심판할 것이 아니라 개인적으로 만나 가르쳐 주는 것이 마땅한 것 아닌가? 만일 자네가 가르쳐 준다면 고의가 아닌 이상, 나도 그만두었을 것이 아닌가? 그런데 자네는 내게 알려 줄 생각을 하지 않고 이런 곳으로 끌어내었네. 여기는 처벌을 받아야 할 사람이 올 곳이지 가르침을 받아야 할 사람이 올 곳은 아니네."

**14** "아테네 시민 여러분, 앞서 말한 바와 같이 멜레토스는 이런 일에 전혀 관심을 가지지 않는다는 것이 분명해졌습니다. 이것

은 너무나 분명하므로 더는 말하지 않겠습니다. 그러나 멜레토스, 어째서 내가 청년들을 타락시켰다는 말을 하는지, 그 점에 대해서 들어야겠네. 자네의 고소장에 따르면 내가 나라가 인정하는 신을 믿지 않고 새로운 신을 믿으라고 가르치고 있다고 하네. 내가 이런 것을 가르쳐 청년들을 타락시키고 있다고 말하지 않았나?"

"그렇습니다. 바로 그것을 말하려고 했습니다."

"그렇다면 멜레토스, 방금 이야기한 그 신들에게 맹세하고 나와 여기 있는 분들에게 좀 더 분명히 말해 주게. 나로서는 자네의 말을 분명히 알 수 없네. 자네는 어떤 이유로 고소를 했는가? 말하자면 나는 어떤 다른 신을 믿으라고 가르쳤다고 하는데 내가 신을 믿지 않는 무신론자가 아닌 어떤 신을 믿고 있음이 밝혀졌네. 그런데 자네는 나라에서 인정하지 않는 신을 믿는 것이 나의 죄라고 고발하는 것인가? 아니면 내가 전혀 신을 믿지 않고, 사람들에게도 신을 믿지 말라고 가르치고 있다고 주장하는 것인가?"

"나는 당신이 전혀 신을 믿고 있지 않다고 말하고 있습니다."

"멜레토스, 나는 정말로 놀랍군! 자네는 어째서 거짓말을 하는가? 다른 사람들은 해와 달을 신이라고 믿는데 나는 믿지 않는다는 말인가?"

"제우스 신께 맹세코 그렇습니다. 재판관이여. 그는 해는 돌이고 달은 흙이라고 주장하고 있습니다."

"멜레토스, 당신은 아낙사고라스[14]와 착각하는 것이 아닌가? 자네는 지금 여기 있는 사람들을 무시하고 있는 셈이군. 이 사람들이 클라조메나이 사람인 아낙사고라스의 책이 이러한 이론들로 가득 차 있다는 사실을 모를 만큼 무지하다고 생각하는가? 하물며 젊은이들이 나에게서 고작 그런 것을 배우려 하겠나? 어쩌다가 시장에 나가 비싸도 1드라크메만 주면 얼마든지 구할 수 있을 텐데 소크라테스가 그런 책에 있는 내용을 제 것처럼 말한다면, 비웃음을 당해도 좋네. 그것은 해괴한 학설이니까. 하지만 제우스 신께 맹세코, 자네는 내가 신의 존재를 믿지 않는다고 생각하는가?"

"제우스 신께 맹세코, 당신은 조금도 신을 믿지 않습니다."

"나로서는 자네의 말을 믿을 수 없네. 자네야말로 신을 믿고 있지 않네."

아테네 시민 여러분, 멜레토스는 무모하고 오만불손하고 경솔한 사나이 같습니다. 건방지고 젊은 혈기로 이 고발장을 제출한 것으로 봅니다. 마치 수수께끼를 만들고 사람을 시험하는 것과 같습니다.

즉 '지혜롭다는 소크라테스는 농담을 하며 노닥거려도 그 농담을 알아챌까?' 또는 '내가 소크라테스나 그 밖의 청중을 끝까

---

14 Anaxagoras : 기원전 5세기의 자연철학자. 페리클레스의 손님으로 아테네에 30년 간 살았기 때문에 아테네에 이름이 널리 알려졌다. 당시 신으로 숭배되던 해나 달이 돌덩어리에 지나지 않는다고 주장하여 아테네에서 추방되었다.

지 속일 수 있을까?'하는 수수께끼이겠지요. 이렇게 말하는 이유
는 이 사나이가 고발장 속에서 너무나 모순된 말을 늘어놓고 있
기 때문입니다. '소크라테스는 신들을 믿지 않으므로 죄를 범하
고 있는데 또한 그는 신들을 믿고 있으므로 죄를 범하고 있다'

이와 같은 말은 농담이 아니고서야 어떻게 진지하게 할 수 있
겠습니까?

**15** 아테네 시민 여러분, 이 사나이의 이와 같은 말이 왜 모순인
지 그 까닭을 밝혀 보겠습니다.

"멜레토스, 자네는 답변해 주게."

여러분들, 처음에 앞에서 부탁드린 말을 잊지 마시고, 내가 평
소의 버릇처럼 말하더라도 조용히 들어 주십시오.

"멜레토스, 이 세상에 사람이 유대 관계를 맺고 있다는 사실은
인정하면서 사람의 존재를 인정할 수 없다고 말하는 사람이 있
을까?"

여러분, 이 사나이가 대답을 할 수 있게 해 주십시오. 그리고 이
심문을 막기 위해 떠벌리지 않고 진심으로 대답하길 바랍니다.

"이 세상에 말(馬)이 있다는 것은 믿으면서, 말이 하는 일을 믿
지 않는 사람이 있을까? 그리고 피리 부는 사람이 있다는 것을 믿
지 않으면서 피리 부는 법이 있다는 것을 아는 사람이 있을까? 대
답하기 싫다면 내가 대신 대답하겠네. 그렇게 믿는 사람은 아무도

없네. 그러나 다음 질문에는 꼭 대답해 주게. 다이몬[15]이 하는 일은 믿으면서 다이몬이 있다는 것은 믿지 않는 사람이 있을까?"

"없습니다."

"여러분들 앞이라서 겨우 대답을 해 주었지만 그래도 고마운 일이네. 그런데 자네는 고발장에서 내가 다이몬을 믿고 가르친다고 주장하였네. 내가 다이몬을 믿는다면 필연적으로 신을 믿는 것이 되지 않겠나? 분명히 그렇지. 자네는 침묵을 지키니 내 생각과 같은 것으로 알겠네. 그런데 우리는 다이몬을 신(神) 또는 신의 아들이라고 믿고 있지 않는가? 그런가, 그렇지 않은가?"

"확실히 그렇습니다."

"그러면 자네가 말한 것처럼 나는 다이몬을 믿고 있으며, 다이몬이 일종의 신이라 한다면 자네는 수수께끼 놀이를 하고 있다는 결과가 되네. 자네는 내가 신의 존재를 믿지 않는다고 했지만 자네 주장대로 나는 다이몬을 믿고 있으니 신을 믿고 있다는 결론이 되네. 그렇지 않은가? 또 다이몬은 전설 속에 나오는 님프처럼 여신들에게서 태어난 사생아라고 하면 신의 자녀들을 믿고 있는데 어떻게 신이 없다고 주장할 수 있는가? 이것은 마치 말과 나귀 사이에 태어난 노새는 믿으면서 말과 나귀의 존재는 부정하는 것 아닌가? 그러니 멜레토스, 자네는 우리를 시험하기 위해

---

15  daimon : 신에 가까운 존재이지만 신과는 별개로 자연과 인간생활에 영향을 미치는 초자연적 힘에 붙인 명칭, 후에는 신과 인간의 중간적 존재를 의미하게 되었음.

고소장을 썼거나, 나를 고소할 죄명을 찾기 위해 조작한 것이 분명하네. 조금이라도 이성이 있는 사람이라면 동일한 사람이 다이몬이나 신이 하는 일을 믿으면서 동시에 다이몬이나 신이 있음을 믿지 않는다는 말에 동의할 수 없을 걸세."

**16**  아테네 시민 여러분, 멜레토스가 나를 고발한 내용에 대해 충분한 변명을 하였습니다. 그러나 앞서 말한 바와 같이 많은 사람들에게 적의를 불러일으켰다는 사실은 부정할 수 없으며 나를 죄인으로 만드는 자가 있다면 멜레토스나 아니토스가 아닌 많은 사람들의 질투와 비방 때문이라고 생각합니다. 이것은 이미 많은 선량한 사람들을 유죄로 만들었고 앞으로도 더 많이 유죄로 만들 것입니다. 내가 마지막 희생자가 될 일은 없을 것이고 영원히 계속될 것입니다. 어떤 사람은 반드시 이렇게 말할 것입니다. '소크라테스, 부끄럽지 않은가? 그와 같은 생활을 해 오다가 이처럼 사형을 당하는 것이'

나는 이 질문에 대해 다음과 같이 답변할 것입니다.

그것은 커다란 오해입니다. 만일 당신이 조금이라도 사회에 쓸모가 있는 사람이라면, 죽느냐 사느냐의 위험을 계산해서는 안 됩니다. 그 일이 옳은 일인지 그른 일인지 선한 사람이 할 일인가, 악한 사람이 할 일인가에 대해서 생각해 보아야 합니다. 그러나 당신의 의견에 따르면 트로이 전쟁에서 죽은 영웅들은 보잘것없는 사람이 됩니다. 특히 테티스의 아들[16]은 보람이 없습니다. 불명예를 참기보다 모험을 쫓는 일을 두려워하지 않았습니다. 그리하여 헥토르에게 원수를 갚겠다는 마음에 불타는 그를 여신인 어머니가 말렸습니다.

'내 아들아, 만일 네가 죽은 친구인 파트로클로스의 원수를 갚기 위해 헥토르를 죽이면 너도 죽음을 맞게 될 것이다. 죽음의 신은 헥토르가 죽으면 바로 너에게로 오는 것이 네 운명이니까'

그는 이러한 경고를 듣고도 위험이나 죽음을 두려워하지 않았고 오히려 친구의 원수를 갚지 못하고 불명예스럽게 살게 될까 걱정하였습니다. 그리하여 그는 이렇게 대답했습니다.

'친구의 원수를 갚고 곧바로 죽임을 당해도 좋습니다. 살아남아 땅 위의 짐이 되어 뱃머리가 굽은 배에서 남의 웃음거리가 되고 싶지는 않습니다.

누구도 아킬레우스가 죽음이나 위험을 두려워하고 살기를 집착했다고 생각하지는 않을 겁니다.

아테네 시민 여러분, 스스로 선택한 위치에 있든, 윗사람의 명령으로 배치된 자리에 있든 위험에 처하여도 그 자리를 필사적으로 지키며 위험을 무릅쓰고 죽음을 두려워하지 않고 치욕 외에는 다른 것을 걱정해서는 안 됩니다. 이것만이 진실인 것입니다.

---

16  트로이 전쟁 때 가장 우수한 장군이었던 아킬레우스를 말함.

**17** 그러므로 아테네 시민 여러분, 여러분들께서 뽑아낸 지휘관의 명령을 쫓아 포테이다이아와 암피폴리스, 델리온[17]에서, 죽음의 위협을 무릅쓰고 다른 사람들과 함께 그 지역을 지키며 끝까지 머물러 있었습니다. 그리고 신의 명령에 따라 지혜를 사랑하면서 나 자신과 남들을 살피면서 살았습니다. 여기서 만일 죽음을 비롯해 그 밖의 위험들을 두려워해 맡은 자리를 떠난다면 이것은 큰 잘못을 저지르는 행위이겠지요.

죽음을 두려워한 내가 신을 따르지 않고 스스로 지혜가 없는데도 지혜로운 자를 가장한다면 얼마나 가소로운 일이겠습니까? 그렇다면 신의 존재를 믿지 않는 자로 마땅히 법정에서 소송을 받아야 옳은 줄 알겠습니다. 나는 신탁을 믿지 않고 죽음을 두려워하고, 지혜가 없으면서도 지혜가 있다고 생각하기 때문입니다. 즉 죽음을 알지 못하면서도 알고 있는 것처럼 생각하고 있기 때문입니다. 어느 의미에서 죽음은 최대의 선일 수도 있고 아닐 수도 있으나 이는 아무도 모릅니다. 사람들은 죽음을 두려워하고 있기 때문에 죄악 중 최대의 죄악이라 믿고 있습니다. 모르면서도 아는 것처럼 생각하는 것입니다. 이러한 무지는 비난을 받아 마땅하며, 수치라고 생각합니다.

그렇지만 나는 일반 사람들과 이 점 역시 같지 않을 것이므로 내가 다른 사람들보다 지혜롭다고 주장한다면 그것은 저세상에

---

17 소크라테스가 종군한 싸움터의 이름.

대해 전혀 알지 못한다고 솔직히 인정하는 점일 것입니다. 그러나 옳지 못한 일을 저지르는 것, 자기보다 훌륭한 자—신이든 사람이든—에게 복종하지 않는 것이 옳지 못함을 분명히 알고 있습니다. 따라서 나는 세상에서 악하다고 생각하지만, 어쩌면 선(善)할지도 모르는 것을 결코 두려워하거나 회피하지 않을 것입니다.

그리고 여러분, '만일 소크라테스가 이 재판에서 무죄로 풀려나면 여러분의 자녀들이 소크라테스의 가르침을 생활에 옮기어 윤락에 빠지고 타락한다'는 말을 하며 나를 사형에 처해야 한다고 주장한 아니토스를 믿지 않는다 하더라도, 여러분은 나에게 이렇게 말할 수 있을 것입니다.

'소크라테스, 아니토스의 말을 받아들이지 않고 당신을 놓아주겠소. 그러나 거기에는 한 가지 조건이 있소. 이제부터는 지금까지 따져 온 진리 탐구를 그만두어야 하며, 그런 짓을 다시 한다면 용서 없이 사형에 처하겠소'

여러분들이 이 같은 말을 한 뒤 나를 놓아주어도 나는 이렇게 말할 것입니다.

'아테네 시민 여러분, 나는 여러분을 깊이 존경하고 애정을 갖고 있습니다. 그러나 여러분의 명령을 따르기보다 신의 명령을 따르겠습니다. 목숨이 끝날 때까지, 힘이 미칠 때까지 지혜를 사랑하고 누구를 만나든지 권고하고 가르치며 나의 생각을 전하는 일을 중단하지 않겠습니다'

나는 여느 때와 마찬가지로 이렇게도 말할 것입니다.

'위대하고 강인한 아테네 시민 여러분, 나는 여러분이 지혜와 세력에 있어서 가장 뛰어나고 가장 명성이 높은 아테네 국민이면서 어떻게 하면 더 많은 재물을 얻을 수 있을까, 명예와 지위를 얻을 수 있을까에 마음을 기울이지 않고, 정신을 훌륭히 하는 데 마음을 쓰지 않는 점을 부끄럽게 여겨야 할 줄 압니다'

혹시 여러분 중에서 이의를 내세우며 그런 데에 관심이 있다고 한다면 나는 그 사람을 놓아주지 않고 붙잡아 묻고 따지고 토론할 것입니다.

그가 만약 덕을 가지고 있지 않으면서 덕을 가진 것처럼 가장하는 것 같으면, 그에게 가장 소중한 것을 소홀히 여기고 가장 하찮은 것을 귀중하게 여긴다고 비난할 것입니다. 그 사람이 노인이든 젊은이이든 가리지 않고 말할 것입니다. 우리나라 사람이든, 그렇지 않은 외국 사람이든 가리지 않고 그와 같이 말할 것입니다. 더욱이 핏줄이 가까운 우리나라 사람에게는 더욱 그것을 강조할 것입니다.

내가 이런 일을 하는 것은 오직 신의 명령을 따르기 위함입니다. 그러니 이 점을 여러분들은 잘 이해해 주시기 바랍니다.

또한 여러분들을 위해 신에 대한 이러한 봉사보다 더 좋은 선은 우리나라에서는 없다고 생각합니다. 지금까지 내가 이곳저곳을 돌아다니며 한 일은 다음과 같은 것입니다. 말하자면, 나이의 많고 적음과 상관없이 여러분들이 훌륭하고 위대한 정신을 가지는 분이 되도록 하기 위해 애썼고, 재물에 대해 마음을 써서는 안 된다는 것을 설득시키려고 하였습니다.

나는 덕이 재물에서 생기는 것이 아니라 공적이든 사적이든 덕으로 말미암아 재물이나 그 밖의 모든 것에 이익이 되기 마련이라고 말하는 것입니다. 이것이 나의 가르침이며, 만일 이러한 가르침이 청년들을 타락시킨다면 옳지 못할 지도 모르겠습니다. 그렇지만 내가 그 밖의 다른 말을 한다고 주장하는 사람이 있다면 그것은 터무니없는 거짓말입니다.

아테네 시민 여러분, 다시금 간청합니다마는 이 모든 점에서 여러분이 아니토스의 말을 따르든지, 거부하든지 하십시오. 그리고 나를 놓아주든지 처형하든지 하십시오. 그러나 나는 여러 번 죽임을 당하여도, 결코 이 밖의 일은 하지 않았으며 나의 주장을 바꾸지 않음을 알아주십시오.

**18** 내 말을 끝까지 조용히 들어 주십시오. 그러면 여러분에게도 반드시 유익하리라고 생각합니다. 사실 이제부터 여러분께 할 말이 따로 있습니다. 여러분께서는 그 이야기를 들으시면 아마도 고함을 치지 않을 수 없을 것입니다. 그러나 제발 그런 짓은 삼가 주십시오. 여러분께 내가 드리려는 말씀은, 여러분이 만일 나를 처형한다면 그것은 나를 해치는 일이 아니라 오히려 여러분 자신

을 해치는 일이 된다는 것입니다. 멜레토스나 아니토스는 저를 해치지 못할 것입니다. 그들에게는 그만한 힘이 없습니다. 왜냐하면 선한 사람이 악한 사람에게 해를 당하는 일은 있을 수 없다고 생각하기 때문입니다. 물론 사형을 받거나 국외로 추방을 당하거나 시민권을 빼앗기는 일은 있을 테지요. 이와 같은 일을 그 사람이나 다른 모든 사람들도 죄악이라 생각하겠지만 나는 오히려 그가 지금 저지르고 있는 일, 즉 비겁한 방법으로 사람을 죽이려는 일이야말로 훨씬 더 악하며 큰 재앙이라고 생각합니다.

아테네 시민 여러분, 지금 내가 변명하는 행동이 나 자신을 위한 것이라 생각하는 분도 계실지 모르겠습니다만 이는 오히려 여러분을 위한 것입니다. 신께서 여러분에게 보낸 은총인 나를 처형함으로써 신에게 잘못을 저지르는 일을 막고자 변명하는 것입니다. 말하자면 여러분이 나를 사형시킨다면 이제 나와 같은 사람은 다시 찾을 수 없기 때문입니다. 이렇게 말하는 것이 우습게 생각되겠지만 나는 이 나라에 살도록 신으로부터 보내진 사람입니다. 비유컨대, 이 나라는 몸집이 크고 혈통이 좋지만 너무 살이 찐 말입니다. 그리하여 깨어 있으려면 그를 못살게 구는 등에 같은 존재가 필요합니다. 신께서는 나를 말의 등에처럼 이 나라에 살게 하여 여러분 한 사람 한 사람을 깨우치고 돌아다니면서 설득하고 비판하게 하려는 것이 아닌가 합니다. 그러므로 다시는 나와 같은 사람을 찾기란 어려운 일인 줄 압니다. 여러분께서 내 말을 이해한다면 나를 아껴 두고 생각하실 것입니다. 그러나 아니토스의 말을 믿고 있다면 여러분은 아마 선잠을 깬 사람처럼 화를 내며 나를 죽여 버릴 것입니다. 그런데 신이 여러분을 돌보기 위해 등에가 되어 줄 사람을 또 보내지 않는 한 여러분께서는 나머지 생애를 줄곧 편하게 잠자면서 보낼 수 있을 것입니다.

그리고 신께서 나를 한 인간으로서 이 나라에 보낸 것은 다음과 같은 사실로 밝혀질 것입니다. 이미 오래전부터 나는 개인의 일이나 집안일에 전혀 신경을 쓰지 못했습니다. 언제나 근심하는 일은 여러분의 일이었고 한 사람 한 사람, 여러분을 찾아가서 아버지나 형처럼 덕을 위해 힘쓰도록 타일렀습니다. 이것은 평범한 인간의 행동이라고는 할 수 없을 것입니다. 왜냐면 내가 이런 일을 하고 어떤 대가를 얻었거나 보수를 받았다면 그 일을 할 구실이 될 수 있겠지요. 그러나 여러분도 보시다시피 나를 고발한 사람들은 다른 모든 일에 있어서는 매우 파렴치한 방법으로 죄를 지어 냈지만 이 점에 대해서는 아무리 파렴치한이라도 증인을 내세워 누구에게서 보수를 받았다거나, 요구했다고 증언을할 수 없었을 것입니다. 여기에 대해서는 한 사람의 증인도 증거도 제시할 수가 없기 때문입니다. 나의 가난은 이와 같은 것을 입증하는 증거가 될 것입니다.

**19** 내가 개인적으로 이 사람 저 사람을 만나고 돌아다니며 충

고를 하고 부질없는 참견을 하면서도, 대중 앞에서는 나라를 위하여 어떤 일을 해야 한다고 권고하지 않은 일을 이상하게 생각할지도 모릅니다. 그러나 거기에는 이미 앞에서 말씀드린 것처럼 타당한 이유가 있습니다. 여러분은 내가 여러 차례 신의 음성을 듣고 있다고 말하는 것을 들은 적이 있었을 것입니다. 멜레토스의 고소장 속에도 조롱조로 씌어 있습니다. 그러나 나에게는 어려서부터 일종의 음성이 들렸습니다. 그런데 그것이 나타날 때는 내가 무엇인가 하려고 하는 일을 막으려는 때이며, 결코 어떤 일을 하라고 권하는 일은 없었습니다. 그것이 나로 하여금 정치에 관심을 갖지 못하게 반대한 것이며 그 반대가 내게 잘된 일임을 충분히 이해하였습니다.

아테네 시민 여러분, 만일 내가 일찍부터 정치에 관심을 갖고 있었다면 이미 오래전에 살해당하여 여러분이나 나 자신에게 아무런 이로움도 없었을 것입니다. 그리고 지금 진실을 말할 때 부디 노여워하지 마십시오. 여러분들에게나 많은 사람들에게 호소하고 싶은 것입니다. 이것은 이 나라 안에서 부정과 불의와 맞서 싸우기 위해 애쓰는 자라면 목숨에 미련을 가져서는 안 될 것입니다. 정의를 위하여 싸우려는 사람은 잠시라도 목숨을 부지하고자 한다면 사사로이 행동을 취할 경우라면 모르겠지만, 공인으로서 처신을 해서는 안 됩니다.

20 나는 여기에 관해 여러분에게 말에 그치는 것이 아닌 유력한 증거로서 사실을 보여 드리려고 합니다. 내게 일어난 이야기의 일부를 들어 주시기 바랍니다. 이것으로써 내가 결코 죽음을 두려워하여 정의에 어긋나는 일을 누구에게도 저지르지 않으리라는 것을 여러분께서도 충분히 이해하실 수 있을 것입니다. 그리고 죽음이 두려워 정의에 어긋나는 행동을 할 경우 죽음을 면할 수 없다는 것도 아시게 될 것입니다. 이제부터 말하려는 것은 법정에서 흔히 들을 수 있는 저속한 이야기이지만 그리하여 흥미 없는 이야기이지만 진실된 이야기입니다. 아테네 시민 여러분, 제가 지금까지 관직에 몸을 담았던 적은 단 한 번뿐입니다. 원로의관이 된 당시의 일입니다. 때마침 내가 속한 부족인 안티오키스 부족의 집행부 일을 보고 있을 때 아르기누사이 해전 당시 파도에 휩쓸린 사람들을 구출하지 않았다는 이유로 열 명의 장군들이 한꺼번에 재판에 회부되었습니다. 그러나 이 처사는 후에 여러분께서 인정했듯이 법에 어긋나는 일이었습니다. 그때 나는 과감히 혼자만 여러분들의 의견에 반대했으며 법에 어긋나는 일을 하는 것은 부당하다고 반대투표를 하였습니다. 그러자 소송을 제기한 자들은 당장이라도 나를 결박할 것처럼 위협하고 체포하려고 하였습니다. 뿐만 아니라 여러분들도 큰소리로 그것을 지지하였습니다. 그러나 감옥에 갇히거나 사형을 당하는 일이 두려워 부당한 의결을 하는 여러분을 따르는 것보다

위험을 무릅쓰더라도 법률과 정의의 편에 서야 한다고 생각했습니다. 그리고 이것은 아직도 이 나라에서 민주주의가 이루어지고 있을 때 일입니다. 과두정치가 형성된 후 삼십 명의 혁명 세력[18]들이 나와 다른 네 사람을 그들의 원형당에 불러들여, 살라미스 사람인 레온[19]을 죽이기 위하여 살라미스로부터 그를 데려오라고 명령하였습니다. 그들은 이와 비슷한 일을 하여 다른 많은 사람들에게도 여러 가지 방법으로 명령하였습니다. 그때도 역시 나는 불의에 동조하지 않으면서 말뿐만 아닌 행동을 보여 주면서 죽음을 두려워하지 않는다는 뜻을 나타냈습니다. 내가 두려워하는 것은 죽음이 아니라 부정과 불의였습니다. 당시의 정권은 강력하였지만 나를 위협하여 부정한 일을 하도록 할 수는 없었습니다. 그리하여 우리들이 원형당에서 물러난 후 다른 네 사람은 살라미스로 가서 레온을 데려왔습니다만 나는 집으로 돌아왔습니다. 만일 그 정권이 곧 무너지지 않았다면 나는 그 일로 분명히 죽임을 당했을 것입니다. 이 일에 관해서도 여러분에게 많은 증인을 내세울 수 있습니다.

21 그렇다면 여러분은 내가 정치를 하면서 선량한 사람들처럼 항상 옳은 편에 서고, 또한 당연히 해야 할 일이라도, 이와 같은

---

**18** 기원전 404년 아테네가 패전한 뒤 스파르타의 무력을 배경으로 크리티아스 등 30인의 독재 정권.
**19** Leon : 아테네의 장군.

일을 소중히 여긴다면 내가 이처럼 무사히 목숨을 부지해 올 수 있었으리라 생각하십니까?

아니, 아테네 시민 여러분, 그것은 도저히 불가능한 일입니다. 다른 어떤 사람도 그렇지는 못했을 것입니다. 그러나 내가 평생 동안 정치에서 무슨 일을 하였거나, 개인적으로 무슨 일을 한 것이 밝혀질 것이고 충분히 드러났습니다. 나를 터무니없이 모함하는 사람들이나 내 제자라고 말하는 사람들에 대해서도 결코 정의에 어긋나는 일을 하지 않았습니다. 그리고 나는 지금까지 그 누구의 스승이 된 적도 없습니다. 다만 젊은 사람이든 늙은 사람이든 나의 이야기를 듣고자 한다면 거리낌 없이 들려주었을 뿐입니다. 그리고 그 대가로 돈을 받는다거나 돈을 받지 않으면 이야기를 하지 않는 일도 전혀 없었습니다. 재물이 많거나 적음을 가지고 차별하지 않고 질문을 받아들였고, 내 이야기를 듣고 싶어 하는 사람이 있으면 누구에게나 서슴지 않고 어느 이야기든 해 주었습니다. 그렇다고 그 사람들 가운데 누가 훌륭하게 되고, 누가 불행하게 되건 그 책임을 나에게 돌리는 일은 옳지 않습니다. 왜냐하면 어느 누구에게도 학문을 가르치거나, 가르쳐 주겠다고 약속한 적이 없습니다. 그런데 만약 어느 누군가가 다른 나에게서 배웠다거나 들었다거나 한다면 그것은 거짓말임을 아셔야 합니다.

22 그렇다면 나는 다음과 같은 질문을 받을지도 모릅니다. '어째서 사람들은 오랜 시간 동안 당신과 이야기 나누는 일을 좋아하는가'라고. 그러나 아테네 시민 여러분, 그 까닭은 이미 들었습니다. 나는 사실을 남김없이 말했습니다. 즉 그들은 자신을 지혜로운 사람으로 생각하고 있지만 사실은 그렇지 못한 사람들과 묻고 따지고 대화를 나누는 것을 좋아하기 때문에 즐겨 듣는 것입니다. 분명히 그것은 재미있는 일이니까요. 그리고 신께서 나에게 명령한 의무로 알았습니다. 신탁을 통해 그와 같은 전달을 받거나, 꿈으로 전달을 받았습니다. 그 밖에 신께서 사람에게 어떤 일을 내릴 때 쓰시는 여러 가지 방법들로 전달받았습니다. 아테네 시민 여러분, 이것은 추호의 거짓도 없는 사실이며, 쉽사리 알아낼 수 있는 사실이기도 합니다. 만일 내가 청년들을 정말로 타락시켰다면 그들 중 장년이 된 자는, 젊었을 때 나로 인해 나쁜 영향을 받았음을 깨닫게 될 것입니다. 그리하여 반드시 여기 나타나 내게 복수해야 할 것입니다. 또 그 사람이 원하지 않더라도 그의 주위 사람, 말하자면 아버지나 형제, 그 밖의 친척들이 나타나 그의 집안 누군가 어떤 피해를 나로 인해 입었다고 폭로할 것입니다.

어찌됐든 여기에 그럴 사람이 많이 와 있다고 생각합니다. 누구보다도 먼저 크리톤[20]이 와 있습니다. 그는 나와 동갑으로 같은 구(區) 출신이며, 크리토불로스의 아버지입니다. 다음으로는

---

20 Kriton : 평소에도 소크라테스를 보살펴 주고 그의 최후까지 돌보아 준 친구.

스페투스구에 살고 있는 리사니아스는 아이스키네스의 아버지입니다. 또 저기 케피소스구에 사는 안티폰이 있습니다. 이분은 에피게네스의 아버지입니다. 그 밖에도 나와 문답을 즐겼던 사람들의 형제가 와 있습니다. 테오도토스 형제로는 테오조티데스의 아들 니코스트라토스가 와 있는데 테오도토스는 이미 죽었으므로 자기 형제에게 고발을 하지 말라고 당부할 수 없습니다. 그리고 이쪽에는 푸랄로스가 와 있습니다. 데모도코스의 아들이며 테아게스의 형입니다. 그리고 이쪽에는 아데이만토스가 있습니다. 그는 아리스톤의 아들이며 플라톤의 형제입니다. 또한 아폴로도로스의 형제인 아이안토스도 와 있습니다. 이 밖에도 많은 사람들을 열거할 수 있지만 멜레토스는 그중 어떤 사람을 자기 증인으로 내세워야 합니다. 그가 만일 그것을 잊고 있다면 지금 내세워도 좋습니다. 그렇다면 나는 발언을 양보하겠습니다. 그가 이러한 증인들을 통해 증언할 것이 있다면 말하게 하십시오.

그런데 여러분, 정반대의 사실을 듣게 될 것입니다. 이분들은 그들의 친척에게 나쁜 영향을 주고 타락시킨 자—멜레토스와 아니토스의 주장에 의하면—를 도와주기 위해 왔습니다. 피해를 입은 사람들이 나를 도와주기 위해 왔다면 그만한 이유가 있으리라고 생각합니다. 그러나 피해를 입지 않은 사람들, 이미 나이든 그들의 친척들이 무슨 까닭으로 나를 도와주려고 하겠습니까? 그것은 진리와 정의를 위해서이며, 그들은 내가 오직 진실만

**53**

을 말하고 있으며, 멜레토스가 거짓을 말하고 있다는 것을 잘 알고 있기 때문입니다.

**23** 그렇다면 여러분, 이 정도면 변명이 충분하다고 생각하고 여기서 그만하겠습니다. 이 이상 더 하여도 아마 비슷한 내용이 될 것입니다.

그러나 끝내 여러분들 가운데서는 자기 자신의 경우를 생각하고 화를 내는 분도 있을 줄 모릅니다. 자신이 보다 더 보잘것없는 소송 사건의 당사자여도 되도록 많은 동정을 얻으려고 눈물을 흘리고, 자기 집안사람들을 동원해 재판관들에게 호소하기도 합니다. 그러나 아무리 곤경에 처한 처지라 하더라도 그렇게는 하지 않으려 합니다. 여러분 가운데는 이러한 나의 태도를 못마땅하게 생각하고 그 점을 염두에 두었다 유죄 투표를 하는 분도 계실 것입니다. 만일 그런 분이 계시다면 나는 그분에게 다음과 같이 말하고 싶습니다.

"여러분, 나에게도 가족이 몇 명 있습니다. 호메로스의 시구에도 나오듯이 '참나무나 돌에서 태어난 것도 아니고' 사람에게서 태어났으니, 가족도 있고 아들도 있습니다. 아테네 시민 여러분, 나에게는 세 아들[21]이 있습니다. 한 명은 청년이 되었지만, 두 명은 아직 나이가 어립니다. 그러나 그중 어느 아이를 이곳에 데려

---

21  장남은 람프로크레스, 차남은 소프로니코스, 삼남은 메네크세노스

와 여러분에게 나의 결백을 주장하며 무죄 투표를 해달라고 애원할 생각은 없습니다."

그렇다면 나는 왜 그런 일을 시키려고 하지 않을까요? 아테네 시민 여러분, 그것은 내가 거만하거나 여러분을 경멸해서가 아닙니다. 죽음을 두려워하고 그렇지 않고는 다른 문제입니다. 그러나 여론이라는 것을 생각해 볼 때 나 자신이나 여러분이나 나아가서 국가를 위해서도 그것은 불명예스러운 짓이 아닐 수 없기 때문입니다. 나이를 먹고 사실이든 아니든 지혜로운 사람이라는 명성을 얻은 자로서 그런 처사를 하는 것은 수치스러운 일이 아닐 수 없습니다.

어쨌든 이 세상에서 소크라테스가 어떤 점에서는 다른 사람들보다 뛰어난 데가 있다는 말이 있는 것이 사실입니다. 만일 여러분 가운데서 지혜나 용기 또는 다른 덕이 우월하다는 말을 듣는 사람이 불명예스러운 짓을 한다면 얼마나 부끄럽겠습니까?

나는 지금까지 훌륭한 인물로 생각했던 사람들이 그런 짓을 하는 모습을 여러 번 보았습니다. 사형당하는 것을 마치 무서운 함정에라도 빠지는 것처럼, 여러분께서 사형을 내리지 않으면 영생을 살 수 있는 것처럼 생각하는 듯했습니다. 나는 이러한 행동은 나라를 욕되게 하는 것이라 보며 다른 나라 사람들도 '아테네 사람들은 훌륭한 인물을 관직이나 그 밖의 명예로운 자리에 앉혀 놓지만 결국은 부녀자와 조금도 다를 것이 없더라'고 생각할지도 모릅니다.

그러므로 아테네 시민 여러분, 조금이라도 자존심이 있는 사람이라면 그런 짓을 해서는 안 되는 것입니다. 여러분도 이런 짓을 하는 것을 덮어 두어서는 안 됩니다. 이와 같은 자가 있다면 태연하게 재판을 받는 자보다 훨씬 더 무거운 벌로 다스려야 한다는 것을 분명히 아셔야 합니다.

**24** 여러분, 체면에 관한 것은 무시하고라도 재판관에게 벌을 면하게 해 달라고 청탁하거나 청원하는 일은 옳지 못하고, 오히려 올바르게 가르치고 설득해야 한다고 생각합니다. 재판관은 누군가를 두둔하기 위해 그 자리에 있는 것이 아니라 옳고 그름을 판단하기 위해 있는 것입니다. 그들은 마음에 드는 사람이라고 해서 정실에 치우치는 일 없이 법률에 따라 공정하게 재판하겠다고 서약을 하였습니다. 그러므로 여러분께서는 서약을 어기는 버릇을 만들어 주어서는 안 됩니다. 뿐만 아니라 여러분도 그러한 습관에 빠져서는 안 됩니다. 이러한 것은 이미 신을 섬기지 않는 것이 되기 때문입니다. 그러므로 나에게 불명예스럽고 옳지 않으며 경건하지 않은 행동을 하라고 요구하지 마십시오. 멜레토스에게 고발당해 여기에 있는 지금은 그런 옳지 못한 요구는 더욱 하지 말아 주십시오. 내가 여러분을 설득하여 무례한 부탁을 한다면 그것은 신을 믿지 말라고 가르치는 것과 다를 바 없

으며, 변명을 하면서도 실제로 신을 믿지 않는다고 고백하는 것과 마찬가지가 되기 때문입니다. 그러나 이런 일은 도저히 있을 수 없습니다. 나는 신을 믿고 있으며 나를 고발한 그 누구보다도 더 독실하게 신을 믿고 있습니다. 그리고 나는 나에게도 여러분에게도 가장 올바른 판단을 내리도록 나의 재판을 여러분과 신께 맡깁니다.[22]

**25** 아테네 시민 여러분, 여러분께서는 나에게 사형을 내리셨습니다. 이 결과에 대해서 내가 억울하게 느끼지 않는 데에는 나름의 여러 가지 이유가 있겠지만 나는 이 결과를 짐작했기 때문입니다. 오히려 이상스러운 것은 찬반의 투표 결과입니다. 그 차이가 이처럼 근소할 줄은 몰랐고 훨씬 더 클 것이라 짐작했습니다. 나는 나에게 불리한 표가 더욱 많을 거라 생각했는데 반대표가 30표만 더 나왔다면 나는 무죄가 됐을 겁니다. 그러므로 나는 멜레토스의 고발에 대해 죄가 없다고 생각합니다. 아니토스와 리콘이 나를 고발하러 여기에 나타나지 않았다면 멜레토스는 투표 수의 5분의 1도 얻지 못하여 1천 드라크마의 벌금을 물어야 했을 것입니다. 이것은 분명한 사실입니다.

---

22  여기에서 유죄와 무죄를 가르는 투표가 실시되고 소크라테스는 유죄로 결정된다.

**26** 그런데 그는 나에게 사형을 요구하고 있습니다. 그렇다면 나는 여기에 대하여 어떤 형을 제의해야 합니까? 물론 적당한 형량이라야 하겠지요. 그러면 그것은 무슨 형이겠습니까? 내가 평생을 가만히 지내지 않았다고 해서, 보통 사람들과 달리 돈벌이나 살림이나 군대의 지휘, 백성을 지도하는 일, 그 밖의 관직을 갖는 일, 정당에 가입해 정치 활동을 하는 일에 무심하다고 해서 어떠한 형벌을 받아야 하고 얼마의 벌금을 물어야 하는지 알 수 없습니다.

내가 이러한 일에 관심을 갖지 않은 것은, 나는 그렇게 살기에는 자신이 너무나 고지식하고, 여러분이나 나에게 도움이 될 수 없을 거라 생각되는 곳에는 발을 들여놓지 않기 때문입니다. 단지 내가 가서 나에게나 많은 사람에게 도움이 될 수 있는 곳에만 발을 들여놓았습니다. 즉 올바른 사람이 되기 위해 애쓰는 사람들이 있는 곳으로 발길을 옮겼습니다. 나는 한 사람을 설득하며 스스로 슬기로워지도록 했습니다. 또한 내게 속해 있는 것들에 마음을 쓰기에 앞서 스스로 슬기로워지도록, 나라의 속해 있는 것에 마음을 쓰기에 앞서 국가의 일과 그 밖의 일에 대해서도 마음을 쓰도록 애써 왔습니다. 그럼에도 불구하고 이와 같은 일을 한 내가 어떤 형벌을 받아야 옳겠습니까?

아테네 시민 여러분, 내가 합당한 판결을 받으려면 그것은 어떤 것이라야 좋습니까? 그것은 내게 알맞아야 합니다. 여러분에게 도움이 되려고 한 사람은 가난하지만 선한 일을 했고, 여러분을 가르치기 위한 시간이 있어야 합니다. 아테네 시민 여러분, 이 사람에게는 프리타네이온(영빈관)에서의 식사 대접이 옳은 보상일 것입니다. 올림픽 경기에서 두 필 혹은 네 필의 말로 마차 경주를 하여 우승을 거두고 후한 대접을 받는 일보다 나의 경우가 훨씬 더 큰 의미가 있을 것입니다. 왜냐하면 그들은 여러분을 즐겁게 할뿐이지만 나는 여러분을 행복하게 하기 때문입니다. 따라서 나에게 공정한 형벌을 제의하라고 하면 나는 프리타네이온에서 접대를 받아야 한다고 하겠습니다.

**27** 내 이야기를 들은 여러분은, 동정을 받기 위한 탄원에 관하여 말했을 때와 마찬가지로 내가 오만하게 고집을 부리고 있다고 생각하실 겁니다. 그러나 그런 것이 아니고 나름의 까닭이 있습니다. 우리가 서로 이야기를 나눈 시간이 너무도 짧았습니다. 나는 고의로 어떤 사람에게 나쁜 일을 하거나 죄를 범한 적이 없습니다. 다른 나라처럼 사형 재판을 하루 동안에 끝내는 것이 아니고 여러 날을 두고 하는 법률이 있다면, 나는 여러분을 충분히 설득할 수 있을 겁니다. 하지만 지금처럼 짧은 시간에 수많은 비방을 해명하는 일은 결코 쉽지 않습니다. 그리고 나는 다른 사람에게 나쁜 일을 한 적이 없기 때문에 내가 피해를 입을 거라 생각지 않습니다. 그러한 내가 무슨 까닭으로 그와 같은 화를 당해야 합니까? 혹시 멜레토스가 나에게 구형한 사형을 받기가 두려워

서일까요? 아닙니다. 죽음이 선인지 악인지 잘 모릅니다. 그러니 어느 것을 택하여 그와 같은 처벌을 내려 달라고 제의하겠습니까? 구류를 신청하면 어떨까요? 그렇게 되면 내가 감옥에서 지내며 해마다 임명되는 열 한 사람의 형무관들의 노예 노릇을 하면서 목숨을 부지할 것입니다. 어찌하여 이래야 된단 말입니까? 혹은 벌금을 물 때까지 감옥 생활을 해야 합니까? 그러나 앞에서 말한 바와 같이 나에게는 벌금을 낼 돈이 없습니다.

그것도 아니라면 국외 추방을 제의할까요? 아마 이것이 여러분이 나를 위해 고려하는 처벌일지도 모르겠습니다. 그러나 내가 이것을 택한다면 생명에 집착하는 사람이 되고 맙니다.

아테네 시민 여러분은 나와 같은 시민이면서도 나의 토론이나 말을 참고 견딜 수 없고, 그것은 여러분의 두통거리이자 증오의 대상이 되었습니다. 그리하여 여러분이 거기에서 벗어나려고 하는데 다른 나라 사람이라고 해서 참고 견딜 수 있을까요? 그들 역시 여러분들과 마찬가지일 겁니다. 그러므로 나에게 이런 형을 내리지 마십시오. 나처럼 나이 든 사람이 외국으로 추방되어 이 도시와 저 도시를 떠돌아다니면서 쫓기는 생활을 하는 것은, 내게는 별로 불행한 삶이 아닐 겁니다. 왜냐하면 여기서도 청년들이 그랬듯이 어느 곳에서나 내 이야기에 귀를 기울이는 청년들이 있을 테니까요. 그래서 내가 그들을 쫓아낸다면, 청년들의 요구로 그곳의 어른들이 나를 쫓아낼 겁니다. 내가 청년들을 받아들이면 그들의 아버지나 친구들이 청년들을 위해 나를 쫓아낼 겁니다.

**28** 아마 이렇게 말하는 사람도 있을 겁니다.

'소크라테스, 이곳을 떠나 침묵을 지키며 살아갈 수 없겠소?'

그런데 이에 대한 나의 생각을 납득시키기가 가장 어려운 일입니다. 내가 침묵을 지키며 살아가는 일은 신의 명령을 거스르는 것이 되어 그렇게 할 수 없다고 진심으로 말씀드려도 여러분은 곧이듣지 않고 농담을 하고 있다고 할 것입니다. 그리고 날마다 덕에 대해 이야기하는 것이 이 사람에게는 최대의 선(善)이며, 나 자신과 남을 살피며 문답을 하는 이런 생활이 가장 보람 있다고 말하여도 여러분은 믿지 않을 것입니다. 그렇습니다. 여러분에게 이 말을 믿도록 하기가 쉽지 않습니다. 만일 돈이 있다면 벌금형을 제의하겠지만 내게는 그런 돈이 없습니다. 여러분이 내가 낼 수 있을 만큼의 벌금형을 내린다면 몰라도, 그렇다면 1므나라면 지불할 수 있을 것입니다. 그러므로 나는 1므나의 벌금을 제의하겠습니다. 그런데 지금 플라톤과 크리톤, 크리토불로스, 아폴로도로스는 30므나 벌금형을 제의하라고 권하고 있습니다. 그들이 보증인이 되겠다는 것입니다. 그러면 30므나의 벌금형을 제의합니다. 그리고 그들은 착실한 사람들이라 여러분에게 믿을 만한 보증인이 될 것입니다.[23]

---

23  여기서 2차 투표가 실시되고 1차보다 큰 표 차이인 80표 차이로 소크라테스에게 사형이 선고된다.

**29** 아테네 시민 여러분, 여러분은 머지않아 고약한 사람들에게 지혜로운 사람 소크라테스를 죽였다는 악평을 들을 것입니다. 여러분을 비난하고 싶어 하는 사람들은, 실제로는 지혜롭지 않은 나를 지혜로운 사람이라고 할 것입니다. 만일 조금만 더 기다렸다면 여러분이 바라던 결과가 저절로 이루어졌을 것입니다. 아시다시피 나는 이미 나이가 많아서 죽을 날이 멀지 않았으니까요. 나는 지금 내게 사형 투표를 한 사람들에게만 이 말을 하려 합니다. 그리고 또 한 가지 사실을 말하려고 합니다.

내가 재판에서 진 이유가 나의 말재주가 부족하기 때문이라 생각하실 것입니다. 만일 무슨 짓이든지 해서, 무슨 말이든 해도 좋다고 생각했다면 나는 무죄 판결을 받았을 거라 생각합니다. 그러나 그렇지 않습니다. 내가 패소한 것은 말이 모자라서가 아니라 염치가 모자라서입니다. 여러분의 비위에 맞도록 바라는 말을 하지 않았기 때문입니다. 눈물을 흘리며 애원하거나, 한탄하는 등 그 밖의 여러 가지 일을 하지 않았기 때문에, 말하자면 많은 사형수처럼 여러분들에게 비굴한 짓을 하지 않았기 때문입니다. 나는 그런 짓을 할 용기와 담력이 없습니다. 나는 위험하다고 하여 흔히 볼 수 있는 비겁한 짓을 저지르는 일은 옳지 않다고 전부터 생각했습니다. 지금도 이렇게 변명하는 방식을 후회하지 않으며, 남들처럼 여러분이 원하는 말을 하면서 살기보다 떳떳한 말을 하고 죽는 것이 옳다고 생각합니다. 사람이라면 누구든 전쟁에 나가거나 재판에 나갈 때, 무슨 짓을 해서든 목숨을 구하려고만 생각해서는 안 됩니다. 만일 전쟁에서 살고자 한다면 무기를 버리고 공격해 온 적에게 굴복한다면 목숨을 구할 수 있습니다. 그리고 그 밖의 위험에 처하는 경우에도 어떤 일도 가리지 않는다면 죽음을 면할 방법은 얼마든지 있습니다.

그러나 여러분, 죽음을 면하는 일보다 불의를 피하는 일이 어렵습니다. 불의는 죽음보다 빠르기 때문입니다. 지금 나는 늙고 걸음걸이가 더디어 한층 느린 죽음에 붙잡힌 것이며, 이와는 반대로 나를 고발한 사람들은 영리하고 민첩하여, 더욱 빠른 것, 즉 악에 잡히고 만 것입니다. 이제 나는 여러분의 사형 선고를 받고 이 자리를 떠나 죽음의 길로 가지만 여러분 역시 진리에 의해 유죄 선고를 받고 사악과 불의의 길을 갈 것입니다. 나는 판결에 복종하겠지만 여러분도 복종해야 합니다. 이것은 숙명적인 길로 나는 이렇게 되어도 좋다고 생각합니다.

**30** 자, 나에게 사형을 선고한 여러분, 나는 예언을 해 두고 싶습니다. 지금 죽음이 다가와 있으므로 사람으로서 가장 예언을 잘 할 시기입니다. 나는 나에게 사형을 투표한 여러분에게 예언하려고 합니다.

여러분은 내가 죽은 후 여러분이 나에게 내린 사형보다 훨씬 더 무섭고 견디기 어려운 형벌을 받을 것입니다. 여러분은 비난을 피하고 간섭을 받지 않기 위해 이러한 일을 저질렀겠지만 오히려 그 결과는 여러분의 생각과 정반대일 것입니다. 여러분을 비난하고 간섭하는 사람은 훨씬 더 많을 것입니다. 지금까지 내가 그들을 막고 있었지만 여러분들은 미처 모를 것입니다. 그들은 젊기 때문에 더욱 과격하게 덤빌 것이고 여러분도 그들에게 화를 내며 괴로움을 당할 것입니다. 만일 여러분이 사람을 죽임으로써 올바로 살지 않는다는 비난을 피할 수 있다고 생각한다면 잘못된 판단을 하는 것입니다. 남을 해치면서 간섭에서 벗어나려는 것은 명예롭지 못한 도피법입니다. 남을 없애기보다 오히려 자신이 지혜와 덕을 쌓기 위해 노력하는 편이 훨씬 더 쉽고 훌륭한 방법입니다. 이것이 내가 죽기 전에 나에게 사형을 투표한 분들에게 드리는 예언입니다.

**31** 내게 무죄 투표해 준 여러분에게, 나는 여러분에게 지금 여기서 일어난 일에 대해 말씀드리고 싶습니다. 관리들이 사무에 바빠서 내가 형장으로 가기 전까지 잠깐 시간이 있는 거 같아 말하려고 합니다. 여러분, 조금만 내 곁에 머물러 계십시오. 아직은 시간이 있으므로 서로 이야기해도 괜찮을 것입니다. 여러분은 나의 친구이며 지금 내게 일어난 사건의 의미에 대해 알려 드리려고 합니다.

재판관 여러분[24]이야말로 재판관이라 부를 수 있습니다. 내게 일어난 이상한 일을 여러분에게 이야기하려 합니다. 지금까지 나에게는 종종 다이몬의 신탁이 있었습니다. 내가 옳지 않은 일을 할 때는 사소한 일이라도 반대하였습니다. 그리고 여러분이 아시다시피 나에게 큰 재앙이라 생각할 수 있는, 세상에서도 그렇게 생각하는 일이 일어났습니다. 그런데 오늘 아침에 집을 나설 때에도, 여기 법정에 들어서려고 할 때에도, 변론 도중이나 내가 무슨 말을 하려고 할 때에도 신탁이 반대하는 일이 없었습니다. 전에는 이야기 도중이나 무슨 말을 하려고 할 때 반대하는 일이 곧잘 있었습니다. 그러나 이번에는 내가 무슨 말이나 행동을 하든 이 사건에 대해서 반대하지 않았습니다. 이 침묵에는 무슨 까닭이 있다고 보십니까? 그것을 여러분에게 설명하겠습니다. 이번 사건은 나에게 좋은 일이며 누구든지 죽음을 재앙이라 생각하지만 그것은 옳지 않습니다. 내가 하려는 일이 잘못됐다면 신탁으로 나타났을 것입니다.

**32** 그렇다면 이것이 좋은 일이라는 희망을 가질 만한지 아닌지 살펴보겠습니다.

나는 죽음을 유익한 것이라고 생각하고 있으니까요. 죽음이란

---

24 줄곧 '아테네 시민 여러분'이라고 불렀지만 소크라테스에게 무죄 투표한 재판관은 재판관으로 인정해 처음으로 재판관이라 부른다.

다음의 둘 중 하나입니다. 아무것도 아닌 무(無)로 완전히 돌아가는 것, 즉 사람이 죽으면 전혀 감각도 없거나 전설 속 이야기처럼 영혼이 이 세계에서 저 세계로 옮겨 가는 것이 아닌가 합니다. 그런데 만일 죽음이 무감각 상태로 꿈도 꾸지 않을 정도로 숙면하는 것과 다를 게 없다면 죽음은 큰 소득이라 할 수 있습니다. 꿈도 꾸지 않을 정도로 숙면한 밤을 골라 자기 생애의 다른 밤과 비교해 본다면, 그리고 그의 일생에 있어 그 밤보다 더 즐거운 낮과 밤이 얼마나 있었을까요? 보통 사람들은 말할 것도 없고 페르시아 임금이라 할지라도 그런 밤이 다른 낮과 밤보다 적다는 것을 알게 될 것입니다. 그러므로 만일 죽음이 이러한 것이라면 죽는 것을 어찌 형벌이라고 하겠습니까? 죽음이 영원히 그러하다면 하룻밤보다 길다고 생각할 수 없습니다. 혹은 죽음이란 것이 이 세계에서 저 세계로 가는 여정이고 전설에서처럼 사람이 죽어 누구나 다 그곳으로 간다면 이것보다 좋은 일이 어디 있겠습니까?

오, 나의 친구와 재판관 여러분, 이 세상의 재판관이라 자처하는 사람들에게서 놓여나 저승에 가 진짜 재판관을 만난다면 이러한 순례는 얼마나 보람 있는 일이겠습니까? 즉 미노스나 라다만티스, 아이아코스, 트리프토레모스 그리고 일생을 정의롭게 살았던 반신(半神)들을 볼 수 있다면 이 여행은 얼마나 의의 있는 것일까요? 만일 오르페우스와 무사이오스와 헤시오도스와 호메로스를 만나 대화를 나눌 수 있다면 많은 벌금을 내는 대가를 치르더라도 서슴지 않고 나서려는 사람이 많을 줄 압니다. 이것이 사실이라면 나는 몇 번 죽어도 좋습니다. 또한 팔라메데스나 텔라몬의 아들인 아이아스, 그리고 공정하지 못한 재판 때문에 억울하게 죽은 옛날 사람들을 만나 내가 받은 고통과 그들이 받은 고통을 비교해 보는 일도 큰 즐거움일 것입니다. 더욱이 가장 큰 즐거움은 이승 사람에게 했듯이 저승 사람들 역시 그들 중 누가 지혜로운 자이고, 누가 그렇지 못한 자인지 묻고 따지면서 어떤 사람은 진정으로 지혜롭고, 어떤 사람은 지혜롭다고 하지만 실상 그렇지 않음을 알게 될 것입니다.

만일 트로이 전쟁에서 대군을 거느리고 간 오디세우스나 시지프스 및 그 밖의 수많은 남녀를 만날 수 있다면 무슨 대가를 치른다 해도 아깝지 않을 것입니다. 저세상에서 이러한 사람들과 이야기를 나누고 서로 교제하며 사물을 검토하고 질문을 한다면 얼마나 행복한 일인가요? 또한 저세상 사람들과 이야기를 나눈다 하여 사람을 사형에 처하는 일은 없을 것입니다. 그들은 이 세상 사람들보다 훨씬 더 행복하며 전설이 옳다면 그들은 영원히 죽는 일이 없기 때문입니다.

**33** 그러므로 재판관 여러분, 죽음에 대하여 희망을 가져도 좋습니다. 그리고 선한 사람들에게는 살아서도 죽어서도 나쁜 일은 일어나지 않습니다. 진실로 믿고 명심해야 할 것은 무슨 일

을 하든 신께서는 보살펴 준다는 것입니다. 지금 내게 일어난 일도 까닭 없이 생긴 것은 아니며 죽음으로써 이러한 괴로운 일에서 벗어나는 것이 즐거움이라는 사실을 분명히 알 수 있습니다. 그러므로 신탁도 나의 말과 행동을 막지 않았습니다. 따라서 나는 유죄 투표한 사람들과 나를 고발한 사람들에 대한 원망을 갖지 않습니다. 그러나 그들이 평소에 이런 생각으로 유죄 투표를 하거나 고발한 것이 아니라, 나를 해칠 생각으로 한 것이므로 이 점은 비난을 받아 마땅합니다. 끝으로 한 가지 부탁이 있습니다. 내 자식들이 장성하여 덕을 쌓지 않고 재물이나 그 밖의 다른 일에 관심을 갖는다면 내가 여러분을 괴롭힌 것처럼 그들을 괴롭혀 주십시오. 또 그 애들이 아무것도 되지도 못하면서 잘난 척을 하고 뽐낸다면, 혹은 유의할 것에 유의하지 않고 보잘 것 없는 것에 관심을 가진다면 내가 여러분을 책망한 것처럼 내 자식들을 책망하여 주십시오. 여러분들이 그렇게 해 준다면, 나도 내 자식들도 여러분에게 사람대접을 받는 것이 될 겁니다.

이제 떠날 시간이 되었습니다. 각자의 길을 갑시다. 나는 죽기 위해, 여러분은 살기 위해 갈 것입니다. 그러나 어느 쪽이 더 좋은 일을 만나게 될 지는 신 외에는 아무도 모릅니다.

# 파이돈
PHAIDŌN

ροι ἀδελφοὶ οἱ αὐ αὐτοῦ νόμοι, οὐκ εὐμενῶς σε ὑποδέξονται, εἰδότες ὅτι κὴ ἡμᾶς
σὰς ἀπολέσαι τὸ σὸν μέρος. ἀλλὰ μή σε πείσῃ Κρίτων ποιεῖν ἃ λέγει μᾶλλον, ἢ
κῦτα ἃ φιλεῖ. ἔπειτα Κρίτων ἀλλ' ἴσθι ὅτι ἐγὼ δοκῶ ἀκούειν ὡς περὶ οἱ κορυβαντιῶ-
ν αὐλῶν δοκοῦσι ἀκούειν. καὶ ἐν ἐμοὶ αὕτη ἡ ἠχὴ τούτ' τῶ λόγων βομβεῖ. καὶ ποιεῖ
αι τῶ ἄλλων ἀκούειν. ἀλλ' ἴσθι ὅσα γε τὰ νῦν ἐμοὶ δοκοῦντα. ἐάν τι λέγῃς παρὰ
ε, μάτην ἐρεῖς. ὅμως μέν τοι εἴ τι οἴει πλέον ποιήσειν, λέγε. κρ. ἀλλ' ὦ σώκρα-
ες λέγειν. Σω. Ἔα τοίνυν ὦ Κρίτων καὶ πράττωμεν ταύτῃ, ἐπειδὴ ταύτῃ ὁ θεὸς ὑφη-
γεῖται.

τέλος τοῦ κρίτωνος, ἢ περὶ πρακτοῦ.

# ΦΑΙΔΩΝ, Ἢ ΠΕΡῚ ΨΥΧΗΣ.

## ΤᾺ ΤΟΥ ΔΙΑΛΌΓΟΥ ΠΡΌΣΩΠΑ.

Ἐχεκράτης. Φαίδων. Ἀπολλόδωρος. Σωκράτης. Κέβης.
Σιμμίας. Κρίτων, ὁ τῶν ἕνδεκα ὑπηρέτης.

Ὑπὲρ ὦ Φαίδων παρεγένου σωκράτει ἐκείνῃ τῇ ἡμέρᾳ, ᾗ τὸ φάρ-
μακον ἔπιεν ἐν τῷ δεσμωτηρίῳ, ἢ ἄλλου του ἤκουσας. Φαί.
Αὐτὸς ἐγώ, ὦ Ἐχεκράτης. Ἐχ. τί οὖν δὴ ἔστιν ἅττα εἶπεν ὁ ἀνὴρ πρὸ τοῦ θα-
νάτου; καὶ πῶς ἐτελεύτα; ἡδέως γὰρ ἂν ἀκούσαιμι. καὶ γὰρ οὔτε τῶ πολι-
τῶν φλειασίων οὐδεὶς πάνυ τι ἐπιχωριάζει τὰ νῦν ἀθήναζε. οὔτε τις ξ
φῖ. κεῖ χρόνου συχνοῦ ἐκεῖθεν, ὃς τις ἂν, ἡμῖν σαφές τι ἀγγεῖλαι
ἦν ἢ τοῦτο. πλήν γε δὴ ὅτι φάρμακον πιὼν ἀποθάνοι, τῶ δ' ἄλλων οὐδὲν εἶχε φρά-
αι. Οὐδὲ τὰ περὶ τῆ δίκης ἄρα ἐπύθεσθε ὃν τρόπον ἐγένετο; Ἐχ. Ναί. ταῦτα μὲ-
ν ἥμιν ἀπήγγειλέ τις. καὶ ἐθαυμάζομέν γε, ὅτι πάλαι γενομένης αὐτῆς, πολλῶ ὕστερον φαί-
νεται ἀποθανών. τί οὖν ἦν τοῦτο ὦ Φαίδων. Φαί. τύχη τίς αὐτῶ ὦ Ἐχέκρατες συνέβη. ἔ-
τυχε γὰρ τῇ προτεραίᾳ τῆς δίκης ἡ πρύμνα ἐστεμμένη τοῦ πλοίου ὃ εἰς δῆλον ἀθηναῖοι πέμπ-
ουσι. Ἐχ. Τοῦτο δὲ δὴ τί ἔστι. Φαί. τοῦτ' ἔστι τὸ πλοῖον ὡς φασιν ἀθηναῖοι, ἐν ᾧ
θησεύς ποτε εἰς κρήτην τοὺς δὶς ἑπτὰ ἐκείνους ᾤχετο ἄγων, καὶ ἔσωσέ τε καὶ αὐτὸς ἐσώθη. τῷ
οὖν ἀπόλλωνι εὔξαντο ὡς λέγεται τότε εἰ σωθεῖεν ἑκάστου ἔτους θεωρίαν ἀπάξειν εἰς δῆλον. ἣν
νῦν ἔτι ἐξ ἐκείνου κατ' ἐνιαυτὸν τῷ θεῷ πέμπουσιν. ἐπειδὰν οὖν ἄρξωνται τῆς θεωρίας,
νόμος ἐστὶν αὐτοῖς ἐν τῷ χρόνῳ τούτῳ καθαρεύειν τὴν πόλιν καὶ δημοσίᾳ μηδένα ἀποκτεῖ-
νύναι, πρὶν ἂν εἰς δῆλόν τε ἀφίκηται τὸ πλοῖον, καὶ πάλιν δεῦρο. τοῦτο δ' ἐνίοτε ἐν πολ-
λῷ γίνεται, ὅταν τύχωσιν οἱ ἄνεμοι ἀπολαβόντες αὐτούς. ἀρχὴ δὲ ἔστι τῆς θεωρίας
ἐπειδὰν ὁ ἱερεὺς τοῦ ἀπόλλωνος στέψῃ τὴν πρύμναν τοῦ πλοίου. τοῦτο δ' ἔτυχεν ὡς τῆ-
ν προτεραίᾳ τῆς δίκης γεγονός. διὰ ταῦτα καὶ ὁ πολὺς χρόνος ἐγένετο τῷ σωκ-

## 대화하는 인물

**파이돈** 포로의 몸으로 아테네에 끌려왔으나 후에 해방되어 소크라테스를 따랐다.

**에케크라테스** 피타고라스학파의 철학자

## 대화 속 등장인물

**소크라테스**

**아폴로도로스** 문법 학자이자 소크라테스의 열렬한 추종자

**심미아스** 피타고라스학파의 철학자

**케베스** 피타고라스학파의 철학자

**크리톤** 소크라테스의 친구

## 장소

소크라테스가 갇혀 있는 감옥

---

**에케크라테스** 파이돈, 당신은 소크라테스가 독약을 마실 때, 거기에 있었습니까? 그렇지 않으면 그때의 일을 다른 사람에게 들었습니까?

**파이돈** 에케크라테스, 나는 그와 함께 있었습니다.

**에케크라테스** 그렇다면 소크라테스의 임종에 대해 이야기해 주시오. 마지막 순간에 무슨 말씀을 하셨으며, 어떤 모습을 하고 계

셨는지 들려주십시오. 독약을 마시고 죽었다는 이야기는 들었지만 그 외의 것은 전혀 알지 못합니다. 지금은 플리우스[25] 사람으로 아테네에 가지도 않고, 아테네 사람도 좀처럼 이곳에 오는 사람이 없었습니다.

**파이돈** 재판이 어떻게 됐는지는 아시나요?

**에케크라테스** 소식만 들었습니다. 그런데 판결을 받고도 곧바로 형을 집행하지 않고 왜 오랜 시간을 끌고 형을 받았는지 알 수 없습니다. 무슨 까닭이 있었습니까?

**파이돈** 에케크라테스, 그것은 우연한 일 때문입니다. 판결을 받던 바로 전날 아테네 사람들이 델로스 섬에 보내는 배 꼬리에 화환을 장식하게 되었기 때문이지요.

**에케크라테스** 대체 어떤 배입니까?

**파이돈** 아테네의 전설에 따르면 테세우스[26]가 열네 명의 소년 소녀를 데리고 크레타 섬으로 제사를 지내러 갈 때 탔던 배라고 합니다. 그리고 당시 아테네 사람들은 그들이 무사히 돌아오면 해마다 델로스 섬에 사절단을 보내기로 아폴론 신에게 약속했다

---

25　피타고라스학파의 요람지. 소크라테스가 죽고 파이돈은 아테네를 떠나 고향으로 가는 도중 플리우스에 들러 에케크라테스와 대화를 나눈 것으로 소크라테스의 죽음으로부터 어느 정도 시간이 흐른 뒤이다.

26　Theseus : 그리스 신화에 나오는 아테네의 영웅. 섬의 미궁 속에 사는 괴물 미노타우로스는 사람을 잡아먹는데 미노스 왕이 아테네에서 소년소녀 7쌍을 뽑아 보냈다. 그때 테세우스가 크레타섬에 소년소녀 7쌍을 데리고 갔다가 중간에 왕녀 아리아드네에게 칼과 미궁에 들어가는 길을 찾아내는 실을 받고 들어가 미노타우로스를 죽였다. 그때부터 해마다 델로스 섬에 사절을 보내 감사제를 지내는 관습이 생겼다.

고 합니다. 지금도 이 관습은 계속되는데 배가 델로스에 갔다 돌아오는 기간을 신성하게 여겨 그동안은 국법에 의한 사형을 금하게 되어 있습니다. 그런데 배가 풍랑을 만나 항해가 지체되어 많은 시간이 걸렸습니다. 이미 말한 바와 같이 배의 꼬리를 화환으로 장식하는 것이 재판 전날에 진행되어 소크라테스는 판결을 받은 후에도 오랫동안 감옥에 계시다가 돌아가셨습니다.

**에케크라테스** 파이돈, 소크라테스가 임종에 임하는 태도는 어떠했는지요? 아무 말씀, 행동도 없으셨나요? 소크라테스와 함께 있던 친구는 누구였던가요? 혹시 집행위원들이 친구들을 그의 곁에 있지 못하게 하여 쓸쓸히 돌아가신 건 아닌가요?

**파이돈** 아닙니다. 많은 사람들이 함께 있었지요.

**에케크라테스** 바쁜 일이 없다면, 그때 이야기를 자세히 들려주십시오.

**파이돈** 당장 바쁜 일은 없으니 당신의 청을 들어주기로 하지요. 소크라테스에 대한 이야기를 하는 일은 나 자신에게도 남에게도 커다란 기쁨이니까요.

**에케크라테스** 당신의 말을 듣는 사람도 당신과 같은 기분일 겁니다. 어서 자세히 말해 주십시오.

**파이돈** 나는 그의 곁에 있을 때 이상한 느낌에 사로잡혔습니다. 소크라테스가 죽어가는 상황에 측은한 마음은 전혀 들지 않았지요. 그의 말과 몸가짐은 고상하고 우아하여 축복을 받은 것처럼 보였고 전혀 두려운 빛이라고는 찾아볼 수 없었습니다. 신들의 보살핌이 없이는 소크라테스처럼 저승으로 가지 못할 것이라는 생각이 들었습니다. 그곳에 가서도 행복하게 지내는 분이 있다면, 바로 소크라테스라고 생각되었습니다. 그런 까닭에 그 자리에서 응당 느껴야 할 동정이나 슬픔이 전혀 들지 않았습니다. 그때 역시 다른 때처럼 철학에 관한 이야기를 나누었지만 평소에 가졌던 즐거움은 없었습니다. 물론 즐거움이 전혀 없지는 않았지만 어쨌든 잠시 후면 그가 죽게 될 거라는 생각에 괴로움과 슬픔이 뒤섞여 착잡했습니다. 거기에 있던 사람들 역시 마찬가지 심정이었을 겁니다. 그리하여 웃기도 하고 울기도 했습니다. 그중에서 흥분을 잘하는 아폴로도로스가 가장 심했습니다. 그 사람의 성품은 당신도 아시지요?

**에케크라테스** 그야 알고말고요.

**파이돈** 그 사람은 미친 사람 같았습니다. 그리고 나도 다른 사람들도 마음에 큰 충격을 받았습니다.

**에케크라테스** 그런데 파이돈, 그 자리에 있던 사람들은 누구누구였습니까?

**파이돈** 아테네 사람으로는 아폴로도로스와 크리토불로스와 그의 아버지 크리톤 그리고 헤르모게네스, 에피게네스, 아이스키네스, 안티스테네스 등이었습니다. 그리고 파이아니아 구의 크테시포스와 메네크세노스, 그 밖의 몇몇 사람이 있었습니다. 플라톤은 그때 병중으로 알고 있습니다.

**에케크라테스** 다른 지방 사람은 없었나?

**파이돈** 네, 테베 사람 심미아스와 케베스, 파이돈데스, 그리고 메가라에서 온 에우클레이데스와 테르프시온 등이 함께 있었습니다.

**에케크라테스** 아리스티포스와 클레옴브로토스는 없었습니까?

**파이돈** 네, 그들은 아이기나 섬에 가 있었다더군요.

**에케크라테스** 그 밖에 또 누가 있었습니까?

**파이돈** 아마 그 사람들이 전부였던 것 같습니다.

**에케크라테스** 그렇다면 그때 한 이야기를 들려주셨으면 합니다.

**파이돈** 그러면 그때의 이야기에 대해 처음부터 이야기해 드리겠습니다. 우리는 매일 아침 일찍 재판소에 모여 소크라테스에게 가곤 했습니다. 거기서 감옥까지는 가까웠으니까요. 감옥 문이 일찍 열리지 않았기 때문에 서로 이야기를 나누며 문이 열리길 기다렸습니다. 문이 열리면 소크라테스에게 가서 하루의 대부분을 그곳에서 보냈습니다. 마지막 날 아침에는 평소보다도 더욱 일찍 모였습니다. 전날 감옥에서 나왔을 때 델로스로 간 배가 돌아왔다는 소식을 들었기 때문이지요. 그리하여 더 일찍 모이기로 약속을 하였던 겁니다. 우리가 감옥에 도착하자 언제나 문을 열어 주던 형무관이 우리를 들여보내지 않고, 그들이 불러들일 때까지 기다리라고 했습니다.

'지금 열 한명의 집행관들이 소크라테스를 풀어 주면서 오늘 형이 집행되리라는 말을 하는 중입니다'라고 하더군요.

잠시 후에 간수가 나와 우리를 들여보내 주었습니다. 감옥 안으로 들어가자 막 사슬에서 풀려난 소크라테스 곁에 당신도 잘 알고 있는 크산티페[27]가 아이를 팔에 안고 앉아 있더군요. 그녀는 우리를 보자 여인들이 으레 그러듯 울부짖었습니다.

"소크라테스, 이제 당신이 친구 분들과 이야기하는 것도 이것이 마지막이군요."

소크라테스가 크리톤에게 말했습니다.

"크리톤, 누구든 시켜 크산티페를 집으로 보내 주게."

그리하여 크리톤 밑에 있는 사람이 가슴을 치며 울부짖는 그녀를 데리고 나갔는데, 그녀가 돌아간 후 침대 위에 앉아 있던 소크라테스가 다리를 굽히고 주무르면서 입을 열었습니다.

"쾌락이란 정말 묘한 것일세. 또 고통이라고 하면 으레 그 반대로 생각하지만, 고통과 쾌락의 관계 역시 묘한 것일세. 쾌락과 고통은 동시에 한 사람에게 일어나는 법은 없지만 그 하나를 얻으면 대체로 다른 하나도 따라오기 마련이네. 몸뚱이는 두 개이나 한 머리에 붙어 있다고 할 수 있네. 이솝이 이것을 알았다면 재미있는 우화를 지었을 걸세. 가령 신이 쾌락과 고통을 화해시키려고 했지만 결국 말을 듣지 않아 한 머리에 두 몸뚱이를 붙였

---

27  Xanthippe : 소크라테스의 아내.

다고 말일세. 그래서 그중의 하나가 오면 반드시 다른 하나도 오게 되어 있다고 말했을 걸세. 지금 경험해 보니 사슬에 묶여서 발이 아프다가 고통이 사라지니 쾌감이 뒤따르는 것 같네."

케베스가 이 말을 듣고 대답하기를 "소크라테스, 이솝의 말을 꺼내니 여러분이 나에게 질문하던 것이 생각납니다. 며칠 전 시인 에우에노스가 그런 질문을 했습니다만 나를 보면 또다시 물을 것입니다. 내가 그에게 대답할 수 있도록 이 의문을 풀어 주십시오. 에우에노스는 이제껏 시를 쓴 적도 없는 당신이 어찌하여 감옥에 들어오고부터 이솝의 우화를 시로 옮기고, 아폴론의 찬미하는 노래를 짓는가 물었습니다."

소크라테스가 말하였습니다.

"케베스, 그에게 사실대로 말해 주게. 나는 그 사람의 작품과 겨루기 위해 시를 쓰는 것이 아니네. 그리고 그런 일은 쉽지 않음을 잘 알고 있네. 그러나 나는 내가 꾸었던 꿈에서 느꼈던 어떤 의혹을 해소하기 위해 붓을 들었을 뿐이네. 세상을 살면서 '음악을 지어 보라'는 계시를 여러 번 받았었네. 이와 같은 꿈이 여러 가지 형태로 수없이 나타났네. 그리고 꿈의 계시는 늘 같은 말로 '음악을 연구하고 창작에 힘쓰라'고 하였네. 나는 이 말이 철학을 연구하라고 권장하는 뜻이라 생각했네. 철학이야말로 내가 평생 동안 탐구한 가장 고상하고 참된 것이 아니겠나?

그 꿈은 마치 관중들이 경주장에서 뛰고 있는 선수에게 격려해 주는 것처럼 나에게 내가 하는 일에 더욱 열중하라고 힘을 북돋아 주는 것 같았네.

그러나 나는 이것이 맞는 판단인지 확신할 수 없었네. 그 계시가 세상에서 흔히 말하는 문예(文藝)인지 알 수 없었기 때문이네. 그리하여 사형선고를 받고도 의식 때문에 며칠 동안 죽음의 날이 미뤄지는 상황에서 꿈의 계시를 따라 몇 편의 시를 짓고 저승으로 가는 것이 의문을 푸는 동시에 마땅히 해야 할 의무로 생각되었네. 처음에는 제례의 신인 아폴론을 찬미하는 노래를 지었네. 다음은 시인이라면 단순한 언어의 결합에서 끝나지 않고 이야기를 창작할 수 있어야 한다 생각하였네. 그러나 지금껏 한 번도 창작해 본 적이 없기 때문에 이솝의 우화를 소재로 시를 짓기로 하였네. 이솝의 우화 중 먼저 머릿속에 떠오르는 것을 가지고 시로 옮겨 보았네. 케베스. 지금까지 말한 것을 에우에노스에게 그대로 전해 주게. 또 내가 안부를 묻더라는 말도 해 주게. 만일 현명한 사람이라면 될 수 있는 대로 빨리 나를 뒤따를 것을 원하고 있다고 일러 주게. 아무래도 나는 오늘 죽게 될 거라고 전해 주게. 아테네 사람들이 내가 죽기를 기다리고 있을 테니까."

이 말을 듣고 심미아스가 입을 열었습니다.

"에우에노스에게 구태여 그런 권고를 할 필요가 없을 것 같습니다. 그 사람을 자주 만났지만 어쩔 수 없는 경우라면 몰라도 아마도 그는 선생님의 권고를 결코 따르지 않을 것입니다."

소크라테스가 말하였습니다.

"그게 무슨 소린가, 에우에노스는 철학자가 아닌가?"

심미아스가 말하였습니다.

"저도 철학자라 생각합니다."

그러자 소크라테스가 말하였습니다.

"그렇다면 에우에노스나 그 밖의 다른 사람 역시 철학자라면 죽기를 원할 걸세. 그렇지만 자기의 목숨을 끊을 수는 없을 걸세. 그건 옳지 못한 일이니까."

소크라테스는 이 말을 마치고 자세를 고쳐 두 다리를 땅 위에 내리고 앉았습니다.

케베스가 다시 입을 열었습니다.

"사람이 스스로 자살을 해서는 안 된다고 하시면서 어째서 철학자는 죽기를 원합니까?"

소크라테스가 말하였습니다.

"케베스, 그리고 심미아스, 자네들은 필롤라오스[28]의 제자이면서, 그에게서 들은 바가 전혀 없단 말인가?"

"아무것도 분명히 듣지 못했습니다."

"나도 거기에 대해서는 들은 말일세. 그렇지만 들은 이야기를 다시 말하지 말란 법도 없지 않은가. 그리고 곧 저세상으로 가려

---

**28**  Philolaos : 피타고라스학파의 수학자. 오랫동안 테베에서 살았는데 그곳에 사는 케베스와 심미아스가 학문을 배운 모양이다.

는 내가 저세상에 관한 이야기를 나누고 생각하는 것이 가장 좋은 게 아닌가. 해가 질 때까지 할 일이란 이외에 무엇이 있겠는가."

"소크라테스, 어째서 자살은 옳지 않다고 하십니까? 필롤라오스도 우리와 함께 테베에 있을 때 자살이란 안 된다고 하였습니다. 그리고 그 밖의 사람들도 그런 말은 하였지만 까닭을 얘기해 주지 않았습니다."

"그렇다면 명심해서 듣게."

소크라테스는 이렇게 말하였습니다.

"이야기를 들으면 자네 역시 이해를 하겠지. 세상에는 좋지 못한 일이 좋게 되는 때가 더러 있는데 그것을 전화위복이라고 한다네. 죽음 역시 예외일 수 없네. 차라리 죽는 것이 나을 경우에 어째서 스스로 목숨을 끊어서는 안 되고 남의 손에 죽기를 기다려야 하는 것인지 그 까닭을 들어 보게."

"네 그러겠습니다."

케베스가 조용히 웃으면서 대답하였습니다.

"자네는 내 말이 이치에 맞지 않다고 생각되겠지. 그러나 부당한 것은 아니네. 이런 것을 은밀히 가르치기도 하네. 인간이란 본래 죄인이며 감옥에 갇혀 있는데 스스로 감옥 문을 열고 도망갈 권리가 없다는 견해일세. 이것이 얼마나 심오한 가르침인지 잘 이해가 가지 않을 걸세. 그러나 나는 신들이 우리의 보호자이며 인간이 신들의 소유물이라 믿네. 자네는 어떻게 생각하는가?"

"저도 그렇습니다."

"그렇다면 사람의 경우를 생각해 보세. 지금 신이 날 부르듯이 신이 우리를 부를 때까지 마음대로 목숨을 버려서는 안 된다는 것에는 까닭이 있을 것이네."

케베스가 대답했습니다.

"그렇습니다. 말씀을 들으니 이해가 됩니다. 그런데 신이 우리의 보호자이며, 우리는 신의 소유물이라는 말씀과 철학자는 기꺼이 죽을 각오를 해야 한다는 말씀 사이에는 모순이 있는 것 같습니다. 지혜로운 사람이 보호자인 신들의 가호를 거부하고 마음대로 세상을 떠나려는 행동은 도무지 이해를 할 수 없습니다. 지혜가 있는 자일수록 자유롭게 되었을 때 신들보다 자기를 더 잘 돌볼 수 있다 생각하지 않을 테니까요. 어리석은 사람들은 그런 생각을 할지도 모르지요. 그들은 끝까지 머물면서 선한 주인에게서 도망치지 않는 것이 의무라는 것과 분별없이 도망치는 것이 소용없음을 알지 못하기 때문에 생각 없이 도망칠지도 모르지요. 그러나 지혜로운 사람은 자기보다 나은 사람과 항상 함께 있기를 원할 겁니다. 그러고 보면 선생님이 아까 말씀하신 것과 정반대의 이치가 아닌가요? 지혜로운 사람일수록 죽음에 처할 때는 슬퍼해야 하고, 어리석은 사람은 기뻐해야 옳은 것 아닙니까?"

이 말을 듣고 소크라테스는 케베스의 논거에 매우 흥미를 느끼는 것 같았습니다. 그리하여 우리를 바라보면서 말하였습니다.

"케베스는 누구의 말도 이치를 따지며 그대로 받아들이지 않지."

그러자 심미아스가 입을 열었습니다.

"소크라테스, 케베스의 저 말에도 일리가 있다고 생각합니다. 지혜로운 사람이 어떻게 자기보다 훌륭한 주인으로부터 도망칠 생각하고, 또 도망칠 수 있겠습니까? 케베스가 지금 말한 것은 선생님을 두고 한 말 같습니다. 선생님께서는 당신께서 인정하신, 우리의 훌륭한 보호자인 신으로부터 우리를 버리고 떠나려고 하고 있다고 그는 생각하겠지요."

"자네들의 말에도 일리는 있네. 그러니까 내가 마치 법정에서처럼 변명하길 바라는 건가?"

"네, 그렇습니다."

심미아스가 대답하였습니다. 그러자 소크라테스가 입을 열어 말을 이었습니다.

"그렇다면 재판관들 앞에서 했던 변명보다 더 나은 변명을 해보겠네. 심미아스와 케베스, 만일 내가 지금 무엇보다도 지혜롭고 선량한 신들에게로 간다는 신념이 없다면, 그리고 이 세상에 살아 있는 사람들보다 더 훌륭한 분들이 있는 저세상으로 간다는 확신이 없다면 죽음이 앞에 있는 지금, 내가 슬퍼해야 하지 않겠나? 그리고 옛날부터 내려오는 전설에 따르면 착한 사람은 죽은 후 좋은 보상을 받는다는 희망이 있네."

심미아스가 입을 열었습니다.

"그렇다면 선생님. 어찌하여 그처럼 큰 소망을 혼자서만 가지고서 떠날 작정이십니까? 우리에게도 알려 주셔야 할 게 아닙니까? 그것은 누구나가 알아야 할 일들 같습니다. 더구나 선생님께서는 우리들을 납득시킬 수 있다면 선생님의 훌륭한 변명도 될 것입니다."

"그렇다면 들려주겠네. 그러나 그에 앞서 크리톤이 아까부터 내게 무슨 말인가 하려는 거 같은데 그 이야기부터 들어 보기로 하세."

소크라테스는 이렇게 말하였습니다. 그러자 크리톤이 대답하기를

"다름이 아니라 자네에게 독약을 줄 사람이 아까부터 나에게 주의를 주었네. 자네에게 너무 많은 말을 하지 말도록 하라는 군. 말을 많이 하면 열이 높아지고 그러면 독약이 몸에 잘 퍼지지 않는다고 하네. 흥분한 사람은 두 배 혹은 세 배를 마셔야 한다는 것이네."라고 하였습니다.

"내버려 두게."

하고 소크라테스가 말을 이었습니다.

"두세 배를 마셔야 한다면 그만큼 마시면 될 것 아닌가? 제 할 일이나 하라고 하게."

"그렇게 말할 줄 알았지만, 저 사람이 하도 성화를 부리기에

말을 했을 뿐이네."

하고 크리톤이 말을 계속하였습니다.

"염려 말게. 자, 이제부터 나는 자네들에게 철학자가 죽음이 다가왔을 때 기쁠 수밖에 없는 이유와 또 죽은 후에는 저세상에서 최대의 복을 받을 거라는 희망을 가질 수 있다는 것을 증명하려고 하네. 심미아스와 케베스, 이제 그 이유를 얘기하겠네. 흔히 세상 사람들은 철학을 하는 사람에 대해 오해를 하네. 그들이 죽어가는 순간순간에도 죽음을 추구한다는 사실을 이해하지 못하네. 평생 동안 죽음을 갈망하는 그들이 막상 죽음이 다가오면 그것에서 도망치는 모순이 있을 수 있겠나?"

심미아스가 웃으며 입을 열었습니다.

"지금은 웃을 처지가 아니지만은 당신이 웃게 한 겁니다. 당신의 말씀을 들으면 많은 사람들은 철학자다운 말씀을 한다고 생각할 겁니다. 그리고 우리 고향 사람들도 철학자가 원하는 것은 삶이 아닌 죽음이며, 사실 철학자들은 자신들이 원하는 형태로 죽을 자격이 있다는 것을 알게 되었다 말할 것입니다."

"그렇게 생각하는 것도 옳은 일이네. 하지만 '알고 있다'는 말은 빼야 될 걸세. 진정한 철학자에게 합당한 죽음은 어떤 것인지, 또 어찌하여 죽어도 좋으며, 어찌하여 죽음을 원하는지 알았다고 말할 수는 없을 걸세. 그러나 그들에 대한 이야기는 이만 말하기로 하세. 우리들의 이야기나 하세. 자네는 죽음이란 것이 있다고 생각하나?"

하고 소크라테스가 말씀하였습니다.

"물론 있지요."

하고 심미아스가 대답하였습니다.

"그렇다면 그것은 영혼과 육체의 분리가 아닌가? 죽는다는 것은 육체와 영혼이 제각기 분리되는 것이 아니겠나? 영혼이 육체를 떠나고 육체가 영혼을 떠나면, 바로 이런 것이 죽음일 테지?"

"바로 그것이라고 생각합니다."

"또 한 가지 생각해 보세. 만일 자네와 내가 이 문제에 동의하면 우린 한층 더 쉽게 깨달을 수 있다고 생각하네. 자네는 철학자가 먹고 마시는 쾌락에 사로잡혀도 된다고 생각하는가?"

"그럴 수는 없다고 생각합니다."

심미아스가 대답하였습니다.

"그렇다면 성적인 쾌락에 빠지는 것은 어떻게 생각하는가?"

"그 또한 절대로 안 됩니다."

"그렇다면 그 밖의 좋은 옷이나 구두, 값비싼 장식품, 기타 여러 가지 육신의 향락은 어떻게 생각하는가? 오히려 이러한 것들은 경멸해야 할까? 자네는 어떻게 생각하는가?"

"철학자들은 그것을 경멸해야 한다고 생각합니다."

"자네의 말은 진정한 철학자는 육체가 아닌 영혼만을 소중히 여기고 육신적인 것은 가능한 경계하고 영적인 것에만 집중해야 한다는 것이 아닌가?"

"물론 그렇습니다."

"이러한 문제에 있어서, 철학자는 다른 사람들보다 영혼을 육체에서 해방시키려 애쓰는 사람이라고 해야겠지?

"그렇습니다."

"그런데 심미아스, 세상 사람들이 정신적 쾌락은 전혀 느끼지 못할 뿐만 아니라 육체적 쾌락에서 쾌락을 얻지 못하면 죽은 사람과 마찬가지로 여기는 모양이네."

"그것도 사실입니다."

"그렇다면 지식을 얻는 것에 대해서는 어떻게 설명해야 하나? 학문을 탐구함에 있어 육체는 방해가 될까? 도움이 될까? 말하자면 사람의 시각과 청각에 어떤 진리가 있는가 말일세. 시인들이 늘 일러 주듯이 이것들은 우리에게 아무것도 정확하게 전달하지 못하네. 이것들이 정확하지 않다면 다른 감각에 대해서는 어떻게 설명해야 할까? 자네는 시각이나 청각은 감각 가운데서 가장 믿을 만하다고 인정할 테지?"

"그렇습니다. 그럴 수밖에 없을 것입니다."라고 심미아스가 대답하였습니다.

"그렇다면 영혼은 언제 진리에 도달할 수 있는가? 육체와 함께 무엇을 탐구하려 할 때는 육체는 영혼을 방해할 게 아닌가?"

"그렇습니다."

"그렇다면 참된 존재가 드러날 경우, 그것은 사유 속에서 드러나는 것이 아니겠나?"

"그렇습니다."

"그런데 가장 최상의 사유라는 것은 청각이나 시각 또는 고통이나 쾌락이 영혼을 괴롭히지 않을 때 아니겠나? 즉 영혼이 육체와 관계하지 않을 때 영혼이 육체적 감각이나 욕망에 사로잡히지 않고 참으로 존재하는 것을 갈망할 때라고 하겠네."

"그렇습니다."

"그리고 그렇게 함으로써 철학자는 육체를 경멸하고, 육체에서 벗어나 영혼은 홀로 독립하려고 하는 것이 아닌가?"

"분명히 그렇습니다."

"좋아. 그렇다면 심미아스, 이것에 대해 어떻게 생각하나. 정의 자체라는 게 있을까? 없을까?"

"제우스에게 맹세하건대, 있다고 생각합니다."

"그리고 또한 미(美)나 선(善) 자체도 있다고 생각하나?"

"물론입니다."

"그렇다면 자네는 이와 같은 것을 눈으로 본 일이 있는가?"

"전혀 없습니다."

"혹은 육체의 어떤 감각 기관으로 그런 것을 느낀 일이 있었나? 예를 들어 크기, 건강, 힘, 만물의 본질, 참된 본성도 묻는 걸세. 신체의 감각기관으로 그와 같은 본질을 지각해 본 적이 있었나? 또는 그렇지 못한가? 우리 중 날카로운 지적 통찰력으로 탐구 대상의 본질을 하나하나 알기 위해 노력하는 자만이 참된 인식에 도달할 수 있는 것이 아니겠나?"

"옳은 말씀이십니다."

"사유 작용에 있어서도 순수하게 인식할 수 있는 사람은, 가급적 사유만으로 탐구의 대상을 삼고 시각이나 그 밖의 감각을 끌어들이지 않으며, 사유로 그 자체의 밝은 빛만 가지고 참된 존재를 탐구하지 않겠는가? 시각이나 청각 혹은 신체에서 영혼이 분리되지 않으면, 영혼이 진리와 지혜를 얻는 일을 방해한다고 보고 가능한 이런 것과 상관하지 않고 여기서 벗어나는 자만이 참된 인식이 가능하다고 보네. 그렇지 않은가. 심미아스?"

"그건 옳은 말씀입니다, 소크라테스."

하고 심미아스가 말하였습니다.

"이러한 모든 일을 고려해 보아, 진정한 철학자라면 다음과 같은 것들을 반성하고 의견을 나눠 보아야 할 걸세. 그러니까 영혼이 육체와 더불어 있는 동안은, 이 좋지 못한 것과 결합되어 있는 동안 우리의 소원은 결코 이룰 수 없다는 결론으로 우리의 논의를 이끌어 내는 사상의 오솔길을 발견하였다고 보네. 우리는 진리를 찾고 있네. 그러나 모든 생물들은 먹고 살아야 하니 이것이 얼마나 괴로운가, 혹은 병이라도 걸리면 참된 존재에 대한 탐구는 방해를 받기 마련이네. 또한 육체는 마음속의 정욕과 공포, 그 밖의 여러 가지 환영과 부질없는 생각을 갖게 하여 우리의 올바른 사고 능력을 앗아 가는 것이라네.

또 전쟁이나 불화와 분쟁은 무엇 때문에 생기는 것인가? 재물을 얻기 위해 전쟁이 생기고, 육신의 보존을 위해 재물이 있어야 하는 거 아닌가? 이런 일들 때문에 우리에게 철학하는 데 마음을 쏟을 시간이 없는 걸세. 마지막으로 가장 고약한 것은 만일 여유가 생겨 무언가 고찰하려고 하면 언제나 육체가 끼어들어 우리의 정신을 혼란하게 만들고 우리의 눈을 흐리게 하여 진리를 못 보도록 하는 것이 아닌가? 따라서 순수하게 사물을 인식하기 위해서는 육체를 떠나 영혼 그 자체로 돌아가야 사물을 올바르게 인식할 수 있네. 따라서 우리가 죽은 다음에서야, 그때야말로 우리가 추구하는 지혜에 도달하게 될 것이네. 그러나 우리가 살아 있는 동안에는 영혼이 순수한 지식을 가질 수 없기 때문에 다음의 두 가지 경우 중 하나가 가능할 것이네. 우리는 전혀 지식을 얻지 못하거나, 또는 얻는다 하더라도 죽은 다음의 일일 게 아닌가? 죽은 후에야 비로소 영혼이 육체에서 벗어나 독립할 수 있기 때문이네. 그러므로 현세에서는 신이 우리를 독립시켜 줄 때까지 육체를 깨끗이 지킴으로써 올바른 인식에 가장 가깝게 다가갈 수 있다고 생각하네.

이와 같이 육체의 어리석음에서 벗어나 정화되어야 순결한 사람들과 함께 있을 수 있으며, 자신을 통하여 모든 진리를 보게 될 걸세. 깨끗하지 못한 것은 깨끗한 것에 다가갈 수 없을 것 아닌가? 심미아스, 이런 사실이야말로 지혜를 사랑하는 철학자라면 이야기해야 할 내용이며 생각이라고 나는 보네. 자네는 어떻게 보는가?"

"저도 그렇게 생각합니다, 소크라테스."

"그리고 이것이 사실이라면, 내가 나의 여행을 마치고 인생의 마지막 길에서, 내가 가려고 하는 곳으로 가는 것에 평생 동안 추구하던 목적을 얻게 되리라는 희망을 품을 만한 충분한 까닭이 있다고 생각지 않는가? 따라서 기쁜 마음으로 나의 갈 길을 갈 수 있네. 나뿐만 아니라 누구라도 그와 같은 준비가 되어 있으며, 스스로 정화되었다 생각하는 사람이라면 기쁜 마음으로 이곳을 떠날 것이라 생각하네."

"과연 그렇군요."

심미아스가 말하였네.

"말한 바 있지만 정화란, 영혼이 육체로부터 떠나 영혼 그 자체로 존재하고, 저세상에서와 마찬가지로 이 세상에서도 가능한 육체의 사슬에서 벗어나 영혼이 홀로 머물러 있는 습관을 붙이는 것이 아니겠나?"

"사실 그렇습니다."

"죽음이란 바로 영혼이 육체에서 분리되어 해방되는 것이 아니겠나?"

"사실 그렇습니다."

"그런데 언제나 진정한 철학자만이 이처럼 영혼을 육체에서 해방시키려고 노력하네. 영혼이 육체에서 분리되어 해방되는 것이 철학자들의 소망이 아니고 무엇이겠나?"

"그렇습니다."

"말한 바 있지만 한평생 죽기를 희망하며 살아온 사람이 막상 죽을 상황에 처하자 죽음에서 달아나려 한다면 얼마나 가소로운 일인가?"

"그렇군요."

"따라서 심미아스, 진정한 철학자라면 항상 죽음을 두려워하지 않고 죽음을 연습해야 한다네. 이 문제를 이렇게 생각해 보게. 진정한 철학자들은 모든 부분에서 육체의 적이고 영혼과 함께 있기를 원하는 소망이 성취될 때, 그들이 평생 동안 사모한 진리를 얻을 수 있는 곳으로 가는 것을 두려워한다면 이런 모순이 어디 있겠는가? 보통 사람들은, 사랑하는 사람이나 아내나 자식이 죽어서 저세상으로 가면 그들과 함께 하게 되리라는 희망으로 죽기를 원하기도 하네. 하지만 지혜를 사랑하는 사람은 하데스에서만 그 지혜를 얻게 된다고 확신하면 어찌 죽음을 꺼려 즐거이 저세상으로 떠나려 하지 않겠는가? 진정한 철학자라면 그는 기쁜 마음으로 떠날 것이며, 거기에서만 순수한 지혜를 발견할 수 있다는 신념을 갖고 있을 것일세. 따라서 이것이 진리이며 내가 말한 바처럼 그러한 사람이 죽음을 두려워한다면 얼마나 어리석은가."

"정말 그렇습니다."라고 심미아스가 대답했습니다.

"그러므로 죽음이 다가오는 것을 꺼려하고 두려워하는 사람이라면 그는 철학자가 아니고 육체를 사랑하는 사람, 재물을 사랑하는 사람, 또는 이 두 가지를 다 사랑하는 사람일 테지."

"옳은 말씀입니다."

"그렇다면 심미아스, 용기는 철학자만이 가질 수 있는 성품이라고 할 수 있을 걸세."

"그건 그렇습니다."

"절제 역시 마찬가지이네. 보통 사람들은 절제로 정욕을 다스리고 정욕보다 우월하다고 생각하지만 절제 역시 육체를 경멸하며 자기를 다스려 나가는 철학자에게만 속하는 덕이 아닌가?"

"그렇습니다."

"자네가 다른 사람들의 용기나 절제를 신중히 살펴본다면, 얼마나 이를 소홀히 여기는 지 알 수 있을 걸세."

"어찌하여 그렇습니까?"

"자네 역시 일반 사람들이 죽음을 큰 재앙으로 여기며 언짢게 생각하고 있다는 것을 알지 않나?"

"그건 사실입니다."

"그중에서 용감하다고 하는 사람들 역시 더 큰 재앙을 두려워하기 때문에 죽음을 받아들이는 것 아닌가."

"그렇습니다."

"그렇다면 철학자가 아닌 다른 사람들은 두려움 때문에 용감한 것 아닌가? 두려움에서 비롯된 용기는 비겁하며 옳지 못하네."

"그렇군요."

"그러니 절제의 경우 역시 같지 않은가? 세상 사람들은 무절제하기 때문에 절제하는 것일세. 이 말이 모순된 것처럼 느낄 수 있지만 사실 그들에게는 버릴 수 없는 쾌락이 있고, 이 쾌락을 추구하기 위해 다른 쾌락들을 누르는 걸세. 쾌락에 지배되는 것을 세상 사람들은 무절제라 부르지만 그들에게 있어서는 쾌락을 누르는 것은 다른 쾌락에 지배되기 때문일세. 그렇기 때문에 그들은 무절제하기 때문에 절제하고 있다고 말하는 걸세."

"그렇게 생각됩니다."

"심미아스, 어떤 공포나 쾌락이나 고통을 다른 공포와 쾌락과 고통과 화폐처럼 바꾸고, 작은 것을 큰 것과 바꾸는 것은 덕을 쌓는 도리가 아닐세. 그 모든 것과 바꿀 수 있는 것. 즉 지혜만이 진정한 화폐라고 하겠네. 따라서 이러한 지혜와 바꿀 때에만 용기나, 절제나, 정의가 올바르게 거래될 수 있는 거네. 모든 참되고 진실한 것은 어떠한 공포나 쾌락, 또는 이것과 비슷한 좋은 것이나 언짢은 것이 따르건 말건 지혜와 함께 하는 것이네. 절제, 정의, 용기도 똑같으며 그 자체는 그것들을 정화하는 것일세. 저 신비교의 창시자들도 정말 경멸할 수 없네. 옛날 저들이 수수께끼와 같은 말로 말하기를, 정화되지도 않고 비의(秘儀)도 받지 않고 죽은 사람은 저세상에서 시궁창에 빠지지만, 비의를 얻은 후에 죽은 사람은 저세상에서 신들과 함께 살 것이라고 말한 것은 허황된 말만은 아닌 걸세.

신비교 수도자들이 '나르테크스의 지팡이를 들고 다니는 사람은 많으나 바커스는 적네'[29]라고 얘기하는 것처럼, 나는 이 말을 진정한 철학자가 적다는 뜻으로 생각하네. 나도 진정한 철학자가 되기 위해 평생 동안 힘을 다해 노력했네. 그러나 과연 올바른 철학을 숭상해 왔는지 그 일에 성공했는지 그 여부는 이제 저세상에 가면 알게 될 걸세. 이것을 나는 굳게 믿네. 그리고 이것이 나의 변명이네. 심미아스와 케베스, 나는 여러분과 이 세상에서의 나의 스승들과 작별하고 떠나더라도 슬퍼하거나 불평하지 않는 것이 옳다고 생각하네. 저세상에 가도 이 세상에서처럼 훌륭한 스승과 친구들을 만날 수 있다고 믿네. 그러나 대부분의 사람들은 이러한 신념을 갖고 있지 않네. 그러므로 만일 내가 아테네의 재판관들보다 여러분을 더 잘 납득시킬 수 있다면 그보다 더 바람직한 일은 없다고 생각하네."

---

29  나르테크스는 남유럽에서 자라는 나무로 속이 비어 있는데 프로메테우스가 이 나무속에 불을 넣어 가지고 왔다고 한다. 이 말은 신과 일체가 되기를 원하는 사람은 많지만 그 경지에 도달하는 사람은 적다는 뜻이다.

소크라테스가 말을 마치자 케베스가 입을 열었습니다.

"소크라테스, 나는 선생님의 말에 대부분 동의합니다. 그러나 영혼에 대한 말은 많은 사람들이 의문을 가질 것입니다. 세상 사람들은 영혼이 육체를 떠나면 있을 곳이 없어지고, 연기나 입김처럼 사라진다고 생각하여 두려워하거든요. 만일 선생님의 말씀대로 죽고 나서도 영혼이 여러 가지 악으로부터 해방되고 존재할 수 있다면 선생님의 말씀이 충분히 옳다고 볼 수 있겠지요. 그러나 사람이 죽은 후에도 영혼이 그대로 존속되며, 어떤 힘과 지혜를 그대로 지니고 있다는 것을 입증하려면 충분한 논증과 증거가 필요할 것입니다."

소크라테스가 말하였습니다.

"옳은 말이네. 그렇다면 그러한 일들이 가능하다는 점에 대하여 좀 더 이야기해 보기로 하세."

"네, 그 문제에 대하여 선생님의 말씀을 듣고 싶습니다."

하고 케베스가 말하였습니다.

"지금 내가 한 이야기를 들은 사람이라면 누구든지, 심지어 나를 비웃던 희극 작가[30]일지라도 내가 허황된 소리를 지껄인다고 비난하지 않을 걸세. 자네가 원한다면 자세히 따져 보기로 하지. 옛날이야기 중에 인간이 죽은 후 그 영혼이 저세상에 있는지 없

---

30  아리스토파네스와 같은 사람들. 아리스토파네스는 그의 작품 『구름』에서 소크라테스 실명을 등장시켜 비판했다.

는지 문제부터 따져 보기로 하세. 영혼은 이 세상에서 저세상으로 갔다가 이 세상으로 되돌아와서 죽은 자로부터 다시 태어난다는 것을 들은 적이 있네. 만일 살아 있는 사람이 죽은 사람으로부터 태어난다면 우리 영혼은 저세상에 있는 게 틀림없네. 저세상에 없다면 다시 살아날 수 없을 게 아닌가? 만일 살아 있는 사람이 죽은 사람으로부터 태어나는 것이 분명하다면, 영혼들이 저세상에 있다는 사실은 확실해질 거세. 그렇지 않다면 다른 논증이 필요하겠지."

케베스가 대답했습니다.

"매우 지당한 말씀입니다."

"좀 더 쉽게 이해하려면 이 문제를 인간에 한해서만 고찰하지 말고 동물, 식물, 생성하는 만물에 대해 고찰하기로 하세. 반대되는 것을 가지고 있는 것은 모두 그 반대의 것에서 생기게 되지 않는가. 예를 들어 아름다움은 추함의 반대이고, 선은 악의 반대인 것처럼 이외에도 반대되는 것이 수없이 많을 걸세. 반대의 것을 가지고 있는 것들은 모두 반대의 것에서 생기는 것이 아니겠나. 가령 무엇이 더 크게 되는 경우, 훨씬 작았던 것이 전보다 크게 되는 것이 아니겠나?"

"네, 그렇습니다."

"또한 보다 작은 것이 생기는 경우도 이전엔 보다 컸던 것이 나중에 보다 작아지는 것이지."

"그렇습니다."

"그리고 보다 약한 것은 보다 강한 것에서 생기고, 보다 빠른 것은 보다 느린 것에서 생기지 않았겠나?"

"사실 그렇습니다."

"또 보다 나쁜 것은 보다 더 좋은 것에서 생기고, 보다 옳은 것은 보다 옳지 않은 것에서 생기겠지?"

"그렇습니다."

"그렇다면 이것은 모든 반대 관계라 말할 수 있지 않은가. 반대 관계에 있는 것은 모두 반대되는 것에서 비롯되었다고 믿을 수 있지 않은가."

"그렇게 믿을 수 있겠지요."

"그러면 이번에는 이런 것을 생각할 수 있지 않을까. 모든 사물의 반대되는 관계에는 두 가지 생성이 있지 않을까? 이것에서 저것으로, 또 반대로 저것에서 이것으로 생성된다는 것일세. 보다 큰 것과 보다 작은 것이 있으면 증가와 감소도 있네. 커지는 것은 증가이고, 작아지는 것은 감소가 아니겠는가."

"그렇습니다."

"그 외에도 분리와 결합, 차가운 것과 뜨거운 것처럼 이것에서 저것이 생기고 저것에서 이것이 생기는 경우가 많지. 그 모든 것을 일일이 말로 표현하고 있지 않더라도 이러한 과정이 전부 상반되는 것을 갖고 있네. 상반되는 것은 이와 같이 상반되는 것에서 생기지 않는가?"

"사실 그렇습니다."

"그렇다면 잠자는 것이 깨어 있는 것과 반대이듯, 살아 있는 것의 반대는 없을까?"

"물론 있습니다."

"그것이 무엇인가?"

"죽음입니다."

"앞에서처럼 모든 것이 반대되는 것에서 생겨난다면, 거기에도 각기 두 가지의 생성이 있지 않을까?"

"물론입니다."

"그럼 내가 말한 두 쌍의 반대되는 것 중에서 한 쌍과 그 생성 과정을 분석해 볼 테니, 자네는 다른 하나를 나에게 말해 주게. 두 쌍의 반대되는 것 중 하나는 잠자는 것과 깨어 있는 것이네. 잠자는 상태는 깨어있는 상태로부터 생성되고, 또 깨어 있는 상태는 잠자는 상태로부터 생성되네. 그러므로 그 생성의 하나는 잠자는 것이고 나머지 하나는 깨어 있는 것 아니겠는가?"

"물론 그렇습니다."

소크라테스가 말하였습니다.

"그러면 이번에는 자네가 같은 방법으로 삶과 죽음에 대해 내게 설명해 주게. 죽음은 삶의 반대가 아닌가?"

"맞습니다."

"그리고 삶과 죽음은 각각 반대쪽에서 나오는 게 아니겠나?"

"네, 그렇습니다."

"그렇다면 삶에서 생성되는 것은 대체 무엇인가?"

"죽음입니다."

"그러면 죽음에서 생성되는 것은 대체 무엇인가?"

"삶이라고 할 수밖에 없지요."

"그렇다면 케베스, 인간이나 생물이나 가리지 않고 살아 있는 것은 죽은 것으로부터 나온단 말인가?"

"그렇습니다."

"그렇다면 죽은 사람의 영혼이 저세상에 있는 것이 밝혀졌네."

"그렇게 생각됩니다."

하고 케베스가 대답했습니다.

"그렇다면 이것은 두 가지 생성 과정 중에 하나로 볼 수 있네. 즉 죽는 것은 명백한 사실 아닌가?"

"그렇습니다."

"그렇다면 그 반대되는 과정인 생성이 없다고 보아야 될까? 그렇게 되면 자연의 진행은 반쪽만 되는 게 아닌가? 죽음에 대응하는 생성을 인정해야 하지 않겠는가?"

"그렇습니다."

"그것은 무엇인가?"

"소생하는 것입니다."

"만일 소생하는 일이 있다면 그것은 죽은 자가 산 자들의 세계에서 태어나는 것이 아닌가?"

"정말 그렇습니다."

"그러면 우리는 죽은 자가 산 자로부터 생기는 것처럼, 산 자가 죽은 자로부터 생긴다는 결론에 도달하는 셈이 되는군. 만약 이것이 옳다면, 죽은 자의 영혼이 어디엔가 머물러 있다가 거기서 되살아오게 된다는 것이 충분히 증명된다고 보네."

"소크라테스, 앞에서 동의한 것으로 보아 그와 같은 결론은 필연적으로 나오는군요."

"케베스, 우리가 입증해 온 것들은 살못된 것이 아니었네. 왜냐하면 만일 생성이 직선적으로만 될 뿐 반대의 것에서 반대의 것이 나온다든가, 본래의 것으로 다시 돌아오는 경우가 없다면, 세상의 모든 것은 한결같은 모양을 하고 똑같은 상태에만 놓이게 될 테니까 말일세. 그리고 그것들은 두 번 다시 생성하지 않을 게 아닌가?"

"무슨 말씀인지 잘 모르겠습니다."라고 케베스가 물었습니다.

"어렵게 생각할 문제가 아니네. 잠을 예로 들어 생각해 보세. 만일 잠자는 것과 깨어 있는 것이 교대하는 일이 없다면 영원히 잠든 엔디미온[31]의 이야기는 아무 의미가 없는 것이 아닌가? 만

---

**31** Endymion : 엔디미온의 아름다운 모습을 달의 여신이 연모하여, 라트모스 동굴에서 잠자는 그에게

일 그 밖의 다른 사물도 깊이 잠들어 버린다면 즉 다른 사람들처럼 자고 있는 것이 된다면 아무도 그가 깊은 잠에 빠져 있음을 알지 못할 것이 아닌가? 또한 결합만이 있고 분리가 없다면, 아낙사고라스[32]의 말처럼 '만물은 혼돈' 상태일 것 아닌가? 케베스, 따라서 생명을 가진 것은 죽고, 죽은 후에는 그 상태로 머물러서 다시 살아나지 못하면, 결국 모든 것은 죽고 살아 있는 건 아무것도 없을 거야. 왜냐하면 살아 있는 것은 다른 것에서 생성하며, 그 다른 것도 죽는다면 결국 모든 것은 죽음이 삼켜 버리게 될 것 아닌가?"

케베스는 대답했습니다.

"그럴 수밖에 없겠군요. 선생님의 논증이 옳습니다."

"케베스, 내 생각으로도 그럴 수밖에 없는 것 같네. 그리고 이러한 일들을 인정함으로써 스스로 속았다고는 생각되지 않네. 오히려 나는 다시 소생하고, 죽은 자는 산 자에게서 나오고, 산자는 죽은 자에게서 생성되며, 죽은 자의 영혼은 생존하며 선량한 영혼에게는 좋은 일이, 악한 영혼에게는 나쁜 일을 맞이할 거라는 확신이 있네."

케베스가 덧붙여 말을 했습니다.

"소크라테스, 선생님이 자주 이야기하신 '안다는 것은 상기(想

---

몰래 키스를 하였다. 이것이 들킬까 두려워 제우스신에게 부탁해 영원히 잠들게 했다고 한다.
32 Anaxagoras : 그리스 철학자. 천체 현상을 비롯한 만물을 자연적 방법으로 이해하려 하고, 태초에 혼돈이 있었으나 누스(지성)에 의해 분리 정돈되어 세계에 질서를 찾아 나갔다고 주장했다.

---

起)'라는 이론이 옳다면 우리가 지금 상기하는 것은 반드시 예전에 배운 일이 있다는 결론에 도달합니다. 하지만 우리의 영혼이 사람의 형태를 가지고 태어나기에 앞서 어떤 곳에 존재하지 않았다면 불가능한 일일 겁니다. 여기에도 영혼 불멸의 증거가 있을 것 같습니다."

심미아스가 뒤를 이어 입을 열었습니다.

"그렇지만 케베스, 그 상기설을 뒷받침하는 증거가 어떤 것인지 나에게 상기시켜 줄 수 없겠나? 나는 지금 그것을 분명히 기억하고 있지 못하네."

케베스가 대답하였습니다.

"그건 한마디로 훌륭히 답변할 수 있네. 질문이 훌륭한 증거가 되네. 질문을 하는 사람이 합당한 질문을 하면 대답하는 사람도 합당한 대답을 할 걸세. 그러나 이때 대답하는 사람에게 지식과 올바른 사고 능력이 없다면 합당한 대답을 할 수 없을 걸세. 이와 같은 것은 기하학의 도형이나 그와 비슷한 것을 문제 삼을 때 가장 확실하게 입증이 되네."

소크라테스가 다시 입을 열었습니다.

"심미아스, 자네가 아직 믿을 수 없다면 다른 각도에서 살펴보세. 그러고 난 후 자네가 나와 같은 생각을 가질 수 있는지를 알아보는 것이 좋겠네. 자네는 아직도 지식이 상기인지 아닌지에 대해 의문을 갖고 있는 것이 아닌가?"

"의문을 갖는 것이 아닙니다만 상기설을 상기해 보고 싶었을 뿐입니다. 방금 케베스의 말을 들으니 상기하게 되고 이해도 갑니다. 그러나 선생님의 말씀이 듣고 싶군요."

하고 심미아스가 대답하였습니다.

"내가 말하고 싶은 것은 바로 이런 것이네. 내 견해에 잘못된 부분이 없다면 누군가 무언가를 상기하는 것은 어떤 사람이 그전에 언젠가 배워서 알고 있는 것이라는 사실을 우리는 인정해야 한다는 것일세."

"옳은 말씀입니다."

"그렇게 하여 지식이 성립될 경우, 그것이 상기라는 것에 대해서도 우리는 합의해야 하네. 어떤 사람이 어떤 것을 보았거나 들었을 때, 또는 다른 어떤 감관으로 그것을 인식했을 때, 그것을 알 뿐만 아니라 그것과 다른 어떤 것을 생각한다고 하면 그때 그 사람은 자기가 생각한 것을 상기했다고 말할 수 있지 않은가?"

"무슨 말씀인지 잘 모르겠습니다."

"예를 들어 설명하자면 다음과 같네. 거문고에 대한 지식과 사람에 대한 지식은 다르겠지?"

"네 그렇습니다."

"자네도 잘 알고 있으리라 생각하지만 애인들이 상대방이 늘 쓰는 거문고나 혹은 옷이나 그 밖의 어떤 것을 보면 다음과 같은 일이 일어날 걸세. 그들은 거문고를 알아보고 거문고의 소유자인 애인의 모습을 상기할 것 아닌가? 바로 이와 같은 것이 상기이네. 이처럼 심미아스를 보는 사람은 가끔 케베스를 상기할 걸세. 이와 비슷한 예는 얼마든지 찾아볼 수 있네."

"정말입니다."

하고 심미아스가 말하였습니다.

"그렇다면 이런 것도 상기가 아닐까? 즉 오래된 일이라 주의하지 않았기 때문에 잊어버린 것으로부터 그와 같은 일이 생겼을 때 말이네."

"그렇지요."

하고 심미아스가 대답하였습니다.

"어떤 그림에서 말을 보거나 혹은 거문고를 보고 어떤 사람을 상기할 경우도 있지 않은가? 또 심미아스의 그림을 보고 케베스를 상기하는 경우도 있겠지."

"그렇습니다."

"이렇게 여러 가지 점에서 보면 상기는 닮은 것에서 생기는 경우도 있고 닮지 않은 것에서 생기는 경우도 있다고 할 수 있지 않나?"

"그렇습니다."

"그런데 닮은 것을 보고 무언가를 상기할 때 상기하는 사람은 반드시 다음과 같은 것을 고찰하지 않을까. 즉 그 닮은 것이 상기되고 있는 것을 꼭 닮았는지 그렇지 못한지를 고찰하게 될 걸세."

"네, 그렇습니다."

"그럼 한 걸음 더 나아가 '같음'을 생각해 보세. 어떤 나무토막이 다른 나무토막과 같다든가, 또는 어떤 돌이 다른 돌과 같다는 것뿐만 아니라 그 위에 '같음' 그 자체인 '절대적 같음'이 있다는 것 말이네. 이것을 있다고 말할 수 있을까?"

"네, 말할 수 있습니다. 있다고 해야 합니다."

하고 심미아스가 말하였습니다.

"그런데 우리가 그 '같음' 자체를 올바로 알고 있는가?"

"네, 알고 있습니다."

"우리는 어디서 그 지식을 얻어 왔는가? 앞에서 말한 나무토막이나 돌 같은 물질적인 같음을 보고 이것들과는 다른 '같음'이라는 관념을 갖게 된 것이 아닌가? 자네는 이 양자가 다르다고 생각하지 않는가? 같은 나무토막, 같은 돌이지만 어떤 때는 같게 보이고 어떤 때는 다르게 보인다고 생각하지 않는가?"

"그렇습니다."

"그렇다면 결국 같은 것이 정말 다르게 보이는 경우도 있는가? '같음'이 '다름'으로 보이는 경우 말이네."

"그런 일은 없었습니다."

"그렇다면 결국 같은 것들은 '같음' 그 자체는 아니겠지?"

소크라테스가 이렇게 물었습니다.

"아닙니다. 같다고 생각하지 않습니다."

"그런데 이러한 같은 것들이 '같음' 자체와는 다른 것인데도 불구하고 이러한 '같음'으로부터 그 자체를 파악하고 인식하는 것이 아닌가?"

"물론 그렇습니다."

"그렇다면 '같다'는 관념은 같은 사물들과 닮을 수도 있고 닮지 않을 수도 있으리라고 생각지 않는가?"

"네, 그렇습니다."

"하지만 그것은 무관한 일이네. 자네는 어떤 사물을 보면 닮았든 닮지 않았든 간에 다른 것을 생각한다면 그것은 하나의 상기 작용일 테지?"

"그야 물론이지요."

"그렇다면 이런 것은 어떤가? 나무나 돌이나 기타 어떤 물건의 같음과 '같음' 그 자체를 살펴볼 경우, 자네는 전자도 후자와 동일한 의미에서 같다고 할 수 있나? 그렇지 않으면 전자는 후자보다 못한 것으로 생각하는가?"

"그야 물론 못하지요."

"아마 다음의 경우에도 우리는 동의할 것이네. 가령 어떤 사람이 어떤 물건을 보고 그것을 다른 것과 같게 하려 해도 그렇게 할 수 없을 뿐 아니라 거기에 미치지 못한다는 경우를 알 때에, 그 사람은 그것이 닮았지만 미치지 못한다는 사실을 미리 알고 있어야 한다는 것에 대해서 말이네."

"그야 물론 동의합니다."

"이러한 사실은 여러 가지 같은 것들과 '절대적인 같음' 그 자체에서도 들어맞는 일이 아니겠나?"

"그야 물론입니다."

"이제야 우리가 겨우 같은 것을 보고 그것들이 '절대적인 같음'에 도달하려고 애쓰지만, 거기에 도달할 수 없다는 것을 깨닫기에 앞서 '동일한 것' 자체를 미리 알고 있어야만 되는 게 아니겠나?"

"그렇습니다."

"그리고 또 우리는 이것에도 동의하리라 생각하네. 즉 '절대적 같음'을 인식할 수 있는 것은 다름이 아니라 그 자체를 눈으로 보거나 손으로 만지거나 그 밖에 다른 감각기관으로만 그 개념을 얻으며, 또 얻을 수 있다는 것을 말이네. 내가 보기에는 다른 모든 경우에 대해서도 이렇게 말할 수 있으리라 생각하네."

"이론의 전개로 보아 그럴 수밖에 없습니다."

"그렇다면 모든 감각적인 것들이 '절대적 같음'에 도달하려고 하지만 거기에 도달할 수 없음을 아는 일은 오직 감각을 통해서만 된다는 뜻이 아니겠는가?"

"그렇습니다."

"그러면 우리가 보거나 듣거나, 혹은 그 밖의 어떤 모양으로 지각하기에 앞서 '절대적인 같음'을 알고 있어야 하네. 그렇지 않

파이돈

다면 여러 가지 사물의 같음을 감각을 통해 분별할 수 있는 기준이 없으니까 말일세. 이것들은 '절대적인 같음' 그 자체가 되려고 애쓰지만 거기에 도달할 수 없음을 알아야 할 것 아닌가?"

"지금까지 말씀하신 논지로 보아 지당한 일입니다."

"우리는 이 세상에 태어나자마자, 보기도 하고, 듣기도 하고, 그 밖에도 다른 감각 기관을 사용하게끔 된 것이 아니겠나?"

"그렇습니다."

"그렇다면 우리는 그전에 '같음'에 대한 인식을 가지고 있어야만 할 것 아닌가?"

"그렇습니다."

"그것은 우리가 이 세상에 태어나기 전부터 갖고 있어야 하지 않겠나?"

"그렇습니다."

"만일 세상에 태어나기 전부터 그것을 알고 있다면, 그리고 태어날 때 그것을 가지고 있다면 태어나기 전이나 태어난 순간에도 알고 있었을 것 아닌가? '같은 것'이나 '더 큰 것' 또는 '더 작은 것'뿐만 아니라 그 밖의 모든 관념을 알고 있었다는 것이 되네. 지금 우리가 논의하는 것은 '같은 것'뿐만 아니라 '아름다움', '선', '정의', '거룩함'을 비롯한 모든 것의 '존재 자체'라는 말을 붙일 수 있는 것 아니겠나? 그러므로 우리는 태어나기 전에 이미 모든 것을 알고 있었다고 주장할 수 있지 않나?"

"그렇습니다."

"우리가 만일 그것을 인식하고 각각의 경우에 잊어버리지 않는다면, 우리는 처음부터 지식을 갖고 태어나 그것을 계속해서 알며 평생 동안 알고 있을 것이 아닌가? 안다는 것은 지식을 얻고 유지하며 망각하지 않는 것이기 때문이지. 망각은 지식의 상실이라고 생각하지 않는가?"

"사실 그렇습니다."

"그러나 우리가 태어나기 전에 얻은 지식은 태어날 때 상실하고, 그 후에는 감각을 사용해 다시 그것을 되찾는 것이라면 우리가 학습해서 안다는 것은 말하자면 본래 갖고 있던 지식을 되찾는 것이 아닌가? 그리고 그것을 상기라고 부르는 것은 합당하지 않은가?"

"말씀하신 대로입니다."

"지금까지 말한 바로 다음과 같은 점이 분명히 밝혀지네. 우리가 시각이나 청각 혹은 그 외의 다른 어떤 감각을 갖고 지각할 때, 우리는 이 지각으로부터 그것과 닮았건 닮지 않았건 그것과 관련이 있으나 잊어버렸던 어떤 다른 것을 떠올릴 수 있다는 것이. 따라서 지금까지 말한 바와 같이 다음과 같은 양자택일이 가능해질 걸세. 즉 우리는 태어날 때부터 지식을 갖고 있으며 평생 동안 계속해서 지니고 있거나 혹은 이 세상에 태어난 후에 배우는 사람들만이 상기하는 것 말이네. 따라서 안다는 것은 상기에 지나지 않거나 하는 것 중 어느 하나겠지."

"선생님, 옳은 말씀이십니다."

"그렇다면 심미아스 자네는 이 두 가지 중에서 어느 쪽을 택하겠나? 우리는 태어날 때부터 지식을 가지게 되었는가? 아니면 태어나기 전에 알던 것을 태어나고 나서 상기하는 것인가?"

"지금 당장은 대답하기 곤란합니다. 소크라테스."

"그렇다면 자네는 어떤 것을 알고 있는 사람이 자기가 알고 있는 지식을 설명할 수 있는가 그렇지 못한가에 대해서는 어떻게 생각하는가?"

"분명히 그는 설명할 수 있어야 합니다. 소크라테스."

"지금 우리가 얘기하는 문제에 대해 자네는 누구나 설명할 수 있다고 생각하는가?"

심미아스가 대답하였습니다.

"그렇게 된다면 얼마나 좋겠습니까. 하지만 그렇지 못합니다. 오히려 내일 이때쯤이면 이 문제에 대해 훌륭한 이론을 얘기할 수 있는 사람은 한 사람도 없을 거라 생각합니다."

"심미아스, 모든 사람이 그것을 알고 있다고 생각하지 않는가?"

"분명 그렇습니다."

"그럼 그들은 이전에 배웠던 것을 상기하고 있는 것이지 않는가?"

"그렇습니다."

"그런데 우리의 영혼은 그것들에 대한 지식을 언제 얻었단 말인가? 우리가 이 세상에 태어난 후가 아니라면?"

"태어난 후에 얻은 것은 아닙니다."

"그렇다면 태어나기 전인가?"

"네."

"그렇다면 심미아스, 우리의 영혼은 인간의 모습으로 태어나기 전부터 육체에서 벗어나 있었으며 지혜도 갖고 있었을 것 아닌가?"

"우리가 태어남과 동시에 이 모든 지식을 얻은 것이 아니라면 그럴 테지요. 그 밖에 남아 있는 유일한 시간은 태어났을 순간이니까요."

"그렇다네, 심미아스. 만약 그렇다면 우리가 언제 그 개념들을 잃어버리는가? 이미 태어날 때 우리가 그것들을 그대로 갖고 있지 않다는 점은 동의하지 않았는가? 그렇다면 그것을 얻는 순간 잃어버린단 얘기인가? 그렇지 않다면 다른 어떤 시기에 잃어버린다는 말인가?"

"소크라테스, 그것은 절대 그렇지 않습니다. 저는 모르는 사이에 애매한 대답을 했음을 알았습니다."

"심미아스, 우리가 언제나 말하던 것처럼 아름다움, 선, 그 외 모든 사물에 절대적 본질이 있다면, 그리고 우리가 태어나기 전부터 이미 존재하고 있다면, 그리고 현재도 가지고 있는 것을 알게 된 것들을 우리의 모든 감각을 통해 미루어 보는 것이라고 하면, 우리의 영혼도 우리가 이 세상에 태어나기 전에 이미 존재하고 있었다는 것은 필연적인 사실이 될 걸세. 그렇지 않다면 우리의 논증은 부질없는 것이 되지 않겠나? 그러므로 그와 같은 것들이 실재한다면 우리의 영혼도 이 세상에 태어나기 이전부터 있었을 것이 아닌가?"

심미아스가 입을 열었습니다.

"소크라테스 선생님, 영혼이든 관념이든 똑같이 필연적으로 존재한다고 봅니다. 우리의 논의는 태어나기 전의 영혼의 존재가 선생님이 말했던 본질과 분리시켜 생각할 수 없다는 결론에 훌륭하게 도달했습니다. 이제 저는 아름다움이나 선, 그리고 선생님이 말씀하신 것들이 분명히 존재함을 알게 되었습니다. 저는 그것이 충분히 증명되었다고 생각합니다."

"하지만 케베스는 어떻게 생각하고 있는가? 케베스에게도 납득이 가야 할 텐데……."

하고 소크라테스가 말했습니다.

"저는 케베스에게도 입증이 되었으리라 생각합니다. 물론 그는 누구보다도 가장 의심이 많은 사람입니다만 그도 역시 태어나기 이전의 영혼의 존재에 대해 충분히 믿게 되었으리라 확신합니다. 그러나 사후에도 영혼이 계속 존재한다는 점은 아직 증명되지 않았고 이 점에 대해서는 저 역시 충분히 납득되지 않았습니다. 케베스가 앞서 말한 바와 같이 사람이 죽으면 영혼은 흩어져 버릴 것이라는 생각에서 벗어날 수 없습니다. 설사 영혼이 어떤 딴 곳에서 태어났으며 특별한 성격을 지니고 있다고 하더라도, 그것이 일단 사람의 몸에 들어갔다가 떠나는 날에 그것이 소멸되지 않는다는 근거는 무엇으로 입증하시겠습니까?"

케베스가 입을 열었습니다.

"심미아스, 자네 말이 옳네. 우리가 태어나기 전에 이미 우리들의 영혼이 존재하였다는 사실은 절반 정도 입증되었다 생각하네. 이제 사후에도 태어나기 전처럼 영혼이 존재한다는 점을 입증하는 것이 가능하면, 우리의 증명은 완성되는 걸세."

소크라테스가 말하였습니다.

"심미아스와 케베스, 지금 입증된 것과 앞에서 우리가 합의를 본, 모든 산 사람은 죽은 사람에게서 태어났다는 것을 결부시키면 입증이 완성되는 것이네. 만일 영혼이 태어나기 전에 존재하며, 또 이 세상에 태어나 생명을 갖게 되는 때에 죽은 자 이외의 다른 어디에서도 오지 않는다면 영혼이 다시 태어나기 위해서는 사후에도 엄연히 존재해야만 하지 않겠나? 그래야 이 세상에서 태어날 수 있을 테니까 말이네. 그러므로 이것으로 증명은 완성된 거네. 나는 아직도 자네들이 이 논의에 대해 더 증명해 주길 바라고 있다네. 자네들은 마치 어린아이들처럼 걱정을 하고 있지 않은가. 우리의 육체에서 영혼이 떠나면 바람이 영혼을 흐트러뜨려 버리지 않을까 봐. 그리하여 날씨가 잠잠할 때는 괜찮지만 폭풍우가 일 때는 죽은 사람의 영혼이 더욱 쉽사리 흩어지기라도 하는 것처럼 말일세."

케베스가 웃으면서 말하였습니다.

"소크라테스, 우리가 그러한 두려움에서 벗어나 납득할 수 있도록 설명해 주십시오. 우리들 안에 있는 어린아이에게 죽음은 유령과도 같습니다. 홀로 무서워하지 않도록 그 무서움이 물러갈 수 있도록 설득해 주십시오."

소크라테스가 말했습니다.

"그렇다면 자네들이 마법의 주문이라도 외워 죽음의 공포를 벗어나도록 해 보게."

"그러나 선생님이 저희들을 떠나 버리시면 우리에게 주문을 외워 줄 마법사를 구할 수 있겠습니까?"

"케베스, 그리스는 넓은 곳이네. 훌륭한 사람도 많고 외국에서 온 이방인들도 많지. 이렇게 많은 사람들 속에서 훌륭한 마법사를 찾게. 돈과 노력을 아끼지 말고 먼 곳까지 돌아다니며 수고를 기울여야 하네. 돈을 쓰는 데 이보다 더 보람 있는 일이 어디 있겠나? 하지만 자네들 속에서도 마법사를 서로 찾아보게. 아마 그런 일에 대하여 자네들보다 더 잘 아는 사람이 없을 지도 모르니 말일세."

케베스가 입을 열었습니다.

"어떻게든 그리해 보겠습니다. 괜찮으시다면 중단했던 이야기를 계속 들려주지 않겠습니까?"

"그렇게 하지. 그걸 어찌 마다하겠는가."

"감사합니다."

소크라테스는 말했습니다.

"어떤 것들이 흩어져 버리고 소멸하기에 우리가 종말을 두려워하는 것인지, 어떤 것은 그렇지 않아 우리가 그와 같은 두려움을 가질 필요가 없는 것인지 스스로 자문해 보지 않으면 안 되네. 그 다음에 우리는 영혼에 대해 희망을 가질지 두려움을 가질지 알게 될 걸세."

"옳은 말씀입니다."

"그런데 결합되어 있는 것은 그 본질상 분해될 수 있는 것이 아니겠나? 그리고 이와 반대로 결합되어 있지 않은 것은 어느 것이나 분해될 수 없는 것이 아니겠나?"

케베스가 대답하였습니다.

"그렇겠군요."

"그리고 결합되지 않는 것은 언제나 같은 모양과 같은 현상을 유지하므로 불변하지만, 결합되어 있는 것은 같은 모양과 같은 상태를 유지하지 않으며 항상 변화하기 마련이네."

"물론 그럴 테지요."

"그렇다면 앞에서 논의했던 문제로 되돌아가세. 우리는 그 모든 질의응답에서 참으로 존재한다고 보고 있는 본질은 항상 같은 모습과 상태로 있는 것인가, 그렇지 않으면 변화하는 것일까? 내가 말하는 것은 '같음' 그 자체, 아름다움 그 자체, 혹은 그 밖에 어떤 것이나 그 자체에 있어서 존재하는 본질일세. 이것들은 불변하는 것으로 어떤 방법이든, 어느 때든 변화하는 일이 없는 본질인가?"

케베스가 입을 열었습니다.

"선생님 그것들은 언제나 같은 모습, 같은 상태로 있을 것입니다."

"그러면 아름다운 것들이 많이 있는데 어떻게 생각하나? 인간, 말, 의복, 기타 무엇이든지 아름답다는 말을 듣는 것에 대해서는. 이것들은 언제나 불변하며 동일한가? 아니면 정반대인가? 오히려 이것들은 그 자체에 있어서나 상호간에 있어서나 거의 언제나 변하고, 거의 언제나 동일하지 않은 것인가?"

"그렇습니다. 동일하지 않습니다."

케베스가 대답하였습니다.

"자네는 이러한 것을 만지거나 보거나, 또한 다른 감각 기관으로 지각할 수 있지만 불변한 것들은 오직 이성의 사유에 의해서만 파악할 수 있지 않나? 불변한 것은 어떠한 것으로 포착할 수 없지 않은가?"

"옳은 말씀입니다."

"그렇다면 존재하는 것에 두 종류가 있다고 가정해 보세. 눈에 보이는 것과 보이지 않는 것 말이네."

"네, 그렇게 하십시오."

"눈에 보이는 것은 변화하고, 보이지 않는 것은 언제나 불변할 테지?"

"그럴 테지요."

"그런데 우리 자신을 놓고 볼 때, 사람의 한 부분은 육체적이고, 한 부분은 영혼 아닌가?"

"그렇습니다."

"그렇다면 육체는 보이는 것과 보이지 않는 것 중 무엇과 더 성질이 가까운가?"

"누구나 눈에 보이는 것에 가깝다고 알고 있을 겁니다."

"그렇다면 영혼은 어떠한가? 눈에 보이는 것과 보이지 않는 것 중 무엇에 가까운가?"

"선생님, 영혼은 사람에게는 보이지 않습니다."

"이보게, 우리가 보이는 것이니 보이지 않는 것이니 하는 것은 결국 사람의 눈으로 그 형태를 볼 수 있다, 그 형태를 볼 수 없다는 것을 의미하겠지?"

"물론입니다."

"그렇다면 영혼은 보이는 것인가, 보이지 않는 것인가?"

"보이지 않는 것입니다."

"그렇다면 형체가 없는 것이군."

"그렇습니다."

"그러면 영혼은 육체와는 달리 형체가 없는 것에 더 가깝고, 육체는 형체가 있는 것, 즉 볼 수 있는 것에 더 가깝지 않겠나?"

"당연히 그렇지요, 소크라테스."

"우리는 그전에도 말했지만, 영혼이 지각의 수단으로써 육체를 사용할 때, 즉 시각이나 청각 그 밖의 다른 감각 기관을 사용할 때 육체를 가지고 지각한다는 것은 다름 아닌 감각으로 지각하는 것을 뜻하기 때문에 그 경우에 영혼은 육체에 끌려 변화하는 것들의 세계 속으로 휩쓸려가, 방황하며 혼미한 상태에 빠지고 마치 술이 취한 사람처럼 어리둥절할 것이 아닌가?"

"그렇습니다."

"그러면 자기 자신으로 되돌아와 조용히 생각할 때, 영혼은 순수하고 영원불멸한 세계 속으로 들어가게 되네. 이 세계는 영혼과 동질적인 것으로서 영혼이 자기 자신으로 돌아가서 방해받지 않고 언제나 불변의 것들과 함께 있을 수 있네. 그리고 미망에서 벗어나 불변하는 것과 사귐으로써 불변하는 것이지. 이러한 영혼의 상태를 지혜라고 부르는 것 아니겠는가?"

"참으로 훌륭하신 말씀입니다, 소크라테스 선생님."

"그리고 앞서 이야기한 것과 지금 이야기한 것을 바탕으로 보면 영혼은 어느 것에 가깝고 같은 종류라고 생각하는가?"

"소크라테스 선생님, 지금까지의 논법을 들은 사람은 누구나 영혼이 변하는 것보다 변하지 않는 것에 더 가깝다고 생각할 것입니다. 아무리 둔한 사람이라도 이 사실을 부인하지는 않으리라고 생각합니다."

"그렇다면 육체는 변하는 것에 가까운가?"

"변하는 것에 가깝습니다."

"이 문제를 다른 각도에서 고찰해 보세. 즉 영혼과 육체가 결합되어 있다면 자연은 영혼이 육체를 지배하고 다스리게 하고, 육체는 영혼의 노예가 되어 섬기도록 하는 것이네. 이 두 가지 일 중에서 어느 것이 더 신성한 것이며, 어느 것이 사멸해 버리는 인간적인 것인가? 자네는 신성한 것은 마땅히 지배하고 지도하는 것이고, 인간적인 것은 마땅히 예속되어 지배를 받는 것이라고 생각되지 않는가?"

"물론 그렇게 생각됩니다."

"그렇다면 영혼은 어느 걸 닮았다고 할 수 있나?"

"소크라테스 선생님, 신성한 것을 닮았고 육체는 사멸하는 인간적인 것을 닮았습니다."

"그러면 케베스, 생각해 보게. 지금까지 이야기해 온 것을 바탕으로 생각할 때 영혼은 분명히 신성한 것을 닮았으며 영원불멸하고, 예지적이고 한결같은 모습을 지녔고 분해되지 않으며,

변화하지 않는 것이지만 육체는 가장 인간적이고 사멸하는 것이며, 비예지적이고, 여러 가지 형태를 가졌고 분해되며 변화하는 것이네. 케베스, 이에 대하여 자신 있게 부정할 수 있는가?"

"부정할 수 없습니다."

"그렇다면 육체는 빠르게 분해되고 영혼은 결코 분해되지 않거나 그에 가깝지 않을까?"

"그렇습니다."

"자네도 알고 있겠지만, 사람이 죽으면 눈으로 볼 수 있는 육체는 가시적(可視的)인 세계에 놓이고 시체라고 불리며 분해되고 부패하고 소멸되지만 금방 없어지는 것이 아니라 얼마 동안, 아니 죽을 때에 육체적 조건과 기후에 따라 오래 보존될 수도 있는 것이지. 이집트에서도 시체에다 향료를 발라서 미라를 만들면 거의 영구히 보존할 수도 있지 않은가? 가령 썩는다 해도 그중의 육체의 어떤 부분, 예를 들어 뼈나 인대처럼 사실상 분해되지 않아 불멸이라 할 수 있는 부분도 있지 않겠는가?"

"네, 그렇습니다."

"하지만 영혼은 볼 수 없는 것으로, 순수하고 고상하며 영혼과 마찬가지로 볼 수 없는 세계로, 다시 말해 하데스로 선하고 현명한 신이 계신 세계로 가는 것이라네. 신이 허락한다면 나의 영혼도 그 세계로 갈 수 있을 걸세. 이러한 본성을 지닌 영혼이 육체를 떠나면 정말 모든 사람의 말처럼 바람에 날려 버리고 파괴되는 것일까? 절대로 그렇지 않네. 케베스 그리고 심미아스, 절대로 그럴 수 없으며 오히려 영혼이 육체를 떠나면 순수하고 일생 동안 육체와 결합하지 않고 자기 자신을 가다듬었기 때문에 육체의 흔적을 남기지 않은 영혼, 그리고 진실로 지혜를 사랑해 온 영혼은 즉 철학적인 영혼 또한 그렇지. 사실상 죽음을 연습해 온 것이네. 철학은 바로 죽는 연습을 하는 게 아닌가?"

"그야 물론입니다."

"이런 영혼은 무형한 것으로 무형의 세계, 즉 신성하고 불멸하며, 예지적인 세계로 향하는 것이 아닐까? 그곳에 이르면 영혼은 인간의 실수와 어리석음, 두려움과 정욕, 그리고 기타 온갖 인간의 번뇌에서 벗어나 커다란 행복을 얻을 것이며, 마침내는 신비교에 입교한 사람들이 말하듯이 영원토록 신들과 함께 있는 것이 아니겠는가? 케베스, 자네는 그렇지 않은가?"

"물론 그렇습니다."

하고 케베스가 대답하였습니다.

"하지만 만일 더럽혀진 영혼—육체와 결합하여 육체의 노예 노릇을 하고 육체의 여러 가지 욕망에 정신을 빼앗긴 영혼, 진리를 눈으로 보고 손으로 만질 수 있고 입으로 맛볼 수 있다고 생각하며, 그 밖의 여러 가지 욕정에 이용할 수 있는 육체적인 것에 진리가 있다고 믿으며 눈으로는 볼 수 없고 철학에만 도달할 수 있는 무형의 예지적인 것을 미워하고 두려워하는 영혼—이 육체에서 벗어나면 정화하여 깨끗하고 순수해질 수 있다고 생각하는가?"

"결코 그렇게 될 수 없습니다."

"그러한 영혼은 언제나 육체와 짝을 이뤄 육체적인 것이 본성에 깃들고, 그리하여 완전히 육체적인 것에 매이게 마련이라네."

"그렇습니다."

"여보게, 육체적인 요소는 거추장스럽고 무거우며 땅의 성질을 띠고 있어서 가시적인 것이 있네. 그래서 비가시적인 저세상, 즉 하데스를 두려워하지. 이러한 영혼은 그 무게 때문에 다시 가시적인 세계로 끌려 내려와 무덤가를 서성거리고 방황한다네. 그래서 무덤 근처에 유령 같은 것들이 눈에 뜨이는데 순수하게 육체에서 분리되지 못하고 가시적인 것에 매달려 있었기 때문에 눈에 보이는 걸세."

"그런 것 같습니다, 선생님."

"물론이네. 케베스, 그러한 영혼들은 선량하지 않고 추악한 영혼이라네. 지난날의 악한 생활로 인한 벌을 당연히 받아야 하기 때문에 그 주변을 방황하지 않을 수 없는 것이네. 그러한 영혼들은 육체적인 욕망에 속박되어 있으므로 방황하다가 또다시 다른 육체 속에 들어가네. 전생에 가졌던 것과 똑같은 습관에 속박되는 것은 지극히 당연하다 생각할 수 있지 않겠나?"

"어떤 습관을 말하는 건가요?"

"예를 들어 음식을 마구 먹는다든가, 멋대로 산다든가, 술을 즐겨서 습관에 젖어 있으면서도 이러한 것에서 헤어 나오려고 노력하지 않는 사람은 당나귀와 그와 비슷한 짐승으로 태어난다는 것일세. 자네는 어떻게 생각하나?"

"그렇다고 생각합니다."

"그 이외에도 올바르지 못한 일이나 남의 물건을 훔친 사람들은 이리나 독수리 매나 그와 비슷한 짐승으로 태어나겠지. 그와 같은 영혼이 들어갈 곳이 그 밖에 또 어디가 있겠는가?"

"그런 짐승이 될 수밖에 없겠군요."

케베스가 이렇게 대답하였습니다.

"그 밖에도 각각 어떤 습관이나 생활 태도를 지녔느냐에 따라 그와 비슷한 곳으로 가는 것은 당연한 일이겠지?"

"물론 그렇습니다."

"그중에서 가장 행복하고 가장 좋은 곳으로 가는 사람들은 절제와 정의라 불리는, 즉 국민으로서 덕을 쌓고 철학과 이성은 없으나 습관이나 수련으로 그러한 덕을 쌓은 사람들이 아니겠는가?"

"왜 그들이 가장 행복한 사람들입니까?"

"그것은 그들이 평화롭고 사회적인 질서를 지키며 그들과 닮은 꿀벌이나, 장수말벌이나 개미로 다시 태어나거나, 사람으로 태어나기 때문이지. 점잖고 절제 있는 사람들은 이러한 것으로부터 나온다 생각할 수도 있기 때문이네."

"그럴 수도 있겠군요."

"그러나 철학을 하고 육체에서 완전히 분리되어 깨끗하게 정화된 영혼을 가진 사람들만 신들의 세계에서 신들과 함께 사는 것이 허락된다네. 그 밖의 어느 누구에게도 이것이 허락되지 않는다네. 그러므로 심미아스와 케베스, 진정한 철학자라면 육체의 정욕에 멀리하고, 이와 같은 것에 빠지지 않도록 노력해야 하네. 또한 재물을 사랑하는 사람들이 그러하듯이 가난이나 가정의 파멸을 두려워하거나, 권력과 명예를 쫓는 사람들이 그렇듯이 올바르지 않은 행위로 인한 불명예나 악평을 얻게 되는 것이 두려워 육체의 정욕을 물리치는 것이 아니라네."

"선생님, 물론 그렇겠지요."

"사실 그렇다네. 지식을 사랑하는 사람들은 영혼에 애착을 갖고 육체 속에만 갇혀 사는 사람들과는 작별을 고하고, 자기가 어디로 가야 할 지 그 방향을 모르는 이들의 뒤를 쫓지 않고 철학이 영혼의 정화와 해탈과 죽음의 뒤를 쫓을 수 있도록 하는 한편 어긋난 길로 새지 않도록 노력하고, 철학의 인도에 따라가는 것이라네."

"어찌하여 그렇습니까, 소크라테스?"

"그 이유는 이러하네. 학문을 사랑하는 사람들은 그 영혼이 육체 속에 갇혀 있고 사물을 내다볼 때 감옥의 창살을 통해서 볼 수 있을 뿐 직접 볼 수 없다는 사실을 깨닫고 있네. 그리하여 그들의 영혼이 무지 속에서 헤매는 것을, 육욕의 공범자로서 육체의 욕망에 속박되어 벗어나지 못하는 상태에서 건져 줄 수 있는 것은 철학이라는 사실을 깨닫고 있네. 철학은 속박된 영혼을 받아들이고 조용히 달래어 속박에서 벗어날 수 있게 하네. 또한 철학은 영혼이 눈, 귀, 그 밖의 다른 감각기관에 의해 속을 수 있다는 사실도 깨닫게 하며 그런 처지에서 헤어 나올 수 있도록 권유하고 어쩔 수 없는 경우를 제외하고는 그와 같은 감각기관을 쓰지 않고 자기 자신을 신뢰하고 순수한 존재에 대한 이해력을 갖게 하네. 또 쉽게 변하는 세상의 모든 것이 자신에게 다가오면 그것에 속지 않도록 하네. 이와 같은 것들은 눈으로 볼 수도 있고 손으로도 만질 수 있지만 영혼이 보는 것은 예지적이고 눈에 보이지 않는 것임을 깨닫게 하네. 그리하여 진실한 철학자는 이러한 영혼의 해방을 거부해서는 안 된다고 생각하며, 될 수 있는 대로 빨리 육체의 쾌락이나 욕망, 고통, 공포를 멀리하도록 애써야 하네. 왜냐하면 사람의 기쁨, 슬픔, 공포, 또는 욕망을 갖게 되면 예측할 수 없는 불행, 예를 들어 욕망으로 인해 병에 걸리거나 재물을 낭비하여 커다란 재앙을 입게 될 뿐만 아니라 그보다도 훨씬 더 큰 재앙, 모든 해악 중에서도 최악의 재앙을 당하리라는 것을 미리 알고 있기 때문이네."

"대체 최악의 재앙이란 무엇입니까?"라고 케베스가 말하였습니다.

"쾌락이나 고통이 가장 강렬하게 느껴질 때, 누구의 영혼이든 이 강렬한 감정의 대상을 가장 명료하고 참되다고 느끼네. 그것이 바로 그 재앙이네. 왜냐면 그것은 주로 가시적인 대상에 지나지 않기 때문일세."

"사실 그렇습니다."

"그렇게 느낄 때 영혼이 육체로부터 가장 심하게 속박당하는 것이 아니겠는가?"

"어째서 그렇습니까?"

"모든 쾌락과 고통은 못과 같다네. 영혼을 육체에 못 박으면서 영혼이 육체를 닮도록 하고, 육체가 주장하는 바가 옳다고 여기고 따르기 때문이네. 즉 육체가 좋아하는 것에 동조해 버리고 육체의 의견을 따라 육체와 같은 습성에 젖어드네. 결국 이 세상을 떠나야 할 때 영혼의 상태는 깨끗해질 수 없기 때문에 하데스로 갈 수도 없네. 늘 육체에 사로잡혀 있던 결과이네. 이러한 영혼은 또다시 다른 육체 속으로 들어가 여전히 육체의 욕망과 결합하여 신성하고 깨끗하며 정결한 존재와는 결합할 수 없게 되기 마련이네."

케베스가 입을 열었습니다.

"옳은 말씀입니다. 소크라테스 선생님."

"케베스, 그런 이유로 인해 학문을 진정으로 사랑하는 사람들은 절제할 줄 알고 용감하지. 세상 사람들이 흔히 말하는 그런 이유 때문이 아닐세. 자네도 그렇게 생각하는가?"

"물론 저도 그렇게 생각합니다."

"사실 철학자들의 영혼은 이렇게 생각할 걸세. 철학이 인간의 영혼을 육체에서 해방시켜 주지만, 또다시 영혼이 자유롭게 되었을 때 쾌락과 고통에 자기를 내맡김으로써, 페넬로페[33]가 베를 짜고 다시 그 실을 풀었던 것처럼, 육체가 풀어헤친 일을 다시 짜는 일을 영원히 되풀이하게 하려는 것이 아니기 때문이네. 오히려 영혼은 정욕을 가라앉히고 이성을 따르며, 늘 이성 속에서 참되고 신적인 것을 바라보며, 그와 같은 분위기 속에서 살기를 바랄 걸세. 세상에 살아 있는 동안에는 이처럼 생활하고, 죽은 후에도 자기와 닮은 자들이 있는 곳으로 가서 인간적인 번뇌로부터 벗어나려고 할 걸세. 심미아스와 케베스, 이러한 생활 과정을 통해 성장하기 때문에 그들은 영혼이 육체에서 벗어날 때, 바람에 날리어 부수어지고 흩어지고 아주 소멸하게 될 거라는 염려는 조금도 없네."

소크라테스는 이 말을 하고 난 후 잠시 동안 침묵을 지켰습니다. 우리 대부분도 마찬가지였지만 소크라테스는 지금까지 자신이 주고받은 이야기에 관해 깊은 생각에 빠진 것 같았습니다. 케

---

33  Penelope : 오디세우스의 아내로 남편이 없을 때, 구혼자들에게 옷이 완성되면 대답하겠다고 하고서 낮에는 베를 짜고 밤이 되면 다시 실을 풀면서 남편이 돌아오기를 기다렸다고 한다.

베스와 심미아스만이 작게 몇 마디를 주고받았습니다. 그러자 소크라테스는 그 두 사람에게 다음과 같은 질문을 하였습니다.

"여보게, 자네들은 지금까지 우리가 주고받은 이야기를 어떻게 생각하나? 어떤 부족한 점이 있지 않은가? 보다 더 충분히 따져보면 아직도 많은 의문과 반박의 여지가 남아 있네. 만약 자네들이 혹시 이 문제가 아닌 다른 문제에 대해 생각하고 있다면 나는 더 할 말이 없지만 혹시 이 문제에 대해 아직도 의혹이나 반박의 여지가 있다면 주저 없이 생각하는 바를 분명히 들려주게. 그리하여 더 좋은 이론이 있다면 그것을 채택하는 것이 어떻겠나? 그리고 자네들 생각에 나의 이야기가 조금이라도 소용이 있다면 나도 함께 의논하고 도움이 되도록 하겠네."

그러자 심미아스가 말했습니다.

"그렇다면 소크라테스 선생님, 솔직하게 말씀드리겠습니다. 실은 아까부터 우리들의 마음에 여러 가지 의문이 생겨서 서로 여쭈어 보자고 의논하였습니다. 그러나 이런 상황에 감히 질문을 하여 행여나 선생님께 실례가 될까 질문하지 못하던 중이었습니다."

소크라테스는 이 말을 듣고 미소를 지으면서 대답했습니다.

"심미아스, 도대체 그게 무슨 말을 하는 건가. 만일 내가 나의 생애 중 어느 때보다 나의 운명을 불행하게 생각하지 않는다는 것을 자네에게 이해시키지 못한다면, 다른 사람 역시 이해시킬 수 없을 걸세. 자네들은 내가 언짢은 상태이지 않은가 염려하고 있으니 말이네. 더구나 자네들은 내가 백조보다 못한 예언자라 생각하는 모양이군. 백조는 세상을 사는 동안 늘 노래를 하지만, 죽을 때가 다가왔음을 알면 마침내 그들의 주인인 신에게로 돌아간다는 생각에 더욱 아름답게 노래하는 것이 아닌가? 그러나 자신의 죽음을 두려워하는 사람은 백조들의 울음이 죽음을 슬퍼해서 운다고 오해하는 걸세. 실은 제비나 오리나 꾀꼬리나 그 외의 어떤 새들이든 배가 고프거나 고통스러울 때는 우는 일이 없다는 것을 생각하지 못하기 때문이네. 나는 백조가 슬퍼서 운다고 생각하지 않네. 아폴론 신의 사자인 백조는 저세상에서 일어나는 여러 가지 좋은 일들을 미리 알고 있으므로 노래하는 것이네. 나 또한 백조와 같은 아폴론 신의 종이 아니겠는가? 따라서 백조와 함께 아폴론 신을 모시며, 그들 못지않은 예언의 능력을 부여받았으며 백조처럼 기쁜 마음으로 이 세상을 떠나려는 것이네. 그러므로 나를 불쌍히 여기지 말고 어떠한 질문이든 거리낌 없이 하게. 아테네의 열 한명의 집행위원의 명령이 내려지기 전에 말일세."

"알겠습니다."라고 심미아스가 말하였습니다.

"그렇다면 저의 의혹에 대해 말씀드리고 케베스는 케베스대로 의혹이 있는 부분을 말씀드리겠습니다. 선생님께서도 동의하시리라 믿습니다만, 이 세상에서 이와 같은 문제들에 대해 명확하게 알기란 거의 불가능하거나 매우 어렵습니다. 그러나 그 문제에 대해 철저히 밝히지 않거나 끝까지 추구하지 못하고 중도 포기하는 사람은 어리석은 사람이라고 생각합니다. 인간의 의무는 다음의 두 가지 가운데 하나라 생각합니다. 그 문제에 대해 스스로 진실을 발견하거나 남에게 배워서 알도록 하는 것, 만일 그것이 불가능하다면 인간이 생각한 모든 이론 중에서 최상의 것을 받아들여, 이것들을 엮어 가장 안전한 뗏목을 만들어 인생의 바다를 항해해야 합니다. 이 두 가지 중 하나를 선택하는 거지요. 후자의 경우 안전하고 인도해 줄 신의 조언을 받지 못하면 위험이 없지 않으리라는 것을 인정합니다만 선생님께서 기회를 주셨기 때문에 거리낌 없이 질문하겠습니다. 그리하여 후에 내가 왜 그때 생각했던 바를 말하지 못했던가 하는 후회는 하지 않으려고 합니다. 이 문제에 대해 저 혼자서만 생각해 보거나 또는 케베스와 이야기를 나누어 보더라도 저희들이 납득하기에는 아무래도 불충분하다고 생각합니다."

그러자 소크라테스가 말하였습니다.

"자네 말이 옳을지도 모르겠네. 그런데 어떤 점에서 불충분하단 말인가?"

"네, 바로 이런 점입니다. 누구나 거문고와 화음에 대하여 다음과 같은 견해를 말할 수 있을 것입니다. 화음은 거문고에서 나오는 것이지만 눈으로 볼 수 없는 비물질적인 것으로 그야말로 아름답고 신비로운 반면 거문고와 줄 자체는 물질적인 것으로 땅의 성질을 갖고 있어서 사멸하는 본성을 지녔습니다. 누군가 거문고를 부수거나 그 줄이 끊어질 경우 선생님과 같은 견해를 가진 사람은 선생님과 동일한 추리에 따라 화음은 어디엔가 존재하며 소멸되지 않았다고 주장할 것입니다. 줄이 없는 거문고나 끊어진 줄은 소멸할 수밖에 없는데도 그대로 남고 신적이고 불멸하는 성질을 지닌 화음은 사라졌다고는 상상할 수 없는 것이라고 주장하겠지요. 그분은 화음은 어디엔가 남아 있고, 거문고의 나무와 줄은 썩어 없어져야 한다고 생각할 것 아니겠어요? 이것이 우리의 영혼에 대한 개념이며 선생님도 그렇게 보신다고 생각합니다. 어떻습니까? 우리의 육체는 열기와 냉기, 습한 것이나 건조한 것 등과 같은 극단적인 것들로 구성되어 있는데 우리의 영혼은 이런 것들을 잘 조화시키고 있는 것이라고 생각됩니다. 만일 어떤 질병이나 그 밖의 해악으로 육체의 줄이 지나치게 늘어나거나 팽팽하게 조인다면 조화를 이루지 못하여 아무리 신적이라 하더라도 영혼은 반드시 사라져 버릴 것 아닙니까? 음악의 화음이나 그 밖의 예술 작품들처럼 말입니다. 그리고 육체의 잔해는 타서 없어지거나 썩어서 없어질 때까지 오래 남아 있지 않겠습니까? 만약 누군가 육체의 여러 성분 중 하나가 영혼이며, 죽음으로 인해 먼저 없어져 버린다고 주장한다면 이에 어떻게 대답해야 옳습니까?"

소크라테스는 평소처럼 우리를 뚫어지게 바라보며 미소를 머금고 입을 열었습니다.

"심미아스의 말 역시 일리가 있네. 자네들 중 누군가 나보다 훌륭한 답변을 할 수 있는 사람은 대답해 보게. 심미아스의 반박은 매우 날카로웠네. 그렇지만 대답하기 전에 케베스의 의견을 들어보는 게 좋을 것 같네.그의 말을 듣는 동안에 곰곰이 생각하면서, 그의 주장에서 옳은 점이 있으면 찬성할 것이나 그렇지 않으면 나의 견해를 그대로 내세울 걸세. 자 케베스, 자네의 마음속 의문을 먼저 말해 보게."

케베스가 입을 열었습니다.

"그러면 말씀드리겠습니다. 저는 그 이론이 여전히 제자리걸음을 하고 있고, 앞에서 말한 결점이 여전히 남아 있다는 느낌이 듭니다. 저는 영혼이 육체 속에 들어가기 전에 존재한다는 이야기에 대해서는 반대하지 않습니다. 그 점에 대해서는 훌륭하고 충분한 증명이 이루어졌다고 봅니다. 그렇지만 죽은 후에도 우리의 영혼이 어디엔가 존재한다는 것은 아직 입증되지 않았다고 생각합니다. 저의 반대 의견은 심미아스의 반대 의견과는 다릅니다. 영혼이 육체보다 더 강하다는 것을, 오래 존속한다는 사실을 부정하지 않으며 모든 면에서 영혼이 육체를 훨씬 능가한다는 것을 인정하고 있습니다. 그렇다면 그 이론은 나에게 반문할 것입니다. 사람이 죽어 없어진 후에도 연약한 것은 계속 남아 있는 것을 보면서도 보다 지속적인 것이 동일한 기간 동안 역시 남아 있으면 안 된다는 것을 인정하지 않느냐고 말입니다. 이에 대해서는 저도 심미아스처럼 비유로 말씀드리겠습니다. 제 의견에 옳고 그른 점을 지적해 주십시오. 나이 많은 직조공이 죽었을 경우 선생님의 이론대로라면 이렇게 말할 수 있을 것입니다. '그 직조공은 죽은 것이 아니고 어디엔가 살아 있다. 그에 대한 증거는 그가 짜서 만들어 놓은 옷이 없어지지 않고 남아 있는 것으로 보아 알 수 있다'고 말입니다. 이 말에 의혹을 갖는 사람이 있다면 사람의 수명이 더 긴지 그 사람이 입은 옷의 수명이 더 긴지 물어볼 수 있을 것입니다. 이 물음에 대해 사람의 수명이 더 오래 간다는 답을 보면 사람보다 수명이 더 짧은 것도 남아 있기 때문에, 그보다 수명이 더 오래가는 사람은 당연히 생존한다는 것이 분명히 증명되었다고 생각할 것입니다. 그렇지만 심미아스, 나는 옳지 않다고 생각하네. 내가 이야기한 것에 대해 곰곰이 생각해 보게. 누구라도 그와 같은 논법은 어리석기 짝이 없다고 할 것이네. 왜냐하면 직조공은 그와 같이 많은 옷을 지어서 입기도 하고 버리기도 하겠지만, 제일 나중에 지은 옷이 낡아 떨어지기 전에 만일 그 사람이 죽었다면 그 옷은 사람보다 수명이 길다고 할 테니까요. 그렇다고 사람의 수명이 옷보다 짧다거나 약하다는 건 아닙니다. 영혼과 육체의 비유 역시 이와 같다고 생각합니다. 영혼은 수명이 길고 육체는 영혼보다 약하고 수명이 짧다면 어느 영혼이나 수많은 육체라는 옷을 입었다가 버린다고도 할 수 있을 것입니다. 특히 영혼의 수명이 오래가는 경우에 그럴 수 있을 것입니다. 사람이 생존해 있는 동안에도 육체는 소모되어 사라지기도 하지만, 영혼은 새로운 옷을 짜 입으면서 소모된 것을 보충해 나갈 것입니다. 하지만 영혼이 소멸되는 날에는 그 영혼은 마지막 옷을 입고 그 육체보다도 앞서 소멸될 것입니다. 그리하여 영혼이 떠나게 되면 육체는 연약한 본성을 드러내어 곧 썩어 버릴 것입니다. 그러므로 죽은 후에도 영혼이 어디엔가 존재한다는 이 주장은 충분히 증명되었다고 볼 수는 없지요.

선생님의 말씀을 동의하여 영혼은 우리가 태어나기 이전에도 존재하였고, 죽은 후에도 어떤 사람의 영혼은 계속해서 존재하면서 수없이 태어났다 죽었다 한다는 것과 영혼이 그처럼 여러 번 태어날 수 있는 힘이 있다고 하더라도, 결국 영혼은 수없이 재생하는 일에 지쳐서 결국 언젠가 육체의 죽음과 함께 완전히 죽어서 사라져 버리는 것이 아닌가 하는 생각이 듭니다. 이처럼 영혼의 파멸을 주는 육체의 죽음과 분해에 대해서는 아무도 알 수 없기 때문이지요. 이치가 이렇다면 죽음이 다가오는데 이를 두려워하지 않는다는 것은 어리석은 일일 것입니다. 하지만 영혼이 완전히 죽지 않고 결코 소멸하지 않는다는 것이 분명히 입증된다면 문제는 달라질 것입니다. 여전히 영혼의 불사가 입증되지 않는다면 죽음에 닥친 사람이 육체의 분해나 이탈과 함께 영혼 역시 완전히 사멸해 버릴지도 모른다는 생각에서 자신의 영혼을 염려하지 않을 수 없을 것입니다."

우리는 두 사람의 이야기에 불쾌한 기분을 느끼지 않을 수 없었습니다. 그것은 후에 이야기를 주고받았지만 그때까지 확신했던 그 논지가 그들의 이야기로 인하여 뒤흔들리고 혼란과 불안이 일어났으며 앞으로 전개될 논의에 대해서도 의혹을 느끼지 않을 수 없었기 때문입니다. 그리하여 우리는 사리를 판단할 수 없든지, 그렇지 않으면 그 문제에 대하여 믿을 만한 근거가 없든지 이 둘 중 하나의 결과밖에 생각할 수 없었습니다.

**에케크라테스** 파이돈, 그 점에 대해서는 나도 전적으로 동감합니다. 그런 이야기를 듣고 보니 나도 느끼지 못하는 사이에 '대체 우리는 어떤 이론을 신뢰하고 믿어야 하는가? 그처럼 믿었던 소크라테스의 주장이 지금은 전혀 믿을 수 없게 되었으니 말이네' 하고 의문에 사로잡혔습니다. 사실 비단 지금뿐만 아니라 언제나 영혼은 일종의 조화(調和)라는 확신이 나를 강하게 지배하고 있었네. 그런데 그들이 주고받은 이야기를 듣고 나니 지난날 나 역시 그런 생각을 지녔던 것을 회상하게 되는군요. 아무래도 우리는 새롭게 출발하여, 사람이 죽어도 영혼은 살아남는다는 사실에 확신을 가질 수 있는 새로운 이론을 들려주셨으면 합니다. 소크라테스께서는 어떤 실마리로 이 논의를 전개하셨는지 들려주셨으면 감사하겠습니다. 소크라테스도 당신들과 마찬가지로 불쾌한 감정을 지니시지는 않았나요? 아니면 자기의 이론을 조용히 변명하셨나요? 그리고 그 변명은 충분히 납득할 수 있었나요? 그때의 일들을 가능한 정확하게 들려주시지 않겠습니까?

**파이돈** 에케크라테스, 정말 나는 여러 번 소크라테스에 놀라움을 금치 못하였습니다. 그러나 그때만큼 존경심을 느낀 적이 없었습니다. 그가 분명히 답변했다는 것은 놀라운 일이 아니지만 무엇보다도 내가 놀랐던 것은 매우 즐거운 듯이 젊은 사람들의 말을 받아들이는 온화한 태도였지요. 다음으로 우리가 그들의 견해에서 느낀 상처를 곧바로 알아차리고 쉽게 고쳐 준 점이었습니다. 그는 마치 싸움에서 패배한 군대들을 다시 불러 모아 정돈시키는 장군처럼 우리에게 논쟁의 전선으로 뛰어들게 하는 솜씨 역시 놀라지 않을 수 없었습니다.

**에케크라테스** 어떠한 방법으로 말입니까?

**파이돈** 자세하게 말해 드리겠습니다. 그때 나는 마침 침대 오른편에 있는 조그만 발판 위에 걸터앉아 있었습니다. 소크라테스는 내 왼쪽에 침대 위에 앉아 있었기 때문에 나보다 훨씬 높은 위치에 있었습니다. 그는 내 뒤통수를 어루만지고서 머리카락을 집어 목을 찌르면서 장난을 치셨습니다. 그러고는 머리카락을 쓰다듬으시면서 말하였습니다.

"파이돈, 내일이면 자네는 이 이 아름다운 머리카락을 깎지 않겠나?"[34]

---

34  당시 슬픔의 표시로 머리를 잘랐는데 내일은 소크라테스가 죽고 없기 때문에 한 말이다.

"네, 소크라테스 그렇게 될 것입니다."

"자네가 내 이야기를 듣는다면 자르지 않아도 될 걸세."

"어찌하여 그렇습니까?"

내가 질문하였습니다.

"만일 우리의 주장이 죽어버리고 그것을 되살릴 수 없다면, 내일이 아닌 오늘 나는 나의 머리를, 자네는 자네의 머리를 깎아야 할 걸세. 또 만일 내가 자네라면 그리고 나에게서 그 논리를 빼앗아 간다면, 아르고스[35]사람들처럼 싸움을 벌여 심미아스와 케베스의 주장을 타도할 때까지 머리를 기르지 않겠다고 맹세할 걸세."

"그렇게 하겠습니다. 그러나 헤라클레스조차 두 사람과 맞서 이기지 못하였다고 말하였습니다."

소크라테스는 대답했습니다.

"그렇다면 해가 지기 전에 내가 이올라오스[36]가 되어 주지."

"부탁드리겠습니다. 헤라클레스가 이올라오스를 부르는 것이 아닌, 이올라오스가 헤라클레스를 부르는 것처럼 선생님을 부르겠습니다."

"어느 쪽이든 상관없지만 위험한 일에 대해서는 조심하게."

---

35  펠로폰네소스 북동부 지방. 그곳의 주민들은 옛날부터 장발하는 풍습이 있었으나 스파르타와의 싸움에서 도읍을 빼앗기고, 머리를 자르고 도읍을 탈환할 때까지 머리를 다시는 기르지 않기로 맹세했다.

36  Iolaus : 헤라클레스의 조카로 헤라클레스가 히드라와 큰 게와 싸울 때 이올라오스가 도와주어 이겼다. 앞의 '해가 지기 전에'라는 말은 '희망이 있는 동안'이라는 뜻이다.

"어떤 위험입니까?"

하고 내가 물었습니다.

"토론을 싫어하는 사람이 되지 않도록 하게. 사람을 싫어하는 사람도 있고, 이론을 싫어하는 사람도 있지만 토론을 싫어하는 것은 사람의 가장 나쁜 병폐이네. 토론이나 사람을 싫어하는 이유는 똑같네. 사람을 싫어하는 것은 사람을 무조건 믿는, 그러니까 그 사람이 진실하고 선한다고 생각했는데 그가 믿을 수 없는 간악한 인간임이 드러나자 또다시 그런 사람을 만날까 걱정이 되어 사람을 미워하는 것일세. 무엇보다 가장 가깝고 가장 믿었던 사람에게 배신을 당하게 되면 결국 혐오하고, 그 생각 때문에 모두를 미워하고 누구에게도 진실한 면이 전혀 없다고 생각하게 되네. 혹시 이러한 경험을 아는가?"

"알고 있습니다."

"그런데 이러한 감정을 부끄러운 것이라 생각하지 않는가? 그런 사람은 다른 사람들과 사귀는 데 있어서도 인간성을 전혀 알지 못하고 사귈 것이 분명하지 않은가. 인간성에 대해 안다면 선한 사람도 악한 사람도 극소수이며 대부분의 사람들은 그 중간에 속한다는 사실을 배웠을 것이기 때문이네."

"무슨 뜻인지 모르겠습니다."

"아주 큰 것이든 아주 작은 것이든 마찬가지네. 유난히 큰 사람, 유난히 작은 사람, 유난히 큰 개, 유난히 작은 개. 이 밖의 어

떤 것이든 특별히 큰 것과 특별히 작은 것은 극히 드물지 않은
가? 일반적으로 모든 극단적인 것에 해당되는 말이네. 즉 매우
빠른 것, 매우 느린 것, 아름다운 것, 추한 것, 검은 것과 흰 것 등
등. 이처럼 극단은 드물지만 그 중간에 놓인 것은 대단히 많은 법
이네. 자네 역시 이러한 사실을 알고 있겠지?"

"네, 압니다."

"그렇다면 사악함끼리 경쟁을 한다면 그 속에서 가장 나쁜 악
은 극소수이지 않겠는가?"

"사실 그렇습니다."

"확실히 그럴 테지. 그러나 토론의 경우는 사람의 경우와 다른
법이네. 자네 말에 이끌려 내가 하고 싶은 말과 다른 말을 했지만
다음과 같은 점은 비교할 수 있지 않겠는가? 토론에 익숙하지 못
한 사람이 어떤 이론을 무조건 옳다고 믿다가 얼마 후 그 주장의
옳고 그름과 상관없이 무조건 옳지 않다고 판단한다면 그리고
그런 일이 거듭된다면 그 사람은 결국 어떤 토론도 신뢰하지 못
할 걸세. 자네도 알겠지만 옳지 못한 토론으로 많은 시간을 보내
는 사람들은 자신이 세상에서 가장 지혜로운 사람이라고 생각하
네. 그것은 그들이 이론적인 문제나 사실적인 문제에 있어서 건
전하지 못하고 확실하지 못하고, 모든 것이 에우리포스[37]처럼 끊
임없이 이리저리 밀려다니며 위아래로 흔들리는 것을 그들만이

---

37  좁은 해협으로 하루에 일곱 번이나 조류의 방향이 바뀐다. 여기서는 소피스트의 논법을 비판했다.

알고 있는 것처럼 생각하기 때문일세."

"옳은 말씀입니다."

"파이돈, 진실하고 확실하며 이해할 수 있는 이론이 분명 있는데도 지난날 때로는 옳게 생각되고 때로는 옳지 않게 생각되던 토론을 많이 보아 왔다고 해서, 자기 자신이나 자기 지혜의 부족함과 같은 허물을 보지 못하고 오히려 토론 그 자체가 책임이라고 여겨, 평생토록 토론이란 토론은 모두 증오하며 살아가며, 또한 존재에 대한 진실을 깨달을 수 있는 기회도 놓치고 이와 동떨어져 사는 것은 얼마나 슬픈 일인가?"

"그것이야말로 정말 슬픈 일입니다."

"그러니 우선 우리는 어떤 토론에서도 신빙성이나 확실성이 없을지도 모른다는 생각을 받아들이는 일에 주의를 해야 하네. 오히려 우리 자신이 아직 자신의 건전성에 이르지 못하였으므로 확고한 판단력을 기르는 데 부지런히 노력해야 하네. 자네를 포함해 그 밖의 모든 사람들은 앞으로 남은 전 생애를 위하여, 그리고 나는 눈앞으로 다가온 죽음을 위하여 말일세. 지금 이 순간 나는 이 문제에 대해 철학자로서의 태도를 갖고 있지 않고 아무런 교육도 받지 못한 사람처럼 침착하지 못한 것은 사실이네. 다시 말하면 지금의 나는 애지자가 아닌 승리를 좋아하는 사람이 되어 있네. 그런데 승리를 좋아하고 교양 없는 사람들은 어떤 것을 두고 토론을 하면, 토론의 주제는 신경 쓰지 않고 자기의 견해를 청중들이 받아들이는 것만 신경 쓸 뿐이네. 지금 이 순간의 나에게 그들과 차이가 있다면 이것일세. 그들은 청중에게 그들의 견해를 납득시키기 위해 애를 쓰지만, 그와는 반대로 나는 나 자신을 납득시키려고 하네. 친애하는 벗들이여. 이것은 내가 이기적이기 때문에 그런 것일세. 나의 논리가 참으로 진리라고 생각한다면 그렇게 믿는 것이 옳을 것이네. 설령 인간의 죽음 후에 남는 것이 아무것도 없다고 하더라도, 죽기 직전의 짧은 시간 동안 비탄에 빠져 곁에 있는 사람들을 슬프게 만들고 싶지 않네. 그러나 나의 무지가 비록 좋은 것이 아니라 할지라도 죽음과 함께 곧 없어질 것이므로 아무런 해도 끼치지 못할 걸세. 심미아스와 케베스, 나는 이런 심정으로 이 문제를 다루고 있네. 부탁하건대 자네들은 진리만을 생각하고 소크라테스의 일은 생각하지 말아 주게. 진리를 말한다고 생각하면 나의 견해에 동의하여 주게. 하지만 그것이 진리가 아니라면 모든 논리로 나의 견해를 반박해 주게. 나는 진리를 사랑하므로 이 세상에서 저세상으로 가는 상황에서 마치 벌(蜂)처럼 자네들 속에 가시를 남겨 놓고 가지 않도록 경계해야 함을 알고 있네.

자, 그러면 이제 토의를 계속하기로 하세. 무엇보다도 먼저 자네들이 한 말을 내가 잘 기억하지 못한다면 그 점을 지적해 주게. 내 기억이 맞는다면 심미아스는 영혼이 육체보다 훨씬 아름답고 신적(神的)이지만 일종의 화음과 같아서 육체보다 먼저 소멸하는 것이 아닌가 하는 의혹으로 두려워하고 있는 줄 아네. 반면에 케베스는 영혼이 육체보다 더 오래 존속한다는 사실은 알지만 육체라는 수많은 옷을 갈아입은 후에는 영혼 자신도 사멸하게 되어, 결국 죽음이란 육체의 소멸이 아닌 영혼의 소멸이 아니냐는 의혹을 제시했지. 심미아스와 케베스, 우리가 생각해야 할 문제점은 바로 이것이 아니겠나?"

두 사람은 이 말에 동의하였습니다.

"그렇다면 자네들은 지금까지 우리가 도달했던 논리들을 모조리 부정하는가, 아니면 일부는 인정하지만 일부는 부정하는가?"

두 사람이 대답했습니다.

"일부분만을 부인합니다."

"그렇다면 지식이란 상기(想起)이며, 이것으로 보아 영혼은 육체 속에 갇히기 전에 어디엔가 존재하고 있었다고 말한 우리들의 주장을 자네들은 어떻게 생각하는가?"

케베스가 입을 열었습니다.

"저는 그 주장에 커다란 감명을 받았습니다. 지금도 거기에 대해서만은 굳게 믿어 의심치 않습니다."

심미아스도 말했습니다.

"저도 동의합니다. 적어도 그 부분에 대해서는 다르게 생각할 여지가 없으며, 다른 생각이 떠오른다면 그야말로 놀랄 일입니다."

그러자 소크라테스가 말했습니다.

"그러나 테베에서 온 친구들! 자네들은 아직도 조화는 합성된 것이라 생각하고 영혼이 육체에 묶여진 여러 가닥의 줄이라 판단한다면 그에 대해서는 다르게 생각해야 할 걸세. 합성된 조화가 그것을 구성하는 기본 요소들보다 앞서 존재한다는 것은 자네 자신이 말하였다고 하더라도 인정할 수 없을 걸세. 인정할 수 있겠는가?"

"결코 인정할 수 없습니다, 소크라테스 선생님."

"알겠나? 자네는 한편으로는 영혼이 인간의 모습인 육체가 있기 전에도 존재했다 하였으면서, 다른 한편으로는 영혼이 결코 존재하지 않는 것으로 구성되어 있다고 주장한다면 바로 그렇게 말한 셈이지 않은가? 적어도 자네 견해에서 조화는 자네가 생각한 것처럼 영혼과 같은 것이 아니기 때문이네. 오히려 거문고와 거문고의 줄과 소리가 부조화의 상태로 먼저 있고, 그 다음 조화된 화음이 나오는 것일세. 제일 먼저 소멸되는 것 또한 조화이네. 그러니 영혼을 조화로 보는 주장과 앞에서 우리가 말한 주장이 어떻게 일치를 볼 수 있겠는가?"

"일치할 수 없습니다."

심미아스가 대답하였습니다.

"적어도 조화를 주제로 하는 견해 자체에도 조화는 있어야 할 줄 아네."

"그렇습니다."

심미아스가 대답하였습니다.

"그런데 자네의 지식은 상기라고 하는 견해와 영혼은 조화라는 견해. 이 두 가지 견해 사이에는 아무런 조화도 없네. 자네는 어느 쪽인가?"

"소크라테스 선생님. 저는 두 가지 견해 중 전자가 옳다고 생각합니다. 전자는 충분히 논증이 되었지만 후자는 많은 사람들이 믿고 있을 뿐 확실하지 못한 근거에서 시작되었기 때문에 분명히 논증된 견해라고 할 수 없습니다. 다만 그럴 듯한 추측에서 비롯되었을 뿐이며 이러한 견해는 거짓투성이에 세심하게 경계하지 않으면 속기가 쉽습니다. 기하학이나 그 밖의 일에 있어서도 그렇습니다. 그러나 상기나 지식에 관한 이론은 믿을만한 근거를 바탕으로 서술되어 있다고 생각합니다. 이 이론은 영혼에는 그 이름 안에 '참으로 존재하는 것'이라는 의미를 붙일 수 있는 본질이 있고 영혼이 육체 속에 들어가기 전에도 존재하였다고 말하였습니다. 나는 이와 같은 전제를 충분한 근거 위에서 올바르게 받아들였기 때문에 영혼은 일종의 조화라는 견해를 받아들여서는 안 된다고 생각합니다."

"그렇다면 심미아스, 이 주장을 다른 방법으로 설명해 보겠네. 조화나 그 밖의 다른 합성물이 그것을 구성하는 요소와는 다른 상태로 존재해야 한다고 생각하는가?"

"결코 그럴 수 없습니다."

"그렇다면 그것은 구성 요소가 작용하거나 동화하는 것 이외에 달리 동화하거나 작용할 수는 없지 않겠나?"

심미아스는 동의하였습니다.

"그러면 조화란, 조화를 이루고 있는 요소를 지배하는 게 아니고, 오직 그에 따르는 것이라고 해야 할 수 있지."

그는 이에 대해서도 동의하였습니다.

"조화는 그 부분에 반대되는 움직임이나, 상반되는 소리나, 그밖의 다른 성질에도 반대할 수 없는 게 아니겠나?"

"그렇습니다."

"그렇다면 모든 조화의 본성은 그 구성 요소들이 어떻게 조화되는가에 달려 있는 것이 아니겠나?"

"잘 이해가 되지 않습니다."

"조화에도 여러 가지 정도가 있다는 뜻이네. 보다 더 잘 어울려야만 참된 조화가 되고, 더 완전에 가까운 조화를 이루며, 보다 더 잘 어울리지 않을 때는 참된 조화를 이루지 못하며, 완전에 가깝지 못한 조화를 이루게 되는 거네."

"과연 그렇습니다."

"그런데 영혼에도 그와 같은 것이 있단 말인가? 어떤 영혼이 다른 영혼보다 한층 더 영혼답거나, 또는 영혼에 가깝지 못한 불완전한 영혼이 있을 수 있을까?"

"결코 그럴 수는 없습니다."

"그러나 분명히 지성과 덕을 갖추고 있는 영혼은 선하고, 무지하고 악을 지니고 있는 영혼은 악하다고 말할 수 있지 않은가? 이렇게 말하는 것이 옳다고 생각하는가?"

"옳은 말씀입니다."

"그렇다면 영혼을 조화라고 주장하는 사람들은 그 영혼 속에 깃들어 있는 선과 악에 관하여 무엇이라고 설명하는가? 거기에 또 하나의 조화가 있고 또 다른 부조화가 있단 말인가? 선한 영혼은 조화되어 있기 때문에 자기 속에 또 다른 조화를 지니고 있으며, 악한 영혼은 부조화하기 때문에 그 속에 조화를 지니지 못하고 있다 하겠는가?"

"저는 그에 대해 대답할 수 없습니다. 그러나 영혼을 가리켜 조화라고 하는 사람들은 그렇게 말할 테지요."

"하지만 우리는 한 영혼이 다른 영혼보다도 더 조화되었거나 덜 조화되었다는 일은 없다고 이미 합의를 보지 않았나? 이것은 곧 하나의 조화가 다른 조화와 비교하여 정도에 더하고 덜함이 없다는 말이 아닌가?"

"그렇습니다."

"그리고 더 잘 된 조화나 덜 잘 된 조화가 없다는 것은 더 강하게 조화되었거나 더 약하게 조화되었든가 하는 일이 없다는 뜻 아니겠나?"

"그렇습니다."

"그렇다면 더 잘 된 조화도 덜 잘 된 조화도 없다는 것은 조화의 정도가 많거나 적을 수 없고 오직 동등한 조화만이 있다는 뜻 아니겠나?"

"네, 그렇습니다."

"어떤 영혼이든 영혼이라는 점에서 다른 영혼보다 더함이나 덜함이 없다면, 그 영혼은 더 조화되거나 덜 조화됨도 없을 게 아니겠나?"

"물론 그렇습니다."

"이와 같은 상태에 있으므로 큰 비율의 조화나, 부조화(不調和)에 있어서도 더하고 덜함이 없다고 해야 하지 않겠나?"

"그렇습니다."

"따라서 이와 같은 상태에서도 악을 부조화에, 선을 조화에 비유한다면, 한 영혼이 다른 영혼보다 더 많은 악이나 선을 내포할 수 있다고 하겠는가?"

"그렇다고 할 수는 없습니다."

"좀 더 정확하게 말한다면, 심미아스. 영혼이 조화라면 영혼은 결코 악덕을 지닐 수 없을 걸세. 조화는 그 자체로 완전한 것이기 때문에 부조화가 있을 수 없는 게 아닌가?"

"그렇습니다."

"그렇다면 영혼이 온전하다면 악하게 될 수 없을 걸세."

"지금까지 논의한 것이 옳다면 물론 그렇습니다."

"그렇다면 모든 영혼이 그 본성에 있어서 동등하고 어느 것 하나 다르지 않다면 모든 생물의 영혼은 전부 선하다고 할 수 있지 않겠나?"

"옳은 말씀입니다, 소크라테스."

"그러면 자네는 영혼이 조화라는 전제로부터 나오는 귀결을 필연적이라고 인정해야 하지 않겠나?"

"그것은 옳다고 할 수 없습니다."

"한 번 더 묻겠는데 자네는 인간의 본성을 이루고 있는 모든 것 중, 영혼 특히 사려 깊은 영혼이 아닌 다른 무엇이 있을 수 있는가?"

"모르겠습니다."

"그리고 영혼은 정녕 우리 육체의 소망에 따른다고 생각하는가, 그렇지 않다고 생각하는가? 예를 들어 우리 육체가 덥고 목이 마를 때 영혼은 우리가 물을 마시지 못하게 하는 일은 없는가? 또 육체가 배가 고플 때 음식을 먹지 못하게 하는 경우도 있지 않은가? 이 밖에도 영혼이 육체에 반대하여 막는 예가 얼마든지 있는 줄 아네. 그렇지 않은가?"

"사실 그렇습니다."

"그러나 우리는 조금 전에 영혼이 조화라는 견해에 대하여 그것을 구성하고 있는 요소들이 팽팽하게 매어져 있거나, 반대로 느슨하게 늘어져 있거나, 그 밖의 어떠한 상태에도 영혼은 결코 그 구성 요소에 상반되는 음색을 내는 일이 없을 거라고 긍정하지 않았는가?"

"물론, 그렇습니다."

"그러나 방금 우리들은, 영혼이 전혀 상반되는 일을 행하고 있음을 발견하였네. 즉 평생 동안 모든 방면에서 자기의 구성 요소에 반대하고 여러 가지 방법으로 그것을 지배하고 있네. 때로는 매우 가혹한 육체적 시련, 의술 같은 신체에 고통을 가하는 행위로 혹독하게 다루는가 하면, 때로는 부드럽게 위압하거나 욕망과 분노, 공포를 조용히 달래거나 훈계하기도 하네. 호메로스가 『오디세이아』에서 호메로스가 오디세우스에 대해 다음과 같이 노래한 것처럼 영혼을 육체와 전혀 다르게 대하는 것이 아닌가?

그는 가슴을 치며 자기 마음을 책망하였다.
참고 견디어라, 나의 마음아! 이보다 더 심한 일도 참고 견디지 않았느냐!

자네는 호메로스가 이 시를 지을 때에 영혼을 일종의 조화로 보고 육체의 여러 가지 사정에 좌우되는 것으로 보았다고 생각하는가? 오히려 그것이 육체의 여러 가지 사정을 지배하고 주인이 되어 어떤 조화와도 비교할 수 없는 신성한 것이라고 생각한 것이 아닐까?"

"소크라테스 선생님, 저도 그렇게 생각합니다."

"그러니 여보게, 영혼이 일종의 조화라고 주장하는 견해는 옳지 못한 것일세. 그건 우리들뿐만 아니라 신비의 시인 호메로스의 말과도 어긋나는 것이네."

"그렇습니다."

"그렇다면 테베의 하르모니아[38]에 대해서는 이 정도에서 끝내는 것이 어떻겠나? 그렇지만 케베스, 그녀의 남편인 카드모스[39]에 대해서는 어떤 말로 타협할 수 있을까?"

"선생님이라면 카드모스를 달래는 방법을 찾는 것은 어렵지 않다고 확신합니다. 앞서 조화 이론에 대한 반박은 예상을 훨씬 뛰어 넘는 훌륭함이었습니다. 사실 심미아스가 그에 대한 의문을 제기하였을 때만 해도 그의 주장을 뒤엎을 것은 없다고 생각하였습니다. 그런데 선생님이 단번에 뒤엎는 모습을 보고 경탄하지 않을 수 없습니다. 카드모스의 주장 역시 마찬가지 운명에 놓일 것을 확신합니다."

"케베스! 그렇게 야단스럽게 칭찬할 만한 것은 못 되네. 어찌됐든 지금부터 펼칠 이론에 어떤 저주가 내릴지 알 수 없지만 그런 염려는 신에게 맡기기로 하고, 우리는 호메로스처럼 문제에

---

38  희랍어로 조화라는 뜻이지만 테베왕 카드모스의 아내의 이름과 음이 같아 농담으로 한 말로 심미아스의 논리에 대해 한 말.
39  하르모니아를 들어 심미아스의 패배를 말했다면 카드모스는 케베스를 뜻한다.

바싹 접근하여 자네의 주장을 검토해 보세. 자네가 문제 삼고 있는 부분은 영혼이 죽지 않고 변하지 않는다는 것을 증명하는 동시에 죽음을 맞이하는 철학자가 그가 죽은 뒤 그가 저세상에서 훨씬 더 행복하리라고 믿을지라도 그것을 증명하지 못한다면 보잘것없고 어리석은 존재로 간주된단 말인가? 그리고 영혼은 강한 생명력과 신비로움을 지닌 것으로 우리 인간이 태어나기 이전에 이미 존재하였다는 것을 증명할 수 있다고 하더라도 영혼의 불사를 증명할 수는 없다는 말이지. 영혼은 오랫동안 존속해 오면서, 많은 일을 보고 행해 왔다고 하더라도, 불사하는 것은 아니며 오히려 인간의 육체 안에 들어간 영혼은 질병처럼 그 영혼의 멸망의 시초가 된다는 말 아닌가? 즉 평생 동안 괴로움을 겪고 고생을 하며 살다가 끝내는 죽음으로 끝을 맺는다는 것이지. 그리고 자네의 말에 따르면 영혼이 육체 속에 한 번 들어가든 여러 번 들어가든 그것은 죽음에 대한 공포에 아무런 차이도 없다는 것 아닌가? 누구든지 어리석은 사람이 아니라면 영혼의 불멸에 대한 지식이 없거나 영혼의 불멸을 설명할 수 없다면 죽음에 두려움을 느끼는 것은 당연한 일이 아니겠나? 자네의 말뜻은 이런 것이겠지, 케베스? 내가 자네가 한 말을 되풀이하는 것은 이 문제를 철저히 다루고 싶어서네. 자네가 보충하고 싶은 것이 있다면 보충하고 빼야할 것이 있다면 빼게."

그러자 케베스가 말하였습니다.

"그러나 저는 지금 보태고 뺀 것이 없다고 생각합니다. 제가 말하려는 것은 바로 그것입니다."

소크라테스는 얼마 동안 무엇인가 깊은 생각에 빠진 것 같았습니다. 잠시 후에 그가 말했습니다.

"케베스, 자네의 주장은 매우 중요한 문제를 제기하고 있네. 생성과 소멸의 본성 전체 원인에 관한 포괄적인 문제가 들어 있네. 자네가 원한다면 나는 이에 대해 자신의 경험과 생각을 들려주겠네. 그리고 자네에게 어떤 도움이 된다면 나의 이야기를 자네의 주장을 내세우는 데 보충해 주기를 바라네."

"부탁드립니다."라고 케베스가 말하였습니다.

"그렇다면 잘 들어 보게. 케베스, 젊은 시절 나는 소위 자연철학에 대한 지식을 넓히기 위해 매우 노력했네. 모든 사물이 어떻게 생성되는지, 어떻게 소멸하는지, 또는 존재하는 이유에 대해 안다는 것은 아주 놀랍고 훌륭한 일이라 생각하였네. 그래서 나는 다음과 같은 문제들을 생각하며 나 혼자서 엎치락뒤치락하였네. 즉 어떤 사람들이 말하듯이 동물의 발생은 온기와 냉기로 말미암아 야기되는 부패로 인한 결과가 아닌가? 그리고 우리의 사고력은 혈액에 의한 것일까? 그렇지 않으면 공기 또는 불에 의한 것일까?[40] 그 어느 것도 아니라면 보고 듣고 냄새를 맡는 감각기관을 지배하는 뇌수(腦髓)인가? 그리고 감각기관으로부터 기

---

40  혈액 근원설은 엠페도클레스, 공기 근원설은 아낙시메네스, 불 근원설은 헤라클레이토스가 주장했다.

억력과 판단력이 생기고 이것이 고정될 때 그곳에서 인식이 생기는 것이 아닐까? 그리하여 나는 이와 같은 것의 소멸에 관찰하고, 모든 현상을 고찰하였네. 결국 나 자신이 이런 연구에 어울리지 않는 사람이라는 것을 깨달았네. 내가 생각하기에도 그랬지만 남들이 생각하기에도 그랬네. 그 증거를 자네에게 제시해 볼까? 그러한 고찰을 하면서부터 내 눈은 흐려지고 거의 시력을 잃다시피 했네. 그때까지 나 자신이 알고 있다고 생각한 것들도 전혀 알 수 없게 되었네. 특히 인간은 어찌하여 성장하는지 그 까닭을 전혀 알 수 없었네. 나는 그때까지 사람이 성장하는 것은 먹고 마시기 때문이라고 생각하였네. 즉 음식물이 소화되면서 몸에 살이 붙고, 뼈가 굵어지고, 신체의 각 부분에도 각각 물질이 더해져 몸이 커지고 성장한다고 생각한 걸세. 그때 나는 이와 같은 사실이 지극히 당연하다고 생각하였네. 자네는 이런 나의 견해가 당연하게 생각되는가?"

"저도 그렇게 생각됩니다."

케베스가 대답하였습니다.

"자 그럼 이와 같은 것을 또 한 가지 생각해 보세. 어떤 키가 큰 사람이 키가 작은 사람 옆에 서 있는 것을 보았을 때, 어느 사람이 다른 사람보다 머리 하나만큼 크다고 생각했네. 나는 말을 비교할 때 어느 말이 크고 어느 말이 작다고 생각했네. 나는 그렇게 큰 것과 작은 것을 잘 알고 있다고 생각했네. 좀 더 나아가서

파이돈

153

10은 8보다 2가 많고, 2피트는 1피트보다 길다는 것은 더욱 분명하다고 생각했네."

"거기에 대하여 지금은 어떻게 생각하십니까?"

하고 케베스가 물었습니다.

"맹세코, 나는 무슨 이유에서인지 거기에 대해서 어느 하나도 결코 그 원인을 안다고 단정 지을 수 없었네. 이제 나는 하나에 하나를 더한다고 본래의 하나가 둘이 되었다고 볼 수도 없으며, 또 더해지는 다른 하나가 둘이 되었다고도 볼 수 없게 되었네. 각각 떨어져 있을 때는 각기 하나인데 그것들을 함께 모아서 둘이 되었다는 것을 인정할 수 없었네. 왜냐하면 제각기 따로 분리되어 있을 경우는 각각 하나였지. 둘이 아니었기 때문이네. 그런데 그 둘을 서로 한데 모으는 것이 둘이 되는 원인이라고 할 수 있겠는가? 또한 하나를 둘로 나누는 경우에도 그 나누는 것 자체 또한 둘이 되는 원인이라는 것을 이해할 수 없었네. 왜냐하면 서로 한데 모으는 것이 둘이 되는 원인이라면 하나를 분할하여 둘이 되었을 때 역시 분할 또한 둘이 되는 원인이 되었기 때문이네. 그러므로 대체 어찌하여 그 하나가 생겼으며, 어찌하여 없어지고 또 존재하는지조차 전혀 알 수 없게 되었네. 이와 같은 방법으로는 도저히 혼돈에서 벗어날 수 없다고 결론지은 나는 새로운 방법을 찾기 시작했네. 종전의 방법으로는 해결할 수 없었으니까.

그런데 나는 어떤 사람이 아낙사고라스의 책을 읽고 있는 것을 들은 일이 있네. 정신이 만물의 질서를 유지하며, 만물의 근원이라는 주장이 있었네. 나는 그 구절에 큰 감명을 받았네. 정신이 만물의 근원이라는 논리가 옳다고 생각하였네. 그리고 그것이 맞는다면 정신은 모든 것을 다스리며 각각의 것을 질서 있게 훌륭한 상태에 도달하도록 배열하고 조처할 거라 생각하였네. 그러므로 누구든지 사물에 관해 생성의 원인과 소멸과 존재를 알고자 하면 그 사물이 어떻게 존재하며, 또 어떤 영향을 받고 또한 어떻게 움직이는가를 추구하지 않으면 안 된다고 생각하였네. 이와 같은 논법으로 결국 인간은 인간 그 자체와 그 밖의 다른 것에 대해서나, 무엇보다 먼저 추구해야 할 것은 오직 완전한, 그리고 최고의 선(善)이라는 결론에 이르게 되네. 최고의 선을 아는 동시에 악이 무엇인지도 알아야만 하네. 왜냐하면 이 양자에 관한 인식은 동일하기 때문에 최고의 선을 알면 최고의 악도 무엇인지 알게 될 거네.

그래서 나는 아낙고라스를 알게 됨으로써 내가 찾던 만물의 원인을 알았다고 생각하여 기뻐하지 않을 수 없었네. 나는 그가 먼저 대지가 평평한지 둥근지도 설명해 주리라고 생각하였네. 그리고 나서 그 밖에도 훨씬 더 좋은 것을, 즉 대지가 평평하다면 무슨 까닭에 평평한지, 둥글다면 어찌하여 둥근지에 관해 설명해 줄 것이라 기대하였네. 만일 그가 그런 것을 나에게 가르쳐 준다면 그것으로 만족하고 그 밖의 다른 것에 대한 원인을 더 찾지 않겠다고 생각하였네. 그리고 해와 달과 별에 대해서도 물으면, 그는 상호 간에 운행하는 속도라든가, 회전이라든가, 여러 가지 능동적 또는 수동적 상태라든가, 그리고 이러한 모든 것이 어떻게 최선의 것을 위해 존재하는가 하는 것들을 들어 보려고 하였네.

왜냐하면 그가 정신이 만물의 질서를 바로잡는다고 말했으니 그는 그것이 최선이라는 것 이외에는 그러한 것들이 다른 어떤 원인을 내세우리라고는 생각지도 못하였네. 그 모든 것에 대해 공통적인 최선이 무엇인가를 자세히 설명해 주리라 확신했네. 아무리 많은 돈을 주더라도 그 커다란 희망을 팔 생각은 추호도 없었네. 그래서 나는 그 책을 구하여 최선과 최악을 알기 위해 될 수 있는 대로 부지런히 읽어 내려갔네.

그러나 얼마나 큰 기대를 갖고 있었던가. 나는 그것을 읽어 내려가면서 얼마나 큰 실망을 했는지 모르네. 그 책에는 정신이나 만물의 질서를 유지시키는 원인을 전부 포기하고, 오히려 공기, 에테르, 물, 그 밖의 기묘한 것에 의존하고 있었네. 그리하여 그는 다음과 같이 설명하는 것처럼 생각되었네. 일반적으로 말해서 소크라테스는 모든 행동의 원인이 정신이라고 주장하고 나서, 나의 여러 가지 행위를 설명하고 앉아 있는 까닭은 내 육체가 골격과 근육으로 구성되어 있기 때문이라고 설명하는 것이지. 즉 뼈는 단단하고 서로 연결되는 관절을 갖고 있으며, 신축성 있는 근육은 골격을 싸고 있는데, 뼈가 근육의 수축이나 이완으로 말미암아 관절이 있는 부분에서 다리를 구부릴 수 있으며 나는 비스듬한 자세로 여기 앉아 있는 거라고 말하네. 그리고 내가 자네들과 이야기를 주고받는 것 또한 같은 방법으로 설명하고 있네. 소리나 공기나 청각을 원인으로 들면서 참된 원인은 밝히지 않고 있네. 그리하여 아테네 사람들이 나를 고발하지 않으면 안 된다고 생각하게 되었으며 나에게 유죄판결을 내리는 것이 당연하다 생각했고, 또한 나는 나대로 여기에서 처벌을 받는 것이 옳다고 생각하여 머물러 있는 것인데 말일세. 만일 내가 나라가 명하는 벌을 피해 도망을 치는 것이 나라의 명령을 따르는 일보다 훨씬 더 옳고 아름다운 일이라 생각하였다면 최선의 생각에 따라 이미 옛날에 이 살과 뼈는 메가라 근처나 보이오티아에 가 있을 걸세. 따라서 그런 것들을 원인으로 제시하는 것은 너무나 불합리한 일이네. 물론 근육이나 뼈나 살이나 신체의 여러 부분이 없다면 내가 옳다고 생각하는 것을 할 수 없으리라는 주장 역시 당연하네. 하지만 그것이 원인이 되어 내 행동이 그것을 따르고, 정신이 최상의 선택을 한 것이 부정된다면 이는 매우 경솔하네. 그것은 참된 원인과 조건이 될 수 있는 상태를 분간하기 못하기 때문이라네. 내가 보기에 대부분의 사람들은 혼미 속에서 헤매이며, 전혀 원인이 될 수 없는 것을 여러 가지 사물을 탐구하는 원인이라 엉뚱한 이름을 붙이고 있는 것 같네. 그러므로 어떤 사람[41]은 지구 둘레에 소용돌이가 있어 지구가 공중에 머물러 있다고 하며, 또 다른 사람[42]은 평평한 쟁반과 같이 공기가 지구를 떠받치고 있는 밑받침이라고 설명하네. 그런데 지구와 그 주위의 모든 것을 하여금 가장 좋은 위치에 머물게 하는 힘을 찾으려는 일이 없고, 또한 그 힘이 일종의 정신적인 능력을 갖고 있다고 생각하는 것도 아니며 오히려 더 강력하고 영원 불사이며 만물을 더 잘 조종할 거라 생각되는 아틀란티스[43]를 발견하려 애쓰고 있네. 그리하여 모든 것을 결부시키고 유지하는 참된 선에 대해서는 전혀 생각하는 일이 없네. 그러한 근원이 어떤 것인가에 대해 배울 수 있다면 어떤 사람의 제자가 되어도 좋다고 생각하였네. 그러나 가르쳐 줄 수 있는 그 누구도 찾지 못할뿐더러 나 자신도 발견하지 못했네. 케베스, 자네가 원한다면 내가 어떻게 그 근원을 찾아 제2의 항해에 나섰는지 들려주겠네."

케베스가 대답했습니다.

"제발 그렇게 해 주십시오."

"그 일이 있은 후 나는 참된 존재를 고찰하는 데 실패하였으므로 영혼의 눈을 상하게 하지 않도록 조심해야겠다고 생각했네. 일식 중에 태양을 관찰하고 연구하는 사람들이 물 또는 그와 같은 매개체에 비친 그림자를 관찰하는 등 간접적으로 관찰하지

41 엠페도클레스.
42 아낙시메네스, 아낙사고라스 등.
43 Atlantis : 하늘을 떠받치고 있다는 거대한 신.

않으면 시력을 상하는 것처럼 말이네. 그러한 이치를 생각하여 나는 사물을 내 눈으로 바라보거나 감각의 도움을 받아서 파악하려고 하면 영혼이 완전히 장님이 되어 버릴지도 모른다고 염려하게 되었네. 그리하여 정신의 세계로 도망쳐 들어가 그 속에서 사물의 진상을 발견하지 않으면 안 된다고 결정하였네. 이런 비유가 합당하지 않을 수도 있네. 그 까닭은 정신 속에서 사물을 관찰하는 방법은 현실 속에서 행동과 경험으로 관찰하는 방법보다 훨씬 더 모호하게 관찰할 수밖에 없다는 사실을 나는 받아들일 수 없었기 때문이네. 어찌됐든 나는 이 방법을 택하였네. 어떤 경우이든 가장 확실하고 타당하다고 생각되는 이론을 전제로 그 원인이나 그 밖의 무엇에 대해서 이론과 일치하는 것을 진리라 확신하고 그렇지 않은 것은 진리가 아니라고 주장하였네. 그러나 자네가 아직도 내 말을 이해하지 못한 것 같으니 좀 더 분명히 설명하겠네."

"정말로 그렇습니다. 전혀 납득이 가지 않습니다."

하고 케베스가 말하였습니다.

"내가 이제부터 자네에게 말하고자 하는 것은 새로운 것은 아니네. 오히려 지금까지 우리가 이야기해 온 것을 이미 다른 곳에서도 끊임없이 되풀이해 왔었네. 나는 지금까지 탐구해 온 원인의 본성에 대해 자네에게 설명하려 하네. 자네가 잘 알고 있는 근원들, 많은 사람들에게 논란의 대상이 되고 있는 말로 되돌아가서 우선 아름다움 자체, 선 자체, 그리고 크기 자체가 있다고 가정해야겠네. 이러한 가정을 전제로 처음부터 출발하려고 하네. 만일 자네가 이에 동의한다면 그것으로써 원인의 본성을 설명하고 영혼의 불멸성을 입증할 수 있으리라 생각하네."

"그러한 근원들의 존재에 동의합니다. 서슴지 마시고 이야기를 계속 들려주십시오."

하고 케베스가 말하였습니다.

"자네가 나의 견해에 동의하였다면 다음의 단계에 대해서 생각해 보세. 만일 아름다움 자체 외에도 다른 어떤 것이 아름답다고 한다면, 그 까닭은 그 아름다움 자체를 갖추고 있기 때문이라고 생각하는데 그러한 나의 견해에 동의하는가?"

"네, 동의합니다."

"이제 나는 그 밖의 여러 가지 교묘한 원인에 대하여 그 어느 것도 인정할 수 없으며, 또한 이해할 수도 없네. 만일 어떤 사람이 아름다운 빛깔이나 모양, 그 외의 그와 비슷한 것이 아름다움의 원인이라 한다면, 나는 그에게 그와 같은 말을 하는 것은 나를 혼란에 빠뜨릴 뿐이라고 하면서 다른 어떠한 말도 납득하지 않을 걸세. 나에게는 사물을 어느 각도로 보든 아름다움 그 자체가 거기에 내포되어 있거나, 아름다움 자체와 관계를 맺음으로써 오직 아름다운 것이 된다는 한 가지 이론만을 단순하게 그리고 철저하게 또는 어리석을 정도로 굳게 간직하고 있으려고 하네. 그것이 어떻게 아름다움 자체에 참여하는가에 대해서는 모르겠지만 그것은 어떠한 모양으로든 아름다움 자체로 인해 아름다워진다는 것을 강력하게 주장하네. 이러한 사실에 대해 나 자신, 남, 또는 그 누구에게도 자신 있게 답변할 수 있다고 확신하네. 이 같은 논리에 의하면 절대 미궁에 빠질 염려도 없을 뿐더러 나에게나 그 외의 어느 누구에게도 아름다운 것은 아름다움에 의하여 아름다워진다는 확고한 답변을 할 수 있네. 그러나 자네의 의견이 어떨지 모르겠네."

"저 또한 그렇게 생각합니다."

"그러므로 크기 자체에 의해 보다 큰 것은 더욱 커지고, 작은 것 자체에 의해 보다 작은 것은 더욱 작아진다고 할 수 있지 않겠나?"

"그렇습니다."

"그렇다면 만일 어떤 사람이 다른 사람과 비교하여 저 사람보다 머리만큼 크다든지 혹은 저 사람보다 머리만큼 작다든지 말하여도 받아들이지 않고 오히려 자네의 견해를 내세울 것 아닌가? 즉 보다 큰 것은 머리를 기준으로 보다 커지고, 보다 작은 것은 머리를 기준으로 하여 보다 작아진다고 말하는 위험을 피할 걸세. 그런데 머리는 크거나 작거나 같지 않은가. 따라서 큰 사람은 동시에 작은 것이기도 한 머리 크기에 의해 더 크다고 하는 어처구니없는 말은 하지 않을 걸세. 자네는 이러한 결론에 도달하는 것이 염려가 되지 않는가?"

케베스는 웃으면서 입을 열었습니다.

"어찌 염려되지 않겠습니까?"

"또한 자네는 열이 여덟보다 많은 것은 그 근원이 둘 때문이라고 말하지 않고, 오히려 그보다 더 큰 수로 말미암아 여덟보다 많다고 할 게 아닌가? 또한 2피트가 1피트보다 긴 것은 1피트가 2피트의 절반이기 때문이 아니라 그 자체의 길이 때문이라고 주장할 게 아닌가? 이러한 경우에도 똑같은 실수를 범할 염려가 있네."

"물론 그렇습니다."

"그렇다면 자네는 하나에 하나를 더하거나, 하나를 나눌 때에 둘이 되는 원인이라고 주저 없이 주장할 수 있겠는가? 그리고 본질을 분유하지 않고서는 무엇이든지 존재하게 될 방법이 없으며, 따라서 자네가 아는 한 둘의 원인은 오직 둘 자체에 있으므로, 1자체를 분유(分有)하는 것이 하나를 만드는 방법이라고 단언할 수 있을 것이 아닌가? 자네는 다음과 같이 말할 테지. '나누는 것이나 더하는 것은 까다롭기 때문에 나보다 머리 좋은 사람들이 풀도록 맡겨 두지. 속담에 있는 말처럼 내가 경험이 부족하고, 나 자신의 그림자, 즉 무지에 두려움을 느끼고 있기 때문에 놀라기를 잘 하지만 원리의 확실한 근거를 포기할 수는 없다'라고. 만일 어떤 사람이 이 원리를 공격해 오면 자네는 그 사람을 내버려 두든지, 그렇지 않으면 그 전제에서 유도된 여러 가지 결론이 서로 조화를 이루는지 모순되는지 연구하고 나서 대답을 하면 되는 것이라네. 만일 그 사람이 원리를 설명할 것을 요구할 경우에는 어떤 확실한 논증을 얻기 전까지 그 논리보다 더욱 우수하고 훌륭하다고 생각되는 다른 논리를 전제로 삼아야만 비로소 답변할 수 있지 않겠나? 그러나 진리를 탐구하려는 사람이라면 논쟁을 일삼는 사람처럼 그 근본 원리와 그 원리에서 나온 여러 가지 결론을 혼동하여서는 안 되네. 아마도 자네가 이런 것에 관해서 아무런 진실도 발견하지 못한다면 논쟁을 일삼는 사람들처럼 모든 것을 뒤죽박죽이 되게 할 수밖에 없을 것이며, 적어도 그들 자신은 흡족해할 만큼의 재치가 있네. 그러나 자네가 진실한 철학자의 한 사람이라면, 지금까지 내가 말한 대로 행동해 주리라고 나는 믿어 의심치 않네."

"지당한 말씀입니다."

심미아스와 케베스가 똑같이 대답하였습니다.

**에케크라테스** 오, 파이돈 그들이 동의한 것은 당연한 일입니다. 소크라테스가 한 말은 너무도 분명하여 조금이라도 분별력이 있다면 분명히 알아들을 수 있을 겁니다.

**파이돈** 사실 그렇습니다. 당시 그 자리에 함께 있던 사람들은 모두 그렇게 생각했습니다.

**에케크라테스** 비록 그 자리에 없었지만, 지금 당신의 말을 듣고 나니 공감이 갑니다. 그런데 그 다음에는 무슨 말씀을 하셨습니까?

**파이돈** 나의 기억에 의하면 각각의 에이도스[44]가 존재하며, 다른 것들이 여기에 참여함으로써 에이도스라는 명칭을 얻는다는 점에 합의를 본 후, 소크라테스는 다음과 같은 질문을 하였습니다.

"그렇다면 심미아스는 소크라테스보다는 키가 크고, 파이돈보다는 작다고 주장한다면, 자네의 주장은 실제로 심미아스 내부에 '큰 것'과 '작은 것'이 동시에 있다고 말할 수 있지 않을까?"

"물론입니다."

"그러나 자네는 심미아스가 소크라테스보다 크다는 주장은 결코 옳지 않다고 인정할 게 아닌가? 심미아스가 소크라테스보다 큰 참된 원인은, 그가 심미아스이기 때문에 큰 것이 아니고 그의 키 때문이 아니겠나? 또 그가 소크라테스보다 큰 건 소크라테스가 소크라테스이기 때문이 아니고, 심미아스와 비교할 때 심미아스보다 작기 때문이 아니겠는가?"

"그렇습니다."

"그리고 또한 파이돈이 심미아스보다 크다면, 이것은 파이돈이 파이돈이기 때문이 아니고 상대적으로 파이돈은 크고 심미아스가 작기 때문이 아니겠는가?"

---

44  eidos : 이데아와 비슷한 뜻으로 쓰이나 관념적 또는 이념적 본질을 의미한다. 보통 형상이라 옮김.

"사실 그렇습니다."

"따라서 심미아스는 양자(兩者) 사이에 있기 때문에, 심미아스는 크다고도 할 수 있고 작다고도 할 수 있네. 그의 큼은 한 사람의 작음을 능가하고, 또한 다른 한 사람의 크기는 그의 작음을 능가하기 때문이네."

소크라테스는 싱글벙글 웃으시면서 말을 덧붙였습니다.

"마치 강의조로 말하고 있지만, 어쨌든 내 말이 옳다고 믿고 있네."

심미아스는 동의했습니다.

"이렇게 설명하는 것은 자네가 나의 견해에 동의해 주기를 바라기 때문이네. 내 생각에는 크기 자체는 크면서 동시에 작은 것이 될 수 있는 것이 아니며, 또 우리 속에 있는 크기나 구체적인 크기 자체도 작아진다는 것을 용납하지 않네. 그 대신 그 큰 것 중에는 두 가지 일 가운데 하나가 일어날 걸세. 즉 '보다 큰 것'은 그 반대물인 '보다 작은 것'이 접근할 때에 그 자리를 양보하거나, 또는 그것이 가까이 다가옴에 따라 사라져 버릴 거야. 그것은 작은 것을 받아들이고 인정하여도 본래의 자기와 다른 것이 될 수는 없을 것이네. 이와 같이 내가 심미아스와 비교할 때, 작은 것을 받아들이고 작은 것에 굴복하겠지만, 나는 본래의 나대로 작은 사람인 채로 있는 것이네. 그런데 큰 것 자체가 절대로 작은 것일 수는 없으며, 또한 작게 될 수도 없는 것처럼 따라서 우리

속에 있는 작은 것도 전혀 큰 것일 수 없으며 크게 될 수도 없네. 어찌됐든 어떤 것들의 반대이든 어디까지나 그대로 자기의 본성을 지키며, 절대로 그 자신의 반대물이거나 반대물이 될 수도 없네. 그렇게 되는 경우에 그것은 그 변화 속에 소멸되어 버리고 마는 것일세."

"저도 그렇게 생각하고 있습니다."

케베스가 말하였습니다.

이때 누구였는지 기억할 수 없지만 그 자리에 있던 사람이 이 말을 듣고 말했습니다.

"맹세코 하는 말이지만, 이것은 우리가 앞에서 인정한 것과 정반대가 되는 게 아닙니까? 보다 큰 것에서 보다 작은 것이 생기고, 보다 작은 것에서 보다 큰 것이 생기며 따라서 반대물은 반대물로부터 생긴다고 하였지만 지금의 이 주장은 전혀 불가능하다고 말씀하시는 것 같습니다."

소크라테스가 말한 사람 쪽을 바라보며 듣고 있다가 대답했습니다.

"그 점을 상기시켜 주는 자네는, 용기가 있는 사람이군. 하지만 자네는 지금의 주장과 앞의 주장의 차이를 이해하지 못하는 것 같네. 앞의 주장은 구체적인 것에 있어서 상반되는 것에 대해 이야기하였고, 지금은 반대물의 성질 자체에 관해 이야기하고 있네. 후자의 경우 이 성질들 자체는 우리 내부나 자연계에 있어서 각기 그 반대 것에서 나올 수 없다고 보네. 즉 아까는 반대물이 내재되어 있어서 반대물에 따라 명명된 반대되는 것에 대해 이야기했지만, 지금은 반대물의 성질 자체에 대해 이야기하네. 이 성질들 자체는 각기 그 반대물에서 나올 수 없다고 보네."

소크라테스는 케베스를 바라보며 물었습니다.

"케베스, 이 사나이의 말을 듣고 자네도 혼란이 일어나지 않았나?"

"이번에는 그렇지 않습니다. 때로는 반대 되는 의견 때문에 동요가 일어난 적이 있지만……."

케베스가 대답하였습니다.

"그러므로 우리는 어떤 것이든 그 자신의 반대되는 것이 될 수 없다는 데 대하여 의견의 일치를 본 셈이 아닌가?"

"전적으로 합의를 보았습니다."

"그렇다면 그 문제를 다른 각도에서도 고찰해 보고, 동의할 수 있는지 생각해 보게. 자네는 평소에 '뜨겁다'든가 '차다'든가 하는 말을 사용할 테지?"

"물론입니다."

"그렇다면 그것은 불이나 눈(雪)과 같은 것인가?"

"아닙니다."

"그럼 뜨겁다는 것과 불은 다르며, 차다는 것과 눈은 다르다는 뜻인가?"

"네, 그렇습니다."

"그렇다면 앞에서 논한 대로, 눈이 열의 영향을 받을 때는 결코 눈일 수 없고, 그렇다고 뜨거워질 수도 없으며, 뜨거운 것이 접근할수록 눈이 물러나지 않으면 소멸해 버릴 것을 자네는 인정할 테지?"

"물론입니다."

"그리고 불도 마찬가지로 차가운 것이 다가오면 물러나거나 없어질 걸세. 따라서 열이 냉기를 받아들이고도 종전의 상태로 머물러 있을 수는—불이면서 동시에 찬 것일 수는—도저히 없는 것이네."

"그렇습니다."

그가 대답하였습니다.

"이러한 일은 이외에도 여러 가지가 있네. 그런 것들에 대해서는 에이도스, 곧 본질의 명칭은 본질에만 적용되는 것이 아니라 에이도스 자체는 아니지만 에이도스의 모습을 띠고서 존재하는 다른 것에도 붙여져 있다고 말할 수 있네. 내가 말하는 것은 아마 다음과 같은 예로써 더욱 분명해질 걸세. 즉 홀수는 언제나 홀수라는 명칭이 붙을 것이 아닌가?"

"물론 그렇습니다."

"그러면 우리는 홀수라는 명칭을 홀수 자체에만 사용하고 있는가? 그렇지 않다면 자기 자신이 홀수 자체는 아니지만 홀수의 성질을 띠고 있기 때문에 홀수라는 명칭을 붙여야 할 것이 그 외에도 있지 않겠나? 이것이 바로 내가 묻고 싶은 것이네. 예를 들어 3이라는 수는 그 자신의 이름으로도 불리는 동시에 홀수라고도 불리지 않는가? 그런데 홀수라는 명칭과 3이라는 명칭은 다르네. 홀수라는 명칭은 3뿐만 아니라 5에 대해서도 말할 수 있고 그 밖의 모든 홀수에 대해서도 말할 수 있네. 즉 그것들은 홀수 자체는 아니지만 각각 하나의 홀수가 아니겠는가? 그리고 2나 4처럼 홀수가 아닌 수를 짝수라 부르지만 그것이 짝수 그 자체는 아니네. 자네는 이것에 대해 동의하는가?"

"물론 동의합니다."

"이제 내가 밝히려고 하는 점에 주목해 주게. 즉 본질적인 반대물만이 서로 배척하는 것이 아니라 구체적인 사물들 역시 그 자체가 반대되는 성질은 아니어도 반대되는 성질을 내포하고 있을 때는 서로 배척한다네. 이러한 것들은 사물들은 자기 속에 내재되어 있는 성질에 반대되는 성질을 물리치는 것이요, 그것이 가까이 접근해 오면 물러가거나 사라져 버리는 걸세. 예컨대 3이라는 숫자가 짝수가 되려면 완전히 없어져 버리거나 어떤 변화를 겪어야 하지 않겠나?"

"정말 그렇습니다."

케베스가 말하였습니다.

"그런데 2라는 수가 3이라는 수에 반대되는 것은 아니지 않는가?"

"반대되는 것은 아닙니다."

"그러므로 단지 상반되는 형상 자체들만이 서로 배척하는 것이 아니라, 그 밖의 것들도 상반되는 성질을 내포한 것의 접근을 용납하지 않는 것이라네."

"그렇습니다."

"그렇다면 자네는 어떠한 것들이 그러한지 우리의 생각이 미치는 데까지 알아보는 것이 어떻겠나?"

"좋습니다."

"케베스, 그건 이러한 것이 아니겠나? 즉 어떤 것을 자기 밑에 포섭하고 있을 경우, 그것은 비단 자기의 성질뿐만 아니라 자기가 갖고 있는 어떤 상반되는 성질도 갖게 하는 것 말이네."

"그것은 무슨 까닭입니까?"

"그것은 내가 방금 말한 것일세. 자네가 알고 있다고 생각하는데, 3이라는 말 속에 포섭되는 것은 3일 뿐만 아니라 동시에 홀수이기도 하네."

"물론 그렇습니다."

"그런데 3이라는 수가 관여하는 이런 홀수의 성질에는 그 반대되는 성질이 절대로 가까이 가지 못하네. 그렇지 않은가?"

"그렇습니다."

"왜냐하면 그것은 홀수의 성질 때문이 아닌가?"

"그렇습니다."

"그리고 홀수와 짝수는 반대되는 개념이지?"

"네."

"그러므로 짝수는 3에는 결코 도달할 수 없지 않겠나?"

"그렇습니다."

"그러면 3은 짝수와 아무 관련이 없지 않겠나?"

"관련이 없습니다."

"그러므로 3이라는 수는 분명히 짝수가 아니지?"

"물론 그렇습니다."

"그러면 내가 정의를 내리려던 것은 어떤 것에 반대되는 것은 아니지만, 반대성을 받아들이지 않는 것이 내제되어 있네. 예를 들어 3은 짝수와 대립하지는 않지만 이를 결코 받아들이지 않고, 이에 대립되는 것을 늘 지니고 있네. 2는 홀수에 대해, 불은 냉기에 대해 그러하네. 이외에도 이러한 예는 얼마든지 찾아볼 수 있네. 이러한 예를 통해 자네는 다음과 같은 결론에 도달할 수 있다고 보네. 즉 반대는 반대되는 것을 용납하지 않을 뿐만 아니라, 어떤 것이든지 반대성이 내포된 것에 다가갈 경우 이 반대되는 것을 결코 받아들이지 않는다는 결론 말이야. 한 번 더 같은 이야기를 되풀이해 보세. 이야기를 반복하여도 해가 될 것은 없으니까 말이야. 5는 짝수의 성질을 받아들이지 않네. 그 갑절인 10은 홀수의 성질을 받아들이지 않네. 이 갑절은 또 다른 반대물을 갖고 있고 홀수의 성질을 받아들이지 않네. 또한 3분의 2나, 2분의 1 등 모든 분수(分數)는 정수(整數)의 성질에 반대되는 것이 아님에도 불구하고, 그런 성질은 갖고 있지 않네. 자네는 내 말에 동의하는가?"

"네, 전적으로 동의합니다."라고 케베스는 말했습니다.

"그렇다면 또다시 처음으로 되돌아가서 내 질문에 답해 주겠나? 그렇지만 대답할 때 내가 한 말을 써서 흉내를 내서는 안 되네. 오히려 내가 처음에 말한 그 확실한 대답이 아닌 다른 대답을 듣고 싶네. 방금 말한 것으로부터 처음의 대답 못지않은 자네가 진리를 찾은 답을 듣고 싶네. 말하자면 자네가 나에게 '신체 속에 무엇이 있기에 신체는 따뜻해지는가'라고 물었을 때 내가 온기가 있어서 그러하다고 대답하면 이는 안전하지만 어리석은 대답이 아닐 수 없네. 지금 우리가 찾으려는 답변은 불이라는 답변이네. 이것은 우리가 대답하고자 하는 훨씬 훌륭한 답변이네. 그리고 또한 자네가 '무슨 까닭으로 몸이 아프냐'고 물을 때, 병 때문에 아프다고 하지 않고 열 때문에 아프다고 답변할 걸세. 또한 홀수가 어찌하여 홀수냐고 묻는다면 홀수 자체가 그 속에 있기 때문이라고 하지 않고, 홀수라는 성질이 그 속에 있기 때문이라고 말할 걸세. 이 밖에도 얼마든지 많은 예가 있지만 이것만으로도 내가 말하려는 의도가 충분히 전달됐을 거라 믿네."

"네, 잘 알겠습니다."

"그렇다면 육체 속에 무엇이 깃들어 있기에 그 육체는 살아있는가?"

"영혼입니다."

"그렇다면 그것은 언제나 그런가?"

"물론입니다."

"그렇다면 영혼이 들어 있는 곳에는 언제나 그 영혼이 생명을 주는 것이 아니겠나?"

"그렇습니다."

"생명에 상반되는 것이 있는가, 없는가?"

"있습니다."

"그것은 무엇인가?"

"죽음입니다."

"그렇다면 이미 이론상으로 동의한 바와 같이 영혼은 그것이 지니고 있는 것에 상반되는 성질을 받아들이지 않을 게 아닌가?"

"그야 물론입니다."라고 케베스가 대답하였습니다.

"그리고 조금 전 우리는 짝수의 성질을 받아들이지 않는 것을 뭐라고 불렀는가?"

"홀수라고 하였습니다."

"또한 정의(正義)를 받아들이지 않는 것과 예술을 받아들이지 않는 것을 뭐라고 하는가?"

"비예술적인 것이라고 하며 또 부정(不正)이라고 합니다."

"그렇다면 죽음을 받아들이지 않는 것은 무엇이라고 하는가?"

"불사(不死)라고 합니다."

"영혼은 죽음을 받아들이지 않는가?"

"그렇습니다."

"그렇다면 영혼은 불사란 말인가?"

"네, 불사입니다."

"그렇다면 이것으로 영혼의 불사가 증명되었다고 할 수 있겠는가? 이에 대해 자네는 어떻게 생각하나?"

"충분히 증명되었다고 봅니다, 소크라테스 선생님."

"그렇다면 케베스, 홀수가 만일 불멸이라고 하면, 3도 필연적으로 불멸하는 것이겠지?"

"물론입니다."

"만일 차가운 것이 불멸하는 것이라면, 더운 것을 눈(雪)가까이 가져갈 경우에 눈은 녹지 않고 그대로 있을 수 있겠지? 그것은 소멸되지 않고, 또한 그대로 열을 받아들이지도 않을 테니 말이네."

"정말 그렇습니다."

"이와 마찬가지로 더운 것이 불멸하는 것이라고 하면, 불에 차가운 것이 다가왔을 때에도 불은 멸하지 않고 꺼지지 않으며 단지 어디론가 사라져 버리는 것이 아닐까?"

"분명히 그렇게 될 것입니다."

"그렇다면 불사에 대해서도 이렇게 말할 수 있을 걸세. 불사가 불멸하는 것이라면, 육신이 죽음에 직면해도 영혼은 결코 멸할 수 없을 걸세. 지금까지 이야기한 우리의 이론을 전제로 말하면 영혼은 죽음을 받아들이지 않을 것이며, 따라서 죽을 수 없네. 그것은 마치 3이나 그 밖의 홀수가 짝수의 성질을 받아들이지 않고, 불이나 열기가 냉기를 받아들이지 않는 것과 똑같은 원리이네. 그러나 이런 주장을 하는 자가 나타날지도 모르겠네. '홀수는 짝수가 다가올 때 짝수가 될 수는 없다 치더라도, 홀수가 소멸한 다음 그 자리에 짝수가 들어설 수 없다고 단정할 수 없지 않은가?'하고. 우리는 이런 주장을 하는 자들에게 홀수라는 것 자체가 불멸하는 거라고 대답할 수는 없네. 지금까지 논의에서 홀수가 불멸이라는 데 피차 합의를 보지 못했으니 말이네. 그러나 만일 이것을 인정할 수 있다면 짝수가 다가올 때 홀수 자체. 예를 들어 3은 고스란히 물러가서 자기 자신을 보전한다고 말할 수 있을 걸세. 불이나 온기나 그 밖의 다른 어떤 것에 대해서도 이렇게 말할 수 있지 않겠는가?"

"그렇습니다."

"또한 불사적인 것에 대해서도 역시 그렇게 말할 수 있을 걸세. 만일 불사적인 것이 불멸하는 것이기도 하다면, 영혼은 불사적인 동시에 불멸하는 것이네. 그러나 만일 그렇지 않다면 그 불멸에 대하여 다른 증명을 하지 않으면 안 될 걸세."

"그것을 위해서 증명을 할 필요는 없다고 봅니다. 적어도 불사인 것과 영원하면서도 멸망할 수 있는 것이라면, 세상에 불멸하는 것은 하나도 있을 수 없겠지요."

소크라테스가 입을 열었습니다.

"그 외에 불사인 것이 있다면 신이 그렇지 않겠는가? 또, 생명형상 자체 역시 그러하네. 신과 생명과 그리고 불사인 것은 결코 멸망하지 않는다는 것을 누구나 인정할 수 있을 걸세."

"그것은 사실입니다. 비단 사람뿐만 아니라 신들도 사람과 마찬가지로 동의할 것입니다."

"따라서 불사인 것을 불멸인 것이라 한다면 영혼은 죽지 않는 한 불멸하는 것이라 할 수 있지 않을까?"

"그럴 수밖에 없습니다."

"따라서 죽음이 사람을 덮칠 때 가시적인 부분은 죽을 수 있지만 불사적인 부분은 고스란히 자신을 보전하여 물러가는 것이 아니겠나?"

"분명히 그렇습니다."

"그렇다면 케베스, 영혼이 불사하고 불멸하며, 우리의 영혼은 저세상에 존재하게 되리라는 논리는 더 의심할 여지가 없지 않겠나?"

"소크라테스 선생님, 이제 그 말에 동의합니다. 그런데 심미아스나 다른 사람이 반대할 것이 있다면 가만히 있지 말고 누구라도 이야기를 나누는 것이 좋겠습니다. 이 기회를 놓치면 다시는 이런 문제에 대하여 이야기를 나눌 수 없을 테니까요."

심미아스가 입을 열었습니다.

"그렇지만 저도 더 이상 할 말이 없습니다. 지금까지의 논의에 대해 더 의심할 여지도 없습니다. 그러나 이 문제는 너무 거대한 데다 저는 저대로 인간의 약점과 부족한 것으로 말미암아 아직도 석연치 않은 점이 있습니다."

소크라테스가 대답했습니다.

"심미아스, 옳은 얘기일세. 자네의 말대로 우리는 첫 번째 전제가 확실한 것처럼 보이더라도 실제 믿을 만한 가치가 있는지 주의 깊게 살펴보아야 할 걸세. 그것들이 만족스러울 만큼 옳다는 증거가 드러나면 우리는 힘이 미치는 데까지 분석해 보아야 할 게 아닌가? 그래서 그것이 분명하고 명확하다면 더 이상의 추구는 필요가 없게 되지 않겠나?"

"사실 그렇습니다."

소크라테스는 말했습니다.

"그렇지, 여러분. 실제로 영혼이 정말로 죽지 않는 불사라면 우리가 이 세상의 삶에만 급급할 것이 아니라 영원한 저세상을 알뜰하게 보살펴야 하지 않겠나? 그리고 이렇게 볼 때 영혼을 방임함으로써 생기는 위험천만한 일은 생각하지 않을 수 없네. 만일 죽음이 모든 것의 종말이라면 악인은 죽음으로써 큰 덕을 볼 것이네. 왜냐하면 그들은 죽음과 동시에 그 육체와 함께 영혼이나 그의 모든 죄과까지도 이별할 것이 아닌가? 그러나 영혼이 불사한다면 최고의 덕과 지혜에 도달하지 않고는 악으로부터 벗어나 구원을 얻는 것은 불가능하네. 우리의 영혼이 하데스로 갈 때 지니고 갈 수 있는 것이란 지식과 교양밖에는 없을 테니 말이네. 죽은 사람이 저세상으로 가는 첫발을 내딛을 때 교양과 교육은 그에게 커다란 도움을 주기도 하지만 역시 커다란 해를 주기도 한다네.

전설에 의하면 사람마다 각기 다른 다이몬이 있어서, 살아 있는 동안 그 사람을 맡아 보살피다가 그 사람이 죽으면 죽은 자들이 모여 있는 장소로 그를 데리고 간다고 하더군. 그곳에서 심판을 받은 후, 이 세상에서 저세상으로 인도하는 일을 맡은 안내자를 따라 하데스로 가게 된다고 하였네. 그리하여 모든 자들이 각기 알맞은 심판을 받고 머물러 있어야 할 기간 동안 그곳에 있은 후 다른 안내자의 안내를 받아 이 세상에 온다고 하더군. 그런데 아이스킬로스[45]의 비극에서 볼 것 같으면, 텔레포스[46]는 여로(旅路)를 오직 하나밖에 없는 곧은길로, 하데스로 통하고 있다고 하였지만, 그것은 외길도 아니고 곧은길도 아니라고 나는 생각하

---

**45** Aeschylos : 고대 그리스의 비극 시인. 90편의 비극을 써 온 그리스에 명성을 떨침.
**46** Telephos : 옛날 소 아시아에 있었던 나라인 미시아의 왕, 아킬레우스 창을 맞아 다친 곳이 낫지 않자, 신탁을 받아 창에서 녹을 긁어내 상처에 발라 치료했다.

네. 만일 그렇다면 안내자가 필요치 않을 거 아닌가? 길을 잃은 사람은 한 명도 없을 테니까 말이야. 그러므로 내가 생각하기에 그곳은 삼거리나 갈림길이 많은 것 같네. 여러 길이 합쳐진 곳에서 저승의 신들에게 제사를 드리고 재물을 바치는 풍습을 보고 그것을 예상했네. 지혜롭고 건전한 영혼은 곧은길을 따라가며, 주위 환경도 알겠지만 육체를 잊지 못하는 영혼들은 앞에서 이야기한 바와 같이 생명 없는 육체와 가시적인 세계를 오랫동안 방황하다가, 갖가지 고생을 겪고 나서 끝내는 그를 담당하는 다이몬에게 억지로 끌려간다고 생각하네. 따라서 부정하고 불의를 저지르는 행위를 하였다면, 특히 불의한 살인을 하였거나 또는 이와 비슷한 일로 말미암아 그 영혼들이 옳지 못한 행위를 한 일이 있을 경우엔 다른 영혼이 있는 곳에 가더라도, 누구나 그 영혼 곁에서 도망쳐 버리고 따돌림을 하며, 어느 영혼도 그의 저승길 길동무가 되려 하지 않을 것이며, 아무도 그의 안내자가 되려 하지 않을 걸세. 그 영혼은 어느 시기에 이르기까지 그의 운명에 걸맞은 곳에서 방황하게 될 걸세. 이와는 달리 평생 동안 깨끗하고 절도 있는 생활을 한 영혼들은 신들이 길동무가 되고 안내자가 되어 줄 것이며, 적당한 곳에 이르러 안주할 수 있기 마련이네.

그런데 어떤 이름 없는 사람이 나에게 들려준 말에 따르면, 지구에는 신비로운 곳이 많으며 사실상 그 모양이나 크기가 우리의 상상을 초월하며 지리학자들이 흔히 생각하는 것과는 매우 다른 것일세."

그때 심미아스가 입을 열었습니다.

"소크라테스 선생님, 무슨 말씀이십니까? 저도 지구에 대한 이야기를 많이 들었지만 선생님께서 옳다고 생각하시는 것은 무엇인지 들려주셨으면 합니다."

"심미아스, 내가 만일 글라우코스[47]의 재주를 가지고 있다면 그 모든 것을 자네에게 이야기해 주고 싶네. 그렇지만 나에게는 애석하게도 그런 재주가 없네. 또 글라우코스의 재주로서도 별수 없을 걸세. 내가 알고 있는 범위 안에서 지구에 대한 설명을 하더라도 그와 같은 긴 이야기가 끝나기 전에 내 수명이 끝날까 두렵네. 그러나 내가 알고 있는 범위 안에서 지구의 형태와 그 외의 여러 장소에 대해 설명해 보겠네."

"그것만으로도 충분합니다."

심미아스가 말하였습니다.

"그렇다면 좋네. 내가 확신하는 것을 이야기해 주지. 지구는 하늘의 중심에 있는 둥근 천체이며, 그것이 떨어지지 않도록 공기나 그 밖의 비슷한 다른 것들도 떠받칠 필요가 없네. 오히려 주변의 하늘이 어느 곳이나 균등하고, 대지는 대지 자체로 균형을 이루고 있기 때문에 떨어지거나 어느 방향으로 기우는 일 없이 언제나 같은 상태로, 제자리를 지키고 있는 걸세. 내가 제일 먼저

---

**47** Glaucos : 아폴론이 그에게 예언의 능력을 주었다. 비상한 재주가 있었던 사람인 듯하다.

확신하게 된 것은 이와 같은 것이라네."

"그것은 옳은 생각입니다."

심미아스가 말하였습니다.

"두 번째로 내가 확신하는 것은, 대지는 매우 광대하며 우리는 파시스 강[48]에서 두 기둥[49] 사이의 조그마한 지역에 살고 있으며, 마치 개미와 개구리가 습지 주위에 살듯이 바다 주변의 좁은 지역에 살고 있네. 이와 비슷한 다른 지방에 우리 외의 사람들도 살고 있다고 할 수 있을 걸세. 실제 지구의 표면에는 물이나 안개나 무거운 공기가 몰려드는 여러 가지 형태, 갖가지 모양의 넓고 좁은 골짜기가 많이 있네. 그러나 지구 자체는 순수하며, 또한 별들이 반짝이는 맑고 순수한 하늘 가운데 자리를 잡고 있는 걸세. 천문학자들이 에테르라고 가리키는 것이 바로 이 하늘이네. 그리고 이 에테르에는 침전물이 있고 그것이 대지의 골짜기로 언제나 몰려들게 된다네. 대지의 골짜기 속에 살고 있는 우리는 마치 대지의 표면에 살고 있다고 착각하네. 그것은 마치 바다 밑바닥에서 살고 있는 생물이 바다 표면에 살고 있는 것처럼 착각하는 것과 마찬가지이네. 그 생물들은 바다를 통해 태양이나 그 밖의 별을 보고 있기 때문에 바다가 하늘이라 생각하고, 나약하고 우매한 탓으로 바다 위에 떠오른 적이 한 번도 없고, 육지에 올라

---

48  흑해 동쪽 해안으로 흘러들어 가는 강.
49  헤라클레스는 지브롤터 해협의 양쪽에 기둥을 세웠다고 한다.

간 적도 없으며 대지가 그가 사는 세계보다 얼마나 순수하고 아름다운지를 알지 못하며, 또한 이것을 본 자에게서 이야기도 들어 보지 못한 것과 마찬가지일세. 우리의 경우도 그와 다를 것이 없네. 우리 역시 대지의 한 골짜기에 살면서 그 표면 위에 살고 있다고 생각하니 말일세. 뿐만 아니라 공기를 하늘이라 부르는가 하면 별들도 그 속에서 운행하고 있다고 생각하지 않는가? 그러나 실제에 있어서 우리는 아둔하고 유약함으로 공기의 표면에 도달하지 못하는 걸세. 만일 어떤 사람이 대지의 끝까지 도달하거나, 날개가 생겨 정상까지 날아갈 수 있다면, 물 밖으로 고개를 내밀고 세상을 바라보는 물고기처럼 저세상을 바라볼 수 있으며, 인간의 본성 속에 세상을 바라볼 수 있는 능력이 있다면 저세상은 참된 하늘과 참된 빛과 참된 땅이 있음을 깨달을 걸세. 왜냐하면 우리를 둘러싸고 있는 모든 대지는 어느 곳이나 바다 속의 모든 것이 조수로 말미암아 침식되는 것처럼 파괴되고 침식되고 있으니 말일세. 또한 바다 속에는 제대로 자라는 것이 아무것도 없고, 완전한 것도 없으며, 오직 골짜기의 모래와 흙이 있을 뿐이네. 설사 거기에 땅이 드러나 보인다 해도 그곳은 우리가 살고 있는 이 땅과 비교하여 볼 때 그 아름다움을 찾아볼 수 없는 곳이네. 그러나 저세상은 우리가 사는 이 세상보다 훨씬 더 좋은 곳이네. 그리하여 하늘 밑에 있는 그곳에 대하여 이야기를 해도 좋다면, 그것이야말로 얼마나 들을 만한 이야기겠는가, 심미아스!"

"소크라테스 선생님, 그 이야기를 정말로 듣고 싶습니다."

"그 이야기는 다음과 같네. 첫째로 지구는 위에서 바라보면 열두 조각의 가죽으로 만든 공처럼 가지각색 빛깔로 아름답게 물들어 있다네. 이 세상의 화가들이 쓰는 빛깔과 비슷한 빛깔이지만 훨씬 더 맑고 순수한 빛깔이네. 눈이 부실 정도로 아름답고 신비로운 자주색이 있고 찬란한 황금색, 석고나 눈보다도 더 반짝거리는 흰색은 이 세상의 어느 빛깔보다 더 선명하고 순수한 빛으로 되어 있네. 그리고 그 외에도 인간의 눈이 일찍이 본 그 어느 빛깔보다도 훨씬 더 많고 아름다운 빛깔로 이루어져 있네. 공기와 물로 가득 차 있는 골짜기는 각기 독특한 빛을 띠고 있어서 제 각기 다른 빛깔들 속에서 한 줄기 광선처럼 다른 빛을 드러내 보이며, 그 전체가 하나의 연속적인 아름다운 빛깔의 흐름을 보여 주고 있네. 이토록 아름다운 곳에는 그곳에 알맞은 식물 즉 나무나 꽃과 과일 자라고 있으며 어떤 것보다 아름답네. 또한 그곳에는 산도 있고 여러 가지 돌이 있는데 돌들은 미끄럽고 투명한 것이 이 세상의 어떠한 보석보다도 훨씬 아름답다네. 우리가 갖고 있는 홍옥(紅玉)이나 벽옥(碧玉), 녹옥(綠玉) 등 그 밖의 보석들은 그 땅에 있는 돌 부스러기에 지나지 않네. 그 땅의 돌은 그곳에서는 돌이지만 이 세상의 보석보다도 훨씬 아름다우니까 말일세. 그 이유는 그것들이 순수하여 바닷물에 의해 침식되거나 부식되지 않았기 때문이라네. 이 세상에 있는 보석은 돌이나 흙, 동식물의 오물과 짠물로 침식되거나 부식되어 추하고 병든 것이라네. 저 위에 있는 땅에는 이런 금은보석으로 장식되어 있고 이것들이 모두 밝은 빛을 발하고 있으며, 어느 곳에도 풍부하게 널려 있기 때문에 이곳을 바라보고 있노라면 무한한 기쁨을 느끼게 될 걸세.

또 거기에는 많은 사람과 짐승이 있지만, 그중의 일부는 깊숙한 곳에 있고, 일부는 우리가 바닷가에 살듯이 공기 주변에 살고 있네. 그리고 다른 일부는 섬에 살고 있는데 그 섬 주위를 공기가 에워싸고 있네. 다시 말하면, 우리에게 물과 바다가 소중하듯이 그곳에서는 공기가 소중하고, 그들에게는 에테르가 우리의 공기와 같다네. 더욱이 그곳의 기온은 아주 온화하여 병이 생기는 일이 없으며, 그들은 이 세상의 사람들보다 훨씬 더 오래 사네. 또 물보다는 공기가 더 순수하며, 공기보다는 에테르가 더 순수한 것처럼, 시각이나 청각 촉각이나 지혜에 있어서도 우리들의 감각기관보다 더 완전한 능력을 갖고 있네. 또 그곳에는 신들이 실제로 사는 신전들과 성소가 있어서 그곳 사람들은 신들을 볼 수 있을 뿐만 아니라 신들의 음성을 들으며, 신들에게 묻고 기원한 것에 대한 예언을 들으며, 신들과 교제하는 걸세. 또한 그들은 태양을 비롯해 달이나 그 밖의 별들의 원래 모습을 볼 수 있으며 이와 비슷한 온갖 행복을 누리게 된다네.

지금 말한 것들이 그쪽 세계의 전모(全貌)라네. 그런데 지구의 표면은 골짜기를 따라 여러 지역으로 나뉘어 있고 그중 어느 곳은 우리가 살고 있는 골짜기보다 더 깊고 넓지만, 어느 곳은 우리가 사는 곳보다 더 얕고 좁기도 하네. 또는 골짜기는 깊지 않아도 넓이가 굉장한 곳도 있네. 하지만 그 모든 골짜기 밑으로 구멍이 뚫려 있는데 어떤 곳은 넓거나 좁은 통로가 연결되어 있어 술을 섞는 그릇처럼 물줄기가 흘러드네. 또 쉴 새 없이 흐르는 마르지 않는 강이 있는데 더운 물과 찬물이 흐르고 있다네. 또한 큰불이 있고 여러 큰불의 강이 있으며, 또 시칠리아에 있는 용암류 앞을 흐르는 맑은 강과 흙탕물 강이 많이 있네. 그리고 이것들이 흐르는 주변은 이런 것으로 가득 차 있네. 또 지구의 내부에는 땅속에 요람이라도 있는 것처럼 아래위로 움직이는데, 그 원인은 이 지구 모든 틈 가운데 특별히 큰 것이 있어서 그것이 지구의 끝에서 끝까지 꿰뚫고 있기 때문이네. 이것이 바로 호메로스가 노래한 다음과 같은 것이라네.

저 멀리 멀리 아득한 땅 속
가장 깊은 심연이 있는 곳에.

그리고 호메로스는 이것을 다른 곳에서 타르타로스라고 부르기도 하는데 그 외의 많은 시인들도 그렇게 부르고 있네. 이 굴속으로 모든 강물이 흘러들어 가고 흘러나오는 까닭은 각각 물들이 머물러 있을 바닥이 없고 기반이 없기 때문이라네. 그리하여 그 물들은 위아래로 물결치고 출렁이며, 그 주위에 바람과 공기 역시 물을 따라 위아래로 또 여기저기로 움직인다네. 흐름이 한꺼번에 지구의 낮은 부분을 향해 밀려오거나 반대쪽으로 물러나며 땅 위를 떠돌아다니네. 마치 사람들이 쉴 새 없이 숨을 내쉬고 들이쉬는 것처럼 물과 함께 바람이 움직이고 드나들면서 무서운 폭풍우를 일으킨다네. 그 물줄기가 지구의 비교적 아래로 되돌아갈 때는 여러 지역에 흘러들어 가, 물이 그곳을 가득 채우며, 그 지역을 떠나 이쪽으로 들어올 경우에는 이쪽을 가득 채우며, 가득 찬 것은 수로와 땅속으로 스며들어 가고 각각 물길을 따라 제 갈 곳으로 흘러들어 가 거기에 바다와 호수와 강과 샘물을 이루게 되네. 그 후 물은 땅속으로 흘러들어 가는데 일부는 넓고 많은 지역을 오랜 시간에 걸쳐서 돌고 일부는 보다 적은 지역을 가까운 코스로 돌아서 마침내 타르타로스로 흘러들어 간다네. 어떤 물은 지상으로 솟아나오기 이전의 위치보다 훨씬 낮은 곳에서 떨어지지만 어떤 물은 흘러나온 것과 반대쪽으로, 어떤 물은 같은 쪽으로 흘러들어 간다네. 그런가 하면 어떤 물은 뱀이 똬리를 틀듯이 땅 위를 한 바퀴 돌거나 여러 바퀴 돌면서 더 낮은 곳으로 흘러들어 간다네. 그러다 결국은 강이나 한복판까지는 흘러내려 가도 그 이상은 흘러가지 못한다네. 강물 반대쪽에는 절벽이 있기 때문이네.

그 밖에도 모양도 여러 가지이며 크고 잡다한 강들이 많지만, 그 많은 것 중 특히 큰 강이 네 개 있는데 그중에도 가장 크고 가장 긴 강은 오케아노스[50]라네. 이와 반대쪽에서 반대 방향으로 흐르는 강은 아케론[51]이네. 아케론은 여러 사막지대를 지나 땅 밑으로 흐르다가 아케루시아 호수에 이르네. 사람이 죽으면 거의 모든 영혼이 이 호수에서 정해진 시간만큼 머무른 뒤 다시 지상의 생물로 태어나기 위해 이 세상으로 보내지네. 세 번째 강은 앞에 말한 두 강 사이에 흘러나오는데 그 분출구의 불길이 맹렬하게 타오르는 아득하게 넓은 지역에 흘러들어 가, 지중해보다도 더 큰 호수를 이루네. 그 호수는 진흙물 호수로 여기서부터 탁류를 이루며 땅 주변으로 흘러나와 여러 곳을 돌다가 아케루시아 호수의 맨 끝에 이르게 되네. 그러나 호수의 물과 섞이지 않고 여러 차례 땅 밑을 돌다가 타르타로스의 가장 깊은 곳으로 흘러들어 가네. 그것이 바로 필리플레게톤[52]이라는 강으로 다른 지점에서 용암을 분출시키는 것이네. 여기서 반대쪽에 네 번째 강이 있는데, 이 강은 검푸른 빛깔로 덮여 두렵고 황량한 지역으로 흘러들어 가네. 이 강은 스틱스 강으로 불리며 이것이 흘러들어 가 스틱스 호수[53]를 형성하네. 호수로 흘러들어 간 강물의 흐름은 놀라운

50  대양을 신격화한 것. 세계의 큰 강.
51  저승의 강.
52  불타는 강.
53  증오의 호수.

파이돈

힘을 얻어 땅 밑을 꿰뚫고 들어가 필리플레게톤의 맞은편에 나타나, 아케루시아스 호수에 이르게 된다네. 이 강물은 다른 강물과 섞이지 않으며 원을 그리며 흐르다가 필리플레게톤의 맞은편에서 타르타로스로 떨어지네. 시인들은 이 강을 두고 코키토스[54]라고 부르네.

저세상은 이런 모습을 하고 있네. 그리고 죽은 사람들이 각자의 다이몬이 안내하는 곳에 다다르면 먼저 훌륭하고 경건하게 살았던 사람과 그렇지 않은 사람을 나누네. 그리하여 중용의 생활을 한 사람들은 아케론 강으로 가서 그들을 위해 준비된 배를 타고 아케루시아 호수로 보내져 거기에서 자기들의 악행에 대한 죄과를 씻어내고, 또한 선행을 한 사람은 보상을 받는다네. 그러나 지은 죄가 극악무도해 씻어내기 힘든 사람들, 말하자면 번번이 성소에 들어가 거룩한 물건을 훔친 사람들이나 잔인하게 사람을 죽인 죄를 저지른 사람이나, 이 밖에 그와 비슷한 정도의 죄를 범한 사람들은 결국 타르타로스로 던져져서 다시는 나올 수 없게 된다네.

하지만 죄가 너무 무거워도 구원받을 여지가 있는 자들은, 예를 들어 순간적인 화로 부모에게 횡포를 부리고 그 후 참회하며 여생을 보낸 자들이나, 이와 비슷한 살인죄를 저지른 사람들은 타르타로스로 던져져서 1년 동안 고통을 받지만, 그 후에는 파도

[54] 탄식의 강.

가 그들을 밖으로 밀어내어 주네. 살인범들은 코키토스로, 부모를 살해한 자들은 필리플레게톤으로 가네. 그 후 그들이 아케루시아 호수로 보내지면 여기서 그들은 자신에게 살해당하거나 모진 고통을 당한 사람들의 이름을 큰소리로 부르고 가엾이 여겨 달라고 애원하며 호수로 들어가게 해 달라고 부탁해야 하는 것이네. 그들이 자비를 베푼다면 그곳에서 벗어나 악에서도 풀려나게 되며, 그렇지 못한다면 다시 타르타로스로 보내져서 물결을 따라 강으로 떠내려가야 한다네. 그들이 악행을 가한 상대방이 자비를 베풀 때까지 이와 같은 일을 되풀이한다네. 이것이 그들의 재판관이 내린 판결이네. 그렇지만 경건하고 훌륭한 행동을 한 사람들은 감옥 같던 이 세상에서 풀려나 자유로운 몸으로 저세상의 깨끗한 곳에 올라가 살게 된다네. 그중에서도 특히 철학으로 자기 자신을 올바르게 정화시킨 사람들은 육체 없이 미래를 살게 되며, 그들보다도 훨씬 아름다운 곳에서 살게 된다네. 그곳이 어떠한 곳이라는 것을 설명하는 것은 간단한 일이 아니며 설명할 시간도 별로 없네. 심미아스, 앞에서 자세히 들려주었으므로 우리는 인생에서 덕과 지혜를 갖추기 위해 최대한 많은 노력을 해야 할 걸세. 저세상은 그야말로 아름답고 희망이 넘쳐 흐르지 않는가!

이성을 갖춘 사람이라면 내가 앞에서 했던 말을 진실이라고 믿지 않을 걸세. 그러나 영혼이 불사한다는 것만은 분명히 증명되었으므로, 영혼이 겪어야 할 일과 가 있을 곳이 내가 말한 것과 비슷할 것이며 가치 없는 것이 아님을 믿어 주게. 일종의 모험처럼 느껴지겠지만 그 모험이야말로 다시 할 수 없는 아름다운 것이네. 그와 같은 모험을 하려면 이미 말한 바 있듯이 자신을 달랠 줄 알아야 하네. 그렇기 때문에 나는 이런 긴 이야기를 한 것일세. 육체의 쾌락이나 장식은 쓸모가 없으며, 오히려 해가 된다는 것을 깨닫고 이와 같은 생각을 물리치고 배움의 쾌락에 열중한 사람들은 영혼에 대한 확신과 기쁨으로 충만할 거라 말하고 싶네. 그리하여 이런 사람은 자기의 영혼을 쓸모없는 것으로 장식하지 않고, 오직 영혼만을 위한 절제와 정의, 용기, 자유, 숭고함, 진리 등으로 단장한다네. 그리하여 때가 되면 떠나갈 마음의 준비를 하는 걸세.

여보게, 심미아스와 케베스, 자네들도 다른 사람들도 언젠가는 이 세상을 떠나야 하네. 비극 시인이 말하는 것처럼 나는 지금 운명의 초대를 받고 있네. 곧 독약을 마셔야 하네. 여인들이 내 시체를 씻지 않아도 되도록 목욕을 해야겠네."

그가 말을 마치자 크리톤이 입을 열었습니다.

"소크라테스, 우리에게 달리 부탁할 말은 없는가? 아이들이나 그 밖의 일에 관해서 말일세. 우리는 해 줄 수 있는 일이라면 기꺼이 나서겠네."

"특별히 부탁할 말은 없네. 언제나 자네들에게 말한 것처럼,

자네들은 자기 자신을 보살피게. 그렇게 되면 다른 부탁은 하지 않아도, 나와 나의 가족과 자네들 자신에게 도움이 되는 길일세. 그러나 자네들이 자기에 관한 생각은 전혀 않고, 지금 자네들에게 말한 권고를 따르지 않는다면 순간적으로 아무리 많은 약속을 하여도 아무 소용이 없을 게 아닌가?"

"우리는 자네의 말을 따르도록 힘쓰겠네. 그런데 자네를 어떤 방식으로 장사지내면 좋겠는가?"하고 크리톤이 말했습니다.

"자네들이 나를 붙잡고 있고, 내가 도망칠 수 없다면 자네들 좋을 대로 하게."

소크라테스는 우리를 바라보고 웃으시며 이렇게 말씀을 이어 갔습니다.

"나는 크리톤으로 하여금 지금까지 자네들과 토론을 하고, 담론을 하나하나 예를 들어 설명한 바로 그 소크라테스임을 믿게 하지 못했네. 그는 내가 잠시 후에 시체가 될 거라 생각하고 어떻게 나를 장사지낼지 묻고 있네. 나는 약을 마시고 나면 자네들 곁을 떠나 저 축복받은 세계로 간다고, 오랜 시간 동안 누누이 얘기를 해 왔는데도 크리톤은 내가 그런 말을 한 것이 자네들과 나 자신을 위로하기 위한 거짓말로 생각하고 있으니 말이네. 그러니 앞서 크리톤이 나를 위해 재판관들에게 보증을 서 주었듯이 이번에는 자네들이 나를 위해 그에게 보증인이 되어 주게. 이번 보증은 앞의 것과는 전혀 다르네. 앞의 보증은 내가 머물러 있겠다

파이돈

는 데 대해서 그가 보증을 섰지만, 이번에는 내가 머물지 않고 깨끗이 떠나리라는 데 보증을 서 주어야 하네. 그렇게 되면 내가 죽는 것을 보아도 크리톤을 덜 괴로워할 것이며, 내 육체가 화장되거나 매장되는 것을 보아도 슬퍼하지 않을 것일세. 나는 내 죽음으로 인해 그가 슬퍼하는 것을 바라지 않으며, 나를 묻어도 소크라테스가 어디에 누워 있으며, 어디로 운반되고 어디에 묻혔다는 말을 하는 것도 원치 않네. 옳지 못한 말을 하는 것은 그 자신에게도 좋지 않을 뿐더러 영혼에게까지 해를 끼치는 것이라네. 그러므로 크리톤, 자네는 부디 육신만을 파묻는 것이라고 말하게. 그러면 다음에는 어떻게 묻든지 자네들 마음대로 하게."

소크라테스는 그렇게 말씀하시고 일어나 목욕을 하러 다른 방으로 들어가셨습니다. 크리톤은 그분의 뒤를 따라 들어가면서 우리에게 자리에서 기다리라고 하였습니다. 우리는 지금까지의 이야기에 대해 서로 의논하고, 또한 우리에게 닥친 불행에 대해 이야기하며 슬픔에 잠겼습니다. 소크라테스는 우리에게 아버지와 같았는데, 이제 아버지를 잃은 고아처럼 나머지 생애를 보내게 될 것을 절감했습니다. 그가 목욕을 끝내자 그의 자녀들이 그를 만나러 왔습니다. 소크라테스에게는 어린아이가 둘, 장성한 아들이 하나 있었습니다. 그리고 집안의 부인들도 와 있었습니다. 그는 크리톤이 있는 자리에서 그들과 이야기를 나누고 몇 마디 당부를 건넨 다음 그들을 돌려보냈습니다. 그러고는 우리가 있는 곳으로 왔습니다. 목욕을 하는 데 많은 시간을 보냈으므로 어느덧 해가 질 무렵이 되었습니다. 목욕이 끝난 후에는 우리와 함께 앉아 계셨지만 말씀은 별로 하지 않았습니다. 잠시 후 열한 명의 집행위원의 하인이 와서 그분 곁에 서서 말했습니다.

"소크라테스, 저는 당신에게는 도무지 악의를 가질 수 없습니다. 다른 사람들은 내가 집행위원들의 명령에 따라 독약을 권하면 나를 욕하고 저주하여 그들에게 화를 내었습니다만, 선생님에 대해서는 그런 감정이 들지 않습니다. 오히려 선생님이야말로 여기에 온 많은 사람들 중 가장 훌륭하고 점잖은 분이라는 생각이 듭니다. 선생님께서는 책임이 누구에게 있는 줄 아시고 그들에게 화를 내실지 모르지만 저에게는 화를 내시지 않을 줄 압니다. 그러나 제가 무슨 말씀을 드리러 왔는지 아시겠지요. 그러면 운명의 짐을 마음 편히 지시고 안녕히 가십시오. 선생님의 명복을 빕니다."

그는 눈물을 흘리면서 이처럼 말하고는 나갔습니다. 그러자 소크라테스는 그를 바라보며 말하였습니다.

"자네도 잘 있게. 나도 잘 가겠네."

소크라테스는 이 말을 끝내고 우리에게 말하였습니다.

"참 좋은 사람이네. 그는 늘 나에게 와서 이야기를 했는데 언제나 친절을 베풀었네. 지금도 나를 위해 진심으로 눈물을 흘리지 않았는가. 그러니 크리톤, 저 사람의 말을 들어야 하지 않겠나? 약을 갈았거든 가져오도록 하게. 아직 갈아 놓지 않았다면 맡은 이에게 어서 갈도록 하게."

크리톤이 입을 열었습니다.

"그러나 소크라테스, 아직 해는 산 위에 걸려 있네. 남들은 독약을 마시라는 통고를 받고도 사랑하는 사람과 함께 있다가 천천히 마신다네. 아직 시간이 남았는데 서둘 필요가 있는가?"

그러자 소크라테스가 대답했습니다.

"크리톤, 자네가 말하는 그 사람들은 그렇게 하는 것이 당연하겠지. 그들은 그렇게 하는 것이 유리하다고 생각하니까. 하지만 내가 그렇게 하지 않는 것 또한 당연하네. 독약을 좀 늦게 마신다고 해도 거기에 어떤 이득이 있다고 생각하지 않네. 이미 죽을 목숨을 조금 더 연장시키고 삶에 매달린다는 것은 내가 생각하기에도 우스꽝스럽지 않은가? 그러니 내가 말하는 대로 해 주게."

크리톤은 옆에 있는 하인에게 신호를 보냈습니다. 하인은 밖으로 나갔다가 잠시 후에 독약을 든 간수와 함께 되돌아왔습니다. 그는 갈아 놓은 독약을 그릇에 넣었습니다. 소크라테스는 그 간수에게 말했습니다.

"여보게 자네는 이런 일에 경험이 많을 테니 어떻게 하면 되는지 가르쳐 주게."

간수가 대답했습니다.

"마시고 난 후 다리를 지탱하기 힘들 때까지 걸어 다니면 됩니다. 그리하여 다리가 무거워지면 누우십시오. 약이 효과를 내기 시작할 것입니다."

간수는 말을 마치고 약이 든 그릇을 소크라테스에게 내밀었습니다. 소크라테스는 태연하고 온화한 태도로 그것을 받았습니다. 조금도 두려워하지 않았고 얼굴 표정도 변하지 않았습니다. 평소와 같은 얼굴로 그 간수를 물끄러미 바라보며 말했습니다.

"신에게 제사하는 뜻으로 한 방울 떨어뜨려도 괜찮겠지?"

그러자 간수가 말하였습니다.

"여기서는 마실 분량밖에 갖지 않습니다."

"알았네. 그러나 이 세상에서 저세상으로 떠나는 여행에 행운을 빌 수 있도록 신에게 기도를 드려야겠네. 나의 기도대로 이루어질 걸세."

그는 말을 끝내고 조용히 약을 마셨습니다. 우리는 그때까지 간신히 억제하던 슬픔을 더는 참을 수 없었습니다. 그가 약을 마시고 나자 나도 모르게 눈물이 쏟아져서 얼굴을 가리고 울었습니다. 소크라테스를 위해서가 아닌 그와 같은 친구를 잃은 나 자신의 불운을 생각하여 울었습니다. 크리톤은 나보다 먼저 울음을 참지 못하고 일어나서 밖으로 나갔으며, 아폴로도로스는 벌써부터 울고 있었지만 이때는 슬픔을 참지 못해 큰 소리로 흐느껴 울었으므로 우리 모두 마음이 흔들렸습니다. 오직 소크라테스만이 침착하게 계셨습니다.

"대체 무슨 꼴들인가? 내가 여자들을 돌려보낸 것은 이와 같이 부끄러운 행동을 하지 못하게 하기 위해서였네. 모두 조용하게. 그리고 진정하게. 사람은 마땅히 조용히 죽어야 한다고 들었네."

우리는 이 말을 듣고 부끄러운 생각에서 눈물을 삼켰습니다. 소크라테스는 이리저리 걸어 다니다가 한참 후에 다리의 힘이 없어지기 시작한다고 하시면서 반듯하게 누우셨습니다. 간수의 말대로 한 것입니다. 간수는 가끔 소크라테스에게 다가가 발과 다리를 바라보았습니다. 그리고 한참 후 그의 팔을 세게 누르면서 감각이 있느냐고 물었습니다. 소크라테스는 감각이 없다고 대답하셨습니다. 그 다음에는 다리를 눌러보고 계속해서 위로 올라가면서 눌러 보고는 우리에게 점점 몸이 식어간다고 말했습니다. 그러고는 이것이 심장까지 퍼지게 되면 떠나는 것이라고 말하였습니다. 그리하여 어느새 소크라테스의 하반신이 다 식었을 때 그는 자신의 얼굴에 덮었던 것을 벗기고 말하였습니다.

"오, 크리톤, 아스클레피오스[55]에게 닭 한 마리를 빚졌네. 자네가 기억해 두었다가 갚아 주겠나?"

크리톤이 대답하였습니다.

"꼭 갚아 주겠네. 그밖에 할 말이 없는가?"

크리톤의 이 물음에 소크라테스는 아무 대답도 없었습니다.

---

[55] 아폴론의 아들로 의학의 신. 여기에는 세 가지 해석이 있다. 첫째는 아스클레피오스에게 닭 한 마리를 바치라는 것, 둘째는 아스클레피오스라는 실제 인물이 있었다는 것이고, 셋째는 농담이라는 해석이다.

단지 잠시 후 몸을 약간 움직였을 뿐이었습니다. 그러자 그 사나이가 소크라테스 얼굴의 천을 벗겼습니다. 허공을 바라보는 그의 눈동자는 이미 움직이지 않고 있었습니다. 크리톤은 눈을 감겨 주고 그의 입을 다물게 하였습니다.

에케크라테스, 그의 최후는 이러합니다. 나는 내가 만난 사람들 중에서 그가 가장 훌륭하고 지혜로우며 의로운 사람이었다고 진심으로 말할 수 있습니다.

# 크리톤

KRÍTŌN

... ἐκεῖ διπάζειν.μίνως τὲ καὶ ῥαδάμανθυς,καὶ αἰακὸς,καὶ τελπτόλεμος,
..ι ὅσοι τῶν ἡμιθέων δίκαιοι ἐγένοντο ἐν τῷ ἑαυτῶν βίῳ,ἆρα φαύλη αὖ, εἴη
..έα,ἢ αὖ ὀρφεῖ ξυγγενέσθαι καὶ μουσαίῳ καὶ ἡσιόδῳ καὶ ὁμήρῳ ἐπὶ πόσῳ ..
..ιτ αὖ ὑμῶν.ἐγὼ μ..γὰρ πολλάκις ἐθέλω τεθνάναι, εἰ ταῦτα ἐστὶν ἀληθῆ.ἐπ..
..εὶ αὐτῷ θαυμαστὴ αὖ,ἐπεὶ διατειβὴ αὐτόθι,ὁπότε ἐντύχοιμι παλαμήδ..
..ῃ τῷ τελαμῶνος,καὶ εἴ τις ἄλλος τῶν παλαιῶν διὰ κρίσιν ἄδικον τέθνηκε
..αρεβάλοντι τὰ ἐμαυτῇ πάθη πρὸς τὰ ἐκείνων,ὡς ἐγὼμαι οὐκ ἂν ἀηδὲς ..
..καὶ τὸ μέγιστον τοὺς ἐκεῖ ἐξετάζοντα καὶ ἐρευνῶντα ὥσπερ τοὺς ἐνταῦθα δ..
..ς αὐτῶν σοφὸς ἐστι.καὶ τίς οἴεται μὲν ,ἔστι δ᾽ οὔ· ἐπὶ πόσῳ δ᾽ ἄν τις ὦ ἄνδρες
..εὶ δέξαιτο ἐξετάσαι τὸν ἐπὶ ξοίαν ἀγαγόντα πὺν πολλὴν στρατιάν,ἢ ὀδυσ..
..φον, ἢ ἄλλους μυρίους ἄν τις εἴποι καὶ ἄνδρασ καὶ γυναῖκασ·οἷς διαλέγεσ..
..καὶ ξυνεῖναι καὶ ἐξετάζειν ἀμήχανον ἂν εἴη εὐδαιμονίασ πάντως,οὐ δή ποι..
..ένεκα οἱ ἐκεῖ ἀποκτεινοῦσι·πάντε γὰρ ἄλλα εὐδαιμονεστέρι οἱ εἰσιν οἱ ἐκεῖ τῶν ..
..ν τὸν λοιπὸν χρόνον ἀθάνατοί εἰσιν, ..ἀπὲρ γε τὰ λεγόμενα ἀληθῆ ἐστιν. ἀλλὰ
..ῃ ὦ ἄνδρες δικασταὶ εὐέλπιδασ εἶναι πρὸς τὸν θάνατον.καὶ αὐτὸ τοῦτο δι..
..ληθὲς,ὅτι οὐκ ἔστιν ἀνδρὶ ἀγαθῷ κακὸν οὐδὲν οὔτε ζῶντι,οὔτε τελευτήσαντι
..αῖται ὑπὸ θεῶν τὰ τούτου πράγματα.οὐδὲ τὰ ἐμὰ νῦν ἀπὸ τοῦ αὐτομάτου ..
..λά μοι δῆλόν ἐστι τοῦτο,ὅτι ἤδη τεθνάναι καὶ ἀπηλλάχθαι πραγμάτων βέ..
..οι·διὰ ταῦτι καὶ ἐμὲ οὐδαμοῦ ἀπέτρεπε τὸ σημεῖον,καὶ ἔγωγε τοῖς καταψηφι..
..ου καὶ τοῖς κατηγόροις,οὐ πάνυ χαλεπαίνω,καίτοι οὐ ταύτῃ τῇ διανοίᾳ κα..
..ονό μου καὶ κατηγόρουν,ἀλλ᾽ οἰόμενοι βλάπτειν.τι.τοῦτο αὐτοῖς ἄξιον μέμ..
..οὐδὲ μὲν τοι αὐτῶν δέομαι.τοῦτο ὑμᾶς μου ἐπειδὰν ἡβήσωσι,τιμωρήσασθε ὦ
..αυτὰ ταῦτα λυπποῦντας ἅπερ ἐγὼ ὑμᾶς ἐλύπουν,ἐὰν ὑμῖν δοκῶσιν ἢ χρ..
..ἄλλου του πρότερον ἐπιμελεῖσθαι,ἢ ἀρετῆς·καὶ ἐὰν δοκῶσιν τι εἶναι, μηδ..
..νειλίζετε αὐτοῖς ὡς περ ἐγὼ ὑμῖν.ὅτι οὐκ ἐπιμελοῦνται ὧν δεῖ,καὶ οἴονται
..τες οὐδενὸς ἄξιοι.καὶ ἐὰν ταῦτα ποιῆτε,δίκαια πεπονθὼς ἐγὼ ἔσομαι ὑφ..
..ός τε καὶ οἱ υἱεῖς.ἀλλὰ γὰρ ἤδη ὥρα ἀπιέναι.ἐμοὶ μὲν ἀποθανουμένῳ,ὑμῖν δ..
..ύσις·ἐπότεροι δὲ ἡμῶν ὀφ᾽ χονται ἐπὶ ἄμεινον πρᾶγμα,ἄδηλον παντὶ πλ..
..τῷ.

ΤΕΛΟΣ, ΣΩΚΡΑΤΟΥΣ ΑΠΟΛΟΓΙΑΣ·


ΚΡΙΤΩΝ, Η ΠΕΡΙ ΠΡΑΚΤΟΥ.

ΤΑ ΤΟΥ ΔΙΑΛΟΓΟΥ ΠΡΟΣΩΠΑ.

Σωκράτης.       Κρίτων.       Ἠθικός.

..ι τηνικάδε ἀφῖξαι ὦ κρίτων.ἢ οὐ πρωῒ ἔτι ἐστί;   κρ..

> **등장인물**
>
>  **소크라테스**
>
>  **크리톤** 소크라테스의 친구.
>
> ---
>
> **장소**
>
>  소크라테스가 갇혀 있는 감옥

**소크라테스** 크리톤, 어쩐 일인가? 무슨 일로 이렇게 아침 일찍 찾아왔나. 시간이 얼마쯤 되었나.

**크리톤** 해가 뜰 무렵이네.

**소크라테스** 어떻게 해서 간수가 자네를 들여보내 주었나?

**크리톤** 그는 나와 친숙한 사이네. 내가 여길 자주 드나들었으며 그에게 호의를 베풀었거든.

**소크라테스** 자네가 온 지 얼마나 되었나?

**크리톤** 온 지 꽤 되었네.

**소크라테스** 그렇다면 어째서 곧바로 깨우지 않고 말없이 앉아만 있었나?

**크리톤** 나는 자네의 잠을 깨우고 싶지 않았네. 소크라테스, 내가 자네처럼 큰 고통을 당할 때 자네는 내 잠을 깨울 것인가? 나는 자네가 조용히 잠들어 있는 모습을 보고 한동안 놀라고 있었

크리톤

네. 그래서 가능한 푹 자라고 그냥 두었네. 자네의 고통을 조금이라도 덜어 주려고 말일세. 나는 평생을 살면서 전에도 여러 차례 자네가 행복한 사람이라고 생각해 왔는데 오늘처럼 자네가 평안한 마음으로 차분하게 괴로움을 이기고 있는 모습을 보고 훨씬 더 그렇게 생각하고 있네.

**소크라테스** 크리톤, 내 나이가 나이니만큼 죽음이 가까이 왔다고 하여 안절부절 못한다면 얼마나 부끄러운 짓이겠는가?

**크리톤** 그러나 소크라테스, 다른 사람들이 자네와 같은 나이에 이 상황에 처했다고 생각해 보게. 나이가 많다는 이유로 불안한 마음을 진정시킬 수 없지 않겠나?

**소크라테스** 그렇긴 하지. 그런데 자네는 어찌하여 일찍 온 건가?

**크리톤** 소크라테스, 슬픈 소식을 전하러 왔네. 자네라면 대수롭지 않게 생각할지 모르지만 나를 포함한 자네 친구들에게 있어 무척 슬프고 참담한 소식이네. 특히 내가 이것을 견뎌낼 수 있을지 모르겠네.

**소크라테스** 무슨 소식인가? 그 배[56]가 델로스에 돌아왔는가? 그 배가 도착하면 나는 사형을 받게 되어 있네.

**크리톤** 실은 도착한 것은 아니네. 내가 생각하기에는 아직 도착하지는 않았네. 그러나 수니온[57]에서 배를 떠나 온 어떤 이의

---

56  아폴론 신에게 제사를 드리기 위해 사절을 보내던 배.
57  Sunion : 아티가 반도 남쪽 끝에 위치한 섬.

말에 의하면 아마도 오늘 안으로 배가 이곳으로 들어올 것 같네. 그렇게 된다면 소크라테스, 내일이 자네의 마지막 날이 될 것 아닌가?

**소크라테스** 크리톤, 신이 그렇게 되기를 바란다면 나는 기꺼이 죽을 수 있네. 하지만 아직 하루의 여유는 있을 거라 보네.

**크리톤** 자네는 무슨 근거로 그리 생각하는가?

**소크라테스** 말해 주겠네. 나는 그 배가 도착한 다음 날 죽게 될 테니 말일세.

**크리톤** 그러하네. 관리들이 적어도 그렇게 말한다는 것은 확실하네.

**소크라테스** 그런데 나는 배가 오늘 중에 도착하지 않으리라 생각하네. 지난밤의 꿈으로 보아 하는 말이네만 아니 지난밤이 아니라 마침내 자네가 나를 깨우지 않았기 때문에 꾼 꿈에 의해 하는 말이네.

**크리톤** 무슨 꿈을 꾸었나?

**소크라테스** 아름다운 여인이 흰 옷을 입고 내게 다가와 이렇게 말하였네.

"소크라테스, 3일 후면 당신은 행복의 나라 프티아에 도착할 것입니다."[58]

**크리톤** 소크라테스, 정말 이상한 꿈이로군.

---

58 『일리아스』 9 ~ 363.

**소크라테스** 조금도 이상할 게 없네. 의미는 분명하네.

**크리톤** 의미는 너무도 분명한 것 같군. 그러나 소크라테스 아직 늦지 않았네. 내 말을 듣고 이곳을 벗어나 목숨을 구하도록 하게나. 자네가 죽으면 다시는 얻을 수 없는 친구를 잃는 불운에 그치는 것이 아니라 나와 자네를 알지 못하는 사람들은 내가 돈을 쓰고자 했다면 자네 목숨은 구할 수 있었는데도 인색하여 자네가 죽었다고 여길 걸세. 친구보다 더 돈을 중요하게 여기는 사람이라고 손가락질을 받는 일만큼 창피한 일이 또 어디 있겠나? 대부분의 사람들은 우리가 자네에게 여러 차례 탈옥할 것을 권하고 애썼지만 자네가 이곳을 떠나려 하지 않았다고 믿지 않을 걸세.

**소크라테스** 크리톤, 우리는 무엇 때문에 남들의 견해에 얽매이는 건가? 우리가 주목할 만한 훌륭한 사람들은 이 일에 대해 실정을 알 수 있을 걸세.

**크리톤** 그러나 소크라테스, 다수의 의견도 신경을 써야 하네. 이 사건만 하더라도 그 사실을 알 수 있지 않은가. 대중에게 좋지 못한 평판을 들으면 결국 큰 재앙을 받는다는 것은 무시할 수 없는 일이네.

**소크라테스** 크리톤, 대중이 큰 재앙을 가져다준다는 것은 큰 선을 베풀 수도 있다는 말이네. 그것은 얼마나 훌륭한 일인가. 하지만 실상 그들은 선도 행하지 못하고 악도 행하지 못하네. 말하자면 사람을 현명하게 만들지도, 우매하게 만들지도 못하며 그들의 행위는 그저 우연의 결과에 불과하네.

**크리톤** 그건 그렇다고 하세. 하지만 소크라테스, 나에게 솔직히 대답해 주게. 자네가 탈옥하기를 주저하는 이유가 혹시 나와 그 밖의 다른 친구들의 신상에 좋지 못한 일이 생길까 우려해서가 아닌가? 자네가 이곳을 탈출하면 밀고자들이 나타나 자네를 이곳으로부터 탈출시킨 이들이 우리라고 떠들어, 우리가 곤경에 처하고 재산을 빼앗길 뿐만 아니라 더 큰 피해를 입지 않을까 걱정하는 것이 아닌가? 만일 자네가 근심하는 것이 이러한 것이라면 잘못일세. 우리는 자네를 이 감옥에서 구해 내기 위해서라면 그 정도의 위험쯤은 아무것도 아니네. 더 큰 위험도 각오하고 있으니 내 말을 듣고 따라 주게.

**소크라테스** 그것 또한 걱정되는 부분이지만 그 밖에도 내가 걱정스러워 하는 일은 한두 가지가 아니네.

**크리톤** 그런 걱정은 아예 접어 두게. 자네가 이곳을 탈출할 수 있게 도와주겠다고 나서는 사람이 요구하는 돈도 많은 것이 아니며, 밀고자 역시 손쉽게 매수할 수 있네. 자네는 이런 일에 대해 전혀 알지 못하나 보군. 그들에게는 많은 돈을 쓰지 않아도 일을 완만하게 추진할 수 있네. 그리고 내 돈은 자네의 돈처럼 마음 껏 써도 좋다네. 자네가 나에게 미안하다는 생각으로 내 돈을 쓰려 하지 않는다면 이곳에 와 있는 저 외국인 친구들이 자기들의 돈으로 비용을 대주겠다고 하네. 그중 한 명인 테베 출신 심미아스가 바로 그런 사람이라네. 그리고 케베스를 비롯하여 그 밖의 아주 많은 사람들이 자네를 감옥에서 구출하기 위해서라면 아낌없이 돈을 내려고 할 걸세. 그러므로 돈 걱정으로 탈출을 포기하는 일은 없어야 하네. 자네가 법정에서 한 말처럼 감옥을 탈출해 나가도 어떻게 될 지 별 수 없다는 생각은 하지도 말게나. 자네가 어디에 가든 기꺼이 자네에게 힘이 되기 위해 나서는 이들이 많네. 가령 자네가 테살리아로 가기를 바란다면 그곳에 살고 있는 내 친구들에게 말해 자네를 잘 대접하고 보호하도록 할 걸세. 자네는 원한다면 얼마든지 자유의 몸이 될 수 있는데 어째서 굳이 자신을 내버리려고 하는가? 아무리 생각해도 자기를 포기하는 일은 정의로운 일 같지 않네. 자네는 자네의 적들이 바라는 일, 즉 자네를 파멸로 몰아넣으려는 자들이 자네를 없애고 싶어 서둘렀던 일을 손수 자기가 하고 있다는 사실을 알아야 하네. 또한 자네는 자식을 버리는 아버지가 될 생각인가? 내 눈에는 그렇게 보이네. 자네가 그들을 기르고 가르칠 수 있는 처지가 아니라면 모르겠지만, 충분히 기를 수 있는데도 그들을 내버리려고 하는 거나 마찬가지이네. 자네가 죽으면 그들은 갈 곳 없는 고아나 다를 것이 무엇인가. 자네는 이런 자식들을 버릴 수 있는가. 아무 관계도 없는? 자네가 자식이 없다면 모르겠지만 일단 자식을 낳았다면 그들을 끝까지 기르고 가르치는 일 또한 자네 책임이지 않은가. 그런데 내가 보기에 자네는 가장 쉽고 편한 길을 가려고 하는 것 같네. 우리가 가야할 길은 사나이답고 용기가 필요한 길이네. 그것이 덕이 있는 자라면 당연히 가져야 할 태도라고 보네. 더군다나 자네는 평생 동안 덕에 관심을 갖고 이를 함양하였다고 말해 오지 않았나? 나로서는 나 자신은 물론 우리 친구들에게도 이번 일에 대해서 부끄럽네. 우리가 비겁하였기 때문에 자네 신상에 이런 일이 일어난 것 같네. 자네가 법망에 걸리지 않도록 할 수 있었는데도 결국 고발을 당했고 재판의 진행과 그 결말은 세상의 웃음거리가 되었네. 우리의 무능력과 비겁함은 무엇보다도 좋은 기회를 놓쳤네. 우리가 조금이라도 지혜로웠다면 자네를 구하는 일이 어렵지 않았을 텐데. 사실 그것은 쉬운 일이기도 하지 않은가? 하지면 결과적으로 우리는 자네를 구하지 못했을 뿐더러 자네 역시 자신을 구하려고 하지 않았네.

소크라테스, 생각해 보게. 이것이 얼마나 수치스러운 일인지! 그러니 이제 어떻게 해야 좋은지 곰곰이 생각해 보게. 이제는 이렇게 말을 주고받으며 옳고 그름을 따질 때가 아니네. 마음을 결정할 때가 왔네. 한 가지 계획만이 남아 있을 뿐이네. 오늘밤 안으로 일을 끝내세. 더 망설였다가는 일이 틀어질 걸세. 소크라테스, 제발 부탁이니 내 말을 들어 주게.

**소크라테스** 오, 사랑하는 크리톤! 자네가 나를 생각해 주는 성의는 매우 고마운 것이네. 하지만 그것이 도리에 어긋나지 않을 때 그러하네. 반대로 그것이 옳지 않을 때 자네의 성의가 크면 클

수록 재앙이 커질 뿐이네. 우리 신중하게 생각하여 판단해 보세. 나는 내가 옳다는 판단을 내려야만 이에 따를 수 있네. 전에도 그래 왔고 지금도 마찬가지이네. 그러므로 내가 이런 처지라고 하여 이를 어길 수는 없네. 오히려 그것이 전보다 더 소중하며 행동의 원칙을 존중하고 있네. 만일 우리가 보다 나은 원칙을 찾지 못한다면 나는 자네 말을 따를 수 없네. 대중의 힘이 지금보다 더욱 커져, 우리를 옥에 가두고 재산을 몰수하고 사형에 처하며, 어린애를 위협하듯 우리를 위협한다 하더라도 조금도 물러설 생각이 없네.

그렇다면 이 문제를 어떻게 생각하는 것이 좋겠나? 자네가 말한 세상 사람들의 평가에 대해 따져 보세. 귀를 기울여야 하는 견해도 물론 있지만 어떤 견해는 귀를 기울일 필요가 없다고 하는 말은 언제나 옳은 말인가? 그것은 나에게 사형이 내려지기 전에는 옳았지만 지금에 와서는 농담이나 객담으로 치부할 수밖에 없단 말인가? 이 문제에 대해 나는 자네와 이야기를 나누고 싶네. 내가 이런 처지이기 때문에 그것이 변한 것인지, 아니면 변함없이 옳은 것인지 따져 보세. 말하자면 우리는 그것을 무시해도 되는지, 그것을 따라야 하는지 생각해 보세.

나는 사람들의 견해 중 어떤 견해는 존중하지만 어떤 견해는 존중할 필요가 없다고 말한 바 있네. 이것은 일반적으로 이치에 맞는 말을 하는 사람들의 말에서 자주 볼 수 있네. 방금 내가 한 말 역시 이와 마찬가지 의미가 아니겠는가? 자네는 내 말이 맞는다고 생각하지 않는가?

인간의 처지만으로 생각한다면 자네는 내일 죽게 되지는 않을 것 같고, 현재의 불운이 자네 판단을 어지럽히지는 않을 것이니 잘 생각해 보게. 모든 견해를 무작정 존중할 것이 아니라 존중할 만한 견해를 존중해야 하네. 또한 모든 사람의 의견을 존중할 것이 아니라 어떤 사람의 것은 그렇게 하되 어떤 사람의 것은 그렇게 하지 않아야겠지. 자네는 이에 대해 어떻게 생각하는가?

**크리톤** 옳은 말이네.

**소크라테스** 옳은 견해는 존중해야 하겠지만, 그렇지 않은 의견은 존중할 필요가 없지 않겠나?

**크리톤** 물론이지.

**소크라테스** 지혜로운 사람의 견해는 이로운 것이지만 어리석은 자들의 그것은 해로운 것이 아닌가?

**크리톤** 어찌 그렇지 않겠는가?

**소크라테스** 자 이런 것에 대해서 우리는 어떻게 말하곤 하는가. 운동선수가 되기 위해 연습을 하는 사람들은 모든 사람의 칭찬이나 비난에 주의를 기울이는가. 아니면, 의사나 체육 교사의 의견에 주의를 기울이는가?

**크리톤** 그야 의사나 체육교사의 의견이겠지.

**소크라테스** 그렇다면 다수의 비난이 아니라 한 사람의 비난을 두려워하고 그의 칭찬에 기뻐해야 하겠지? 말하자면 그 밖의 사람들의 비난과 칭찬은 걱정하지 말아야 할 게 아닌가?

**크리톤** 물론이지.

**소크라테스** 그러면 그는 다른 모든 사람들보다 전문가 한 사람의 판단대로 행동하고 먹고 마셔야 할 거 아닌가?

**크리톤** 그건 사실이네.

**소크라테스** 그렇다면 그가 만일 한 사람의 말을 따르지 않고 그의 판단과 칭찬을 무시하고, 전혀 전문 지식을 갖추지 못한 다른 사람의 판단을 따른다면 결과적으로 손해를 보지 않겠는가?

**크리톤** 그야 그럴 테지.

**소크라테스** 그 손해가 바로 무엇이겠는가. 따르지 않는 자가 어떻게 되고, 어느 부분에서 손해를 보겠는가.

**크리톤** 몸에 영향을 미치겠지. 몸을 망치겠지.

**소크라테스** 그렇게 그 밖의 경우에 일일이 예를 들어 말할 수 없지만 똑같네. 따라서 옳은 것과 옳지 못한 것, 아름다운 것과 추한 것, 선한 것과 악한 것에 관해서 살펴보세. 이것들과 관련해서 우리는 대중의 판단에 따르고 그들의 비평을 두려워할 것인가, 아니면 도리에 밝은 사람의 의견을 존중해야 할 것인가? 그리고 우리가 지혜로운 자의 견해를 무시하고, 우리 안에서 정의에 의해 더 좋게 되고, 불의에 의해서 더 나쁘게 되는 원리를 파괴하고 손상시킬 것인가. 아니면 지혜로운 자의 가르침을 따를 것인가? 아니면 이러한 원리는 있을 수 없단 말인가?

**크리톤** 그런 원리는 엄연히 있네.

**소크라테스** 또 하나 비슷한 예를 들겠네. 전문가의 판단을 따르지 않고 행동하여 건강을 해치고 병으로 파멸하여도 사는 보람을 느낄 수 있을까? 이때 파멸되는 것은 바로 우리의 육신이겠지.

**크리톤** 그렇지. 육신이 파괴되겠지.

**소크라테스** 그렇다면 우리는 만신창이가 된 육신으로도 삶에 가치를 느낄 수 있는가?

**크리톤** 그야 그렇지 않겠지.

**소크라테스** 그럼 우리는 정의로 인해 피해를 받고 불의로 인해 이익을 얻지 못하는 그러한 생활을 하면서도 가치를 느낄 수 있을까? 아니면 정의와 불의에 관한 문제보다 육신에 관한 문제가 더 소중하다고 생각할 수 있을까?

**크리톤** 그렇지 않네.

**소크라테스** 그렇다면 육신의 문제보다 정의와 불의에 관한 문제를 더 존중해야 하는가?

**크리톤** 물론이지.

**소크라테스** 그렇다면 우리가 신경을 쓸 것은 일반 대중의 판단이 아닌 정의와 불의에 관한 지자(知者)의 판단 아니겠는가? 다시 말하면 존중해야 할 것은 진리 자체의 말이라는 것이네. 그러므로 전에 자네가 말한 정의와 불의, 옳은 것과 옳지 않은 것, 아름다운 것과 추한 것, 선한 것과 악한 것에 대하여 대중의 판단을 따라야 한다는 말은 옳지 않은 것 아니겠는가? 어떤 사람은 이렇게 말할 지도 모르네. '그러나 대중은 우리를 죽일 수도 있네'라고.

**크리톤** 물론 그렇게 말할 사람도 있을 걸세.

**소크라테스** 여보게, 이게 웬일인가? 방금 우리가 나눴던 말들 이 처음에 한 말과 같지 않은가? 내가 원한 것은 다른 문제에 대해서도 같은 말을 할 수 있는가 하는 것이네. 즉 우리가 소중히 여길 것은 단순히 사는 문제가 아닌 선하게 사는 것이네.

**크리톤** 물론, 그렇게 말할 수 있지.

**소크라테스** 그런데 선한 생활은 아름다운 생활이나 훌륭한 생활과도 동일하지 않은가?

**크리톤** 동일하네.

**소크라테스** 그렇다면 이러한 전제에서 내가 아테네 사람들의 허락 없이 여기에서 나가는 것이 옳은지 옳지 않은지 살펴보세. 만약 옳다는 확증을 얻는다면 이곳에서 나가고, 그렇지 않다면 나가지 말아야 할 걸세. 그런데 자네가 말한 그 밖의 여러 가지 걱정들, 이를테면 금전 관계나 여론, 자녀 교육에 대한 고찰에 대해 크리톤, 그것은 이성도 없고 터무니없이 사람을 죽이거나 살리는 사람들이 하는 짓 아닌가? 어찌됐든 그들의 생각이 이치에 맞는다고는 할 수 없네. 그러나 우리는 이론이 그리 가르치는 이상 좀 전에 말한 것을 고찰해 봐야 하지 않겠는가. 나를 탈출시켜 준 사람에게 돈을 주며 감사하거나, 이곳에서 나가는 일이 옳은 일인지 옳지 못한 일인지 분명히 따져 봐야 하지 않겠는가?

만일 내가 여기에서 나가는 일이 옳지 못한 일로 분명하게 밝혀지면 그런 옳지 못함을 행하기보다 여기에 머물러 있다 사형이나 그 밖의 끔찍한 일을 당하는 게 낫지 않겠나?

**크리톤** 소크라테스, 자네의 말은 훌륭하네. 그렇다면 이제 우리가 어찌 해야 하는가?

**소크라테스** 함께 고찰해 보세. 그리하여 내 말이 옳지 않다면 반론하게. 그렇다면 나는 자네 말을 따를 걸세. 그러나 그렇지 않다면 자네는 아테네 사람들이 원하지 않는데 내가 여기에서 나가야 한다고 억지를 부려서는 안 되네. 무엇보다도 자네의 동의를 얻은 후에 행동으로 옮기려 하네. 일을 처리함에 있어 자네의 반대를 무릅쓰고 행할 생각은 없으니 잘 판단해 주게. 자네는 출발점에서 대해 만족하게 생각하는가? 공감을 얻을 수 있도록 질문에 대하여 대답해 주게.

**크리톤** 그렇게 하세.

**소크라테스** 어느 누구든 어떤 경우가 있어도 고의적으로 부정을 해서는 안 되는가? 그렇지 않으면 경우에 따라 부정을 해도 좋을 때가 있고, 부정을 해서 안 될 때가 있는가? 또는 우리가 앞에서 여러 번 합의를 본 것처럼 부정을 하는 일은 옳은 일이 아니며 아름다운 일도 아닌가? 아니면 우리가 전에 동의했던 모든 이론들을 최근 며칠 동안 내동댕이쳐 버렸단 말인가?

크리톤, 우리는 이 나이가 되도록 진지하게 논의했지만 어린 애처럼 전혀 그런 소식을 알지 못하고 있단 말인가? 과거에 우리가 했던 논리는 모두 비진리란 말인가? 그것이 아니라면 대중이 뭐라 하건 우리가 지금 곤경에 처해 있든 그렇지 않든 악한 일을 저지르는 것은 어느 의미로 보아도 당사자에게 해롭고 추한 것이지 않는가? 이것은 옳은 주장인가, 옳지 않은 주장인가?

**크리톤** 그야 옳은 주장이지.

**소크라테스** 그렇다면 어떤 경우에서도 부정을 저질러서는 안 되지 않은가?

**크리톤** 물론이지.

**소크라테스** 만일 우리가 옳지 못한 일을 당한다면 세상 사람들은 그들에게 보복을 할 때 옳지 못한 수단을 써도 상관없다고 생각하네. 그러나 우리의 주장은 어떤 경우이건 부정을 해서는 안 된다이지 않는가? 그러니 불의를 불의로써 갚을 수는 없지 않겠는가.

**크리톤** 그건 사실이네.

**소크라테스** 그러면 우리가 남에게 피해를 주는 것에 대해 어떻게 생각하나?

**크리톤** 물론 해서는 안 될 일이네.

**소크라테스** 그러면 세상 사람들의 주장처럼 남이 나에게 피해를 주었다고 하여 그 보복으로 상대방에게 피해를 주어야 한다는 것은 어떻게 생각하나?

**크리톤** 그건 옳은 일이 아니네.

**소크라테스** 왜냐하면 남에게 피해를 준다는 것은 불의를 행하는 것과 같은 일이지 않겠는가?

**크리톤** 그렇지.

**소크라테스** 그렇다면 우리는 남에게 어떤 일을 당해도 보복을 할 때 부정한 방법으로 피해를 입혀서는 안 되네. 크리톤, 자네가 내 말에 동의를 할 때 마음에도 없는 찬성만은 참아 주게. 이런 생각은 몇몇 소수의 사람들만 할 뿐이며 앞으로도 그렇겠지. 그렇게 서로가 상대방의 견해를 경멸하네. 그러니 자네 역시 내 견해에 진심으로 동의할 수 있는지 나와 같은 생각을 할 수 있는지 곰곰이 생각해 주게. 그리고 무엇보다 먼저 어떠한 경우이든 부정을 저지르는 것은 옳지 않으며, 또 불의가 있어도 그것을 불의로 갚는 것 역시 옳지 않다는 것을 잊지 말아야 하네. 내가 남에게 피해를 입었다고 해서 그 보복으로 남에게 피해를 입히는 것은 자기 자신을 위해서도 올바른 자세가 아니네. 우리는 이러한 관점으로 돌아가 여기서부터 이야기를 전개해야 하네. 자네는 나의 이러한 주장과 관점에서 출발할 수 있나? 나는 지금까지 늘 이와 같은 생각을 해 왔고, 지금도 여전히 그렇게 생각하네. 내 말에 이의가 있다면 말해 주게. 또한 자네의 견해가 전과 조금도 달라지지 않았다면 내 이야기를 들어 주게.

**크리톤** 내 생각은 전과 조금도 달라지지 않았네. 이야기를 계속 하게.

**소크라테스** 그럼 이야기하겠네. 자네에게 우선 질문이 있네. 어떤 사람이 다른 사람의 의견에 동의했다면 그것을 실천해야 하나, 실천하지 않아도 무방한가?

**크리톤** 그야 실천해야 하지.

**소크라테스** 그렇다면 내 말을 들어 보겠나. 지금 우리가 당국의 허락 없이 이곳에서 빠져나갈 경우 모든 사람이 우리 때문에 피해를 입지 않겠나? 그렇다면 피해를 주면 안 되는 사람에게 피해를 주는 꼴이 아닌가? 그리고 우리가 앞에서 동의한 바를 이행하게 되는가, 되지 않는가?

**크리톤** 오, 소크라테스! 자네 질문에 대한 답을 찾을 수 없네.

**소크라테스** 그렇다면 이렇게도 생각해 보세. 지금 내가 여기서 탈주―이렇게 말하는 것이 마땅하지 않다면 다르게 말해도 무방하지만―하였을 때, 국법이나 통치권이 이렇게 질문한다고 가정해 보세.

"말해 보게, 소크라테스, 자네는 어쩌려는 셈이지? 자네는 우리의 법률과 나라 자체를 파괴시키려는 것이 아닌가? 아니, 자네는 그 나라에서 내린 판결이 어떤 힘도 쓰지 못하고, 개인이 무효화시키고 파괴시켜도 그 나라가 멸망하지 않고 유지된다고 생각하는가?"

크리톤, 이와 같은 질문을 받을 때 우리는 뭐라고 답변해야 좋단 말인가? 이 사건이나 그 외 비슷한 사건이 일어나면, 일단 내려진 판결이 효력을 발휘해야 한다고 규정된 법률이 파괴되려고 할 때 국민들은 특히 웅변가들은 온갖 이론을 펼치며 그 법률을 옹호하기 위해 나설 걸세. 이런 경우에 우리는 "나라가 우리에게 부정(不正)을 하여 올바른 판결을 내리지 않았기 때문입니다."하고 대답하면 그걸로 좋은 건가?

**크리톤** 확신하건대 마땅히 그렇게 해야 하네. 소크라테스.

**소크라테스** 그러면 국법이 다음과 같이 말한다면 어떻게 하겠나? "여보게 소크라테스, 우리와 자네 사이에 그런 약속을 했었는가? 오히려 나라가 내린 판결에 대해 충실히 지키기로 되어 있지 않은가?" 우리가 국법의 말에 놀라워하면 국법은 다시 다음과 같이 말할 걸세.

"다음 질문에 숨김없이 대답해 주게. 자네는 질문을 하고 그에 답하는 일을 많이 해 오지 않았는가. 무엇 때문에 국법을 거스르고 파괴하려 하는가? 우리는 자네를 낳았네. 말하자면 우리의 도움으로 자네의 아버지가 자네의 어머니를 얻고 자네를 낳은 것이 아닌가? 그렇다면 자네는 우리의 결혼에 관한 법률이 옳지 못하다고 말할 것인가? 어서 대답해 보게."

그러면 나는 이렇게 대답할 걸세.

"아닙니다, 그렇지 않습니다."

"그렇다면 태어난 자의 양육과 교육에 대한 법률이 잘못되었단 말인가? 자네 또한 그 속에서 교육을 받으며 자라지 않았는가? 법률은 이런 일들을 위해 제정되었네. 자네 부친이 법률 안에서 자네에게 음악과 체육에 대해 가르쳤다면 그것이 잘못된 일인가?"

"그렇지 않습니다."

나는 이렇게 대답할 걸세.

"그렇다면, 자네는 이 나라에서 태어났고, 자랐고, 교육을 받았는데 어찌하여 자네와 자네의 조상들 모두가 이 나라의 이들이지만 노예는 아니라고 말하는 것인가? 그리고 그것이 사실이라면 자네와 우리의 권리가 동등하다고 생각하는가? 우리가 자네에게 무언가를 강제할 때 그것이 어떤 일이든 나라에 똑같은 보복을 하는 일이 옳은가? 또는 자네 부친이나 주인에 대하여 자네가 갖고 있는 권리가 그들과 똑같지는 않을 걸세. 그렇기 때문에 그들이 자네에게 하듯이 자네도 그들에게 같은 행동을 할 수는 없네. 자네가 부친이나 주인에게 욕을 들었다 하더라도 마주 서서 욕을 할 수 없고, 매를 맞았다고 해서 마주 때릴 수도 없네. 이외에도 비슷한 예는 얼마든지 있네.

그런데 자네가 조국과 국법을 거역하는 일이 옳은 것인가? 우리가 자네를 처형하는 것이 옳다고 여겨 처형하려 할 때, 자네는 마주 서서 있는 힘을 다해 우리 국법과 조국을 파괴하는 일이 옳은 것인가? 게다가 자네는 늘 덕을 강조해 왔지 않은가. 그런데 감히 그런 주장을 하는 것인가? 누구보다도 지혜롭다고 하는 자네가 말일세. 자네는 정녕 모르는가? 조국은 부모보다도 모든 조상들보다도 훨씬 더 귀하고 신성하며 장엄하기 때문에 신이나 지각 있는 사람들은 부모와 조상보다도 더 가치를 두는 것을. 따라서 조국의 노여움은 부모의 노여움보다 훨씬 더 두렵게 생각하여야 하며 이에 순종하고 공경해야 하지 않은가? 또한 조국의 명령을 따라야 하네. 가령 조국이 자네에게 어떤 명령을 내릴 경우 자네는 이에 순종해야 하네. 설사 매를 내리거나 결박하더라도 인내해야 하네. 또한 조국이 자네를 전쟁터로 끌어내도, 자네는 그곳에서 부상을 입거나 전사하는 일이 있더라도 전쟁터로 나가야 하며 그 자리를 떠나서는 안 되네. 자네는 법정이든 전쟁터이든 그 밖의 어느 곳이든 국법과 나라의 명령을 따르지 않으면 안 되네. 그렇지 않는다면 그에 대한 정당성을 조국이 납득할 수 있도록 해야 하네. 부모에게 횡포를 부리는 일이 온당하지 못한 것처럼 조국도 마찬가지네. 그 명령을 따르지 않으면 안 되네."

이렇게 말한다면 우리는 과연 어떤 대답을 해야 하는가? 크리톤, 법률의 주장을 옳다고 여겨야 할 것인가 그렇지 않다고 해야 할 것인가?

**크리톤** 물론 옳은 주장이라고 생각하네.

**소크라테스** 법률은 아마 이렇게 말할 걸세.

"소크라테스, 잘 생각해 보게. 지금부터 자네가 하려는 일에 대해 옳지 않다고 하였는데 그것은 진리라고 생각하는가, 진리가 아니라고 생각하는가? 우리는 자네를 태어나게 하였을 뿐만 아니라 양육하고, 교육시키고 힘이 닿는 범위 안에서 자네는 물론 그 밖의 모든 국민들에게 최선을 다했네. 또한 아테네 사람들이라면 누구든, 나라가 마음에 들지 않으면 자기의 소유물을 갖고 가고 싶은 곳이라면 어디든지 갈 수 있는 자유가 있다고 선포하지 않았는가? 이처럼 우리 국법은 누구든지 나라가 마음에 들지 않을 때 다른 나라에 가는 것을 막고 있지 않네. 따라서 우리 나라가 싫어진다면 식민지든 그 밖의 어떤 나라이든 다른 나라에 가서 살 수 있다네. 그러나 만일 우리의 재판 방식이나 그 밖의 나라를 다스리는 일을 보고도 이 나라에 살고 있다면 그는 이미 우리의 명령에는 무엇이든 동의한 것과 마찬가지라 주장할 수 있네. 따라서 이에 복종하지 않는 사람은 세 가지 죄목을 들어 옳지 못하다고 말할 수가 있네. 자기 아버지가 되는 우리에게 순종을 하지 않은 것, 자기를 길러 온 우리에게 복종을 하지 않은 것, 그로 인해 우리에게 복종하겠다고 동의한 언약을 거스른 것일세. 그뿐만이 아니네. 우리가 어떤 잘못을 저질렀다면 그것을 알아듣게 깨우쳐야 하나 그 의무 또한 소홀히 하였네. 우리는 명령을 내릴 뿐이지, 명령을 따르도록 난폭하게 강요하지는 않으며, 명령을 따르거나 우리를 설득하거나 선택할 수 있는 자유를 주었지만 자네는 그중 어느 선택도 하지 않았네. 소크라테스, 자네가 만일 그와 같은 행동을 한다면 아테네 시민들이 저지른 죄 중 가장 큰 죄를 짓는 것이 되네. 그리하여 자네가 '어찌하여 그렇게 됩니까'라고 질문한다면 '자네는 아테네 시민 중 그 누구보다도 분명하게 국법에 대한 동의를 하지 않았는가'하고 추궁할걸세. 그리고 다음과 같이 말할지도 모르지.

"소크라테스 자네가 나라와 국법에 관해 어느 누구보다 충실히 따를 것을 동의한 증거가 있네. 자네가 마음에 들지 않았다면 자네는 결코 이 나라에 머무르지 않고 다른 나라로 떠났을 걸세. 그리고 이스트모스[59]에 간 일 외에는 축제를 보기 위해 이 나라 밖을 떠나서 어느 곳에도 가지 않았고. 전쟁을 위해 아테네를 떠났을 때를 제외하면 다른 곳에 간 적이 없네. 자네는 다른 사람들처럼 여행을 가지도 않았으며 다른 나라의 일과 법률이 어떤지 알려고 하지 않았네. 우리나라와 우리의 국법으로도 만족할 만한 것이었네. 자네는 그렇게 우리를 지지하고 국법과 국가에 따르던 것 아니었나? 또한 자네가 이 나라에서 가정을 꾸몄다는 것은 자네가 이 나라가 마음에 들었기 때문이 아닌가? 뿐만 아니라 이번 재판에 있어서도 그러하네. 자네가 원한다면 국외 추방의 벌

---

[59] 그리스와 펠로폰네소스를 연결하는 지역으로 바다의 신인 포세이돈의 신전이 있다. 3년에 한 번씩, 봄이면 축전을 위한 경기가 열렸다.

을 제의하여 충분히 그리될 수도 있었을 것일세. 그리하여 자네
는 이 나라의 동의와 상관없이 행동할 수 있는 자유를 누릴 수도
있었을 걸세. 그럼에도 불구하고 자네는 태연하게 사형을 당해도
좋다고 함으로써 국외 추방이 아닌 사형을 택한 것이 아닌가. 그
런데 이제 와서 자네가 한 말을 잊어버리고 염치를 모르고 뻔뻔
하게도 비천한 노예들이나 하는 탈주를 하여 국법이 파괴되는 것
을 원하는가? 그것은 국법에 따라 살기로 언약한 맹세를 어기는
것이 아니겠는가. 그러니 자네는 이 점에 대해 반론해 보게. 우리
는 자네가 말이 아닌 행동으로 이 나라의 법률에 따르며 살겠다
고 맹세한 것을 아네. 그러나 이것은 사실이 아닌가, 사실인가.

크리톤, 내가 이런 질문을 받는다면 어떻게 대답해야 옳단 말
인가?

**크리톤** 동의할 수밖에 없네, 소크라테스.

**소크라테스** 국법은 또 이렇게도 말할 걸세.

"자네는 우리와 약속하고 동의했던 것을 거스르지 않았는가?
우리는 그 약속과 동의를 강요하고 기만하지 않았네. 만일 자네
가 우리와 한 약속이 마음에 들지 않고, 그 동의가 옳지 않다고
생각한다면, 70년 동안 이곳에서 사는 동안 생각하여 떠날 여유
가 있었지 않은가? 그러나 자네는 늘 훌륭한 법률이 시행된다며
칭찬하던 라케다이몬[60]를 포함해 그레테, 헬라스 등 그 밖의 어

---

60 스파르타.

떤 나라도 선택하지 않았네. 게다가 절름발이나, 맹인이나 기타 불구자들이 이 나라를 떠나도 자네는 이곳에 남았네. 즉 자네는 다른 아테네 사람들과 비교할 수 없을 정도로 이 나라의 국법이 마음에 들었다는 뜻이네. 어느 누가 법률이 없는 나라를 사랑하겠는가? 자네는 지금까지 동의한 것을 죽음이 다가왔다고 하여 지키지 않고 버리겠다는 뜻인가? 자네가 우리의 말을 이해하고 법률을 지킨다면 이제껏 자네를 봤던 대중들의 비웃음을 당할 일은 일어나지 않을 걸세. 또한 다음과 같은 경우도 생각해 보게. 가령 자네가 국법을 무시하고 국가를 배반하는 잘못을 저지른다면 자네 자신은 물론이거니와 자네의 벗들에게 도움이 될 수 있다고 보는가? 자네의 벗들은 나라 밖으로 쫓겨날 것이고 가진 재산을 몰수당하게 되는 재난을 겪게 될 걸세. 이는 자명한 일 아니겠는가? 그리고 무엇보다 소크라테스 자네가 아테네에서 가장 가까운 테베나 메가라와 같은 나라로 떠난다고 하여도―두 나라는 모두 좋은 법률이 행해지고 있으므로―자네를 나라를 어지럽힌 역적으로만 대할 걸세. 그곳에서는 나라를 사랑하는 마음이 있는 사람이라면 어느 누구나 국법을 어긴 자네를 감시할 걸세. 결국 자네는 재판관들의 견해가 올바르다 증명해 주고, 재판에서 내려진 판결의 정당함도 인정하게 될 걸세. 그리하여 법률을 거역한 사람은 어느 누구든 철없는 젊은이를 현혹시켜 타락하게 만든 사람으로 간주하게 될 것이 아닌가?

크리톤

자네는 무슨 수로 좋은 법률이 행해지는 나라들을 피해 도망가려는 것인가? 그렇게 살면서 자네는 삶의 보람을 느낄 수 있단말인가? 부끄러움 없이 염치없게 사람들과 가까이 교제하며 옛날처럼 이야기를 주고받을 셈인가? 그러면서 여전히 자네는 사람들에게 덕과 정의와 질서와 국법을 따르는 것이 사람에게 가장 소중한 것이라 말할 수 있는가? 결국 자네는 아는 것과 행하는 것이 다르다는 말을 듣게 될 걸세. 그것을 바라는가? 우리는 자네가 그리될 것을 분명하게 알고 있네. 만일 자네가 이곳을 떠나 테살리아에 살고 있는 크리톤의 친구에게 신세를 진다고 가정해 보겠네. 그곳은 그야말로 무질서하고 방탕하기 짝이 없는곳으로 필경 그곳 사람들은 자네가 어떻게 탈주하였는가를 알고싶어 할 걸세. 자네는 탈주자들이 흔히 입는 옷을 입고 해괴한 모습으로 이야기를 들려 줄 것이고 사람들은 그에 귀를 기울이겠지. 그들 중에는 분명 이렇게 말을 하는 사람도 있을 걸세. '나이가 적지 않고 여생이 얼마 없는데, 목숨을 부지하는 데 급급하여가장 소중한 국법을 어겼단 말인가?' 자네가 남의 감정을 상하게하지 않으면 이런 일은 아마 생기지 않을 걸세. 하지만 자네가 어떤 일로 남의 감정을 상하게 하면 자네는 정당하지 않는 말들을많이 듣게 될 걸세. 결국 자네는 다른 사람들의 눈치를 보면서 노예처럼 여생을 살 걸세.

그러므로 테살리아에 간다고 해도 자네가 무엇을 하며 살 수 있겠는가? 자네는 마치 여행을 간 사람처럼 좋은 음식이나 먹고 마시며 지낼 건가? 정의와 덕에 대해 이야기하던 것들은 어찌할 셈인가? 또한 자네의 자녀들을 위해, 그들을 양육하고 교육시키기 위해 살겠단 말인가? 자녀들을 테살리아에 데리고 가서 외국 사람으로 만들고 외국인처럼 교육시키고 양육시키고 외국인의 생활을 살게 할 것인가? 만일 그것이 아니라면 자네가 그들과 함께 있지 않아도 자네가 살아 있다는 것만으로 보다 더욱 훌륭하게 자라게 하고 교육시킬 수 있다고 보는 건가? 자네의 친구들이 자네의 자녀들을 보살펴 줄 테니까 말이네. 그러나 자네는 대체 어떻게 생각하는가? 자네가 테살리아로 갔을 때는 그들이 자녀들을 돌봐 주고, 자네가 저세상으로 갔을 때는 돌봐 주지 않는다고 믿는가? 만약 자네 친구라는 자들이 제대로 된 사람들이라면 자네가 어디를 가든 돌봐 주고 지켜 줄 것이 아닌가?

소크라테스, 자네를 자라게 해 준 우리들의 말을 믿고 받아들이게. 저세상에 가서 자네가 보고 들었던 모든 사실을 그곳에 있는 통치자들에게 떳떳이 변명할 수 있도록 해야 하네. 자네의 목숨, 자식, 그 밖의 어떤 것도 정의보다 앞서는 것이 될 수 없네. 정의를 가장 먼저 존중하지 않는다면 자네는 자신에게는 물론 친척이나 어느 누구에게도 가장 훌륭하고 가장 옳고 가장 경건한 사람이 될 수 없을 걸세. 지금 자네가 이 세상을 떠난다면 그것은 우리 국법에 의해서가 아닌 인간들이 누명을 씌웠기 때문에 떠나는 걸세. 그러나 자네가 옳지 못한 방법으로 부정에 대한 앙갚음을 하고, 자네가 이제까지 동의하고 약속했던 것을 어기고, 자네의 친구들에게 피해를 주고 나라와 법률을 어지럽히고 떠난다면, 우리들의 노여움을 살 것이며 저세상에서도 그곳의 법률이 자네를 맞아들일 때 기뻐하지 않을 걸세. 그들 역시 자네가 우리의 뜻을 거역했음을 알고 있으니까 말일세. 우리가 아닌 크리톤의 설득에 휩쓸려 그 뜻을 따리서는 안 되네."

크리톤, 내 친구 알겠는가? 내 귀에는 이와 같은 말들이 들리는 것 같네. 마치 제사 때 코리반테스[61]들의 귀에 피리 소리가 들려오는 것처럼 말이네. 그리하여 그 소리는 나의 귀에 울려와서 그 밖의 다른 사람의 말은 하나도 듣지 못하게 하네. 알겠는가? 나는 오직 이런 생각뿐이네. 그렇기 때문에 자네가 아무리 반대를 하여도 소용이 없을 걸세. 그러나 더 좋은 의견이 있다면 말해보게나.

**크리톤** 소크라테스, 나로서는 어떤 말도 할 수가 없네.

**소크라테스** 그렇다면 크리톤, 돼가는 대로 따라가야 하지 않겠나? 신이 나를 이렇게 인도하고 있는 것일세.

---

61 키벨레 여신을 받드는 사제. 광상곡에 맞추어 키벨레를 숭배하는 춤을 추며 제사를 드렸다.

# 향연

SYMPÓSION

Πρ· ἀλλ' ὦ Σώκρατες εἰρῆσθαί σοι καὶ ὕοη φαμὲν ἅπαντες· Σω·
καὶ καὶ ἀφίετέ με· Πρ· σμικρὸν ἔτι λείπον ὦ Σώκρατες· οὐ γὰρ δήπου
ἀπερεῖς πρότερος ἡμῶν, ὑπομνήσω δέ σε τὰ λειπόμενα·

τέλος φιλήβου, ἢ περὶ ἡδονῆς·

ΣΥΜΠΌΣΙΟΝ, Ἡ ΠΕΡΙ ΈΡΩΤΟΣ· ΗΘΙΚΟΣ·

ΤᾺ ΤΟῦ ΔΙΑΛΌΓΟΥ, ΠΡΌΣΩΠΑ·

Ἀπολλόδωρος· Ἑταῖρος ἀπολλοδώρου· Ἀριστόδημος· Σωκράτης·
Ἀγάθων· Φαῖδρος· Παυσανίας· Ἐρυξίμαχος·
Ἀριστοφάνης· Διοτίμα· Ἀλκιβιάδης·

Ἀπολ. Δοκῶ μοι περὶ ὧν πυνθάνεσθε ναι οὐκ ἀμελέτητος εἶναι· καὶ
γὰρ ἐτύγχανον πρώην εἰς ἄστυ οἴκοθεν ἀνιὼν Φαληρόθεν· τῶν οὖν
εἴ μων τις ὄπισθεν κατιδών με πόρρωθεν ἐκάλεσε, ἢ παίζων
τῇ κλήσει ὁ Φαληρεὺς ἔφη, οὗτος Ἀπολλόδωρος, οὐ περιμενεῖ
τὸ ἐπιστάς, περιέμεινα· καὶ ὃς Ἀπολλόδωρε ἔφη· καὶ μὴν σε
σε ἐζήτουν βουλόμενος διαπυθέσθαι τὴν ἀγάθωνος ξυνουσί
πο κράτους, καὶ ἀλκιβιάδου, καὶ τῶν ἄλλων τῶν τότε οὐ τῷ συνδείπνῳ παραγ
ων περὶ τῶν ἐρωτικῶν λόγων, τίνες ἦσαν· ἄλλος γάρ τις μοι διηγεῖτο ἀκηκ ὡς
ος τε φιλί σπου ἔφη δὲ καὶ σὲ εἰδέναι· ἀλλὰ γὰρ οὐδὲν εἶχε σαφὲς λέγειν· σὺ οὖ
διήγησαι· δικαιότατος γὰρ εἶ τοὺς τοῦ ἑταίρου λόγους ἀπαγγέλλειν· πρότερον
δ' ὅς ἔφη· σὺ αὐτὸς παρεγένου τῇ συνουσίᾳ ταύτῃ, ἢ οὔ· κἀγὼ εἶπον ὅτι πα
παλιν ἔοικέ σοι οὐδὲν διηγεῖσθαι σαφὲς ὁ διηγούμενος εἰ νεωστὶ ἡγῇ τὴν συνουσίαν
ται ταύτην ὧν ἐρωτᾷς· ὥστε καὶ ἐμὲ παραγενέσθαι· ἐγὼ δὴ· πόθεν
γ' ὦ γλαύκων· οὐκ οἶσθ' ὅτι πολλῶν ἐτῶν ἀγάθων ἐνθάδε οὐκ ἐπιδεδήμηκεν; ἀφ' οὗ δ'
πο κράτει συνδιατρίβω, καὶ ἐπιμελὲς πεποίημαι ἑκάστης ἡμέρας εἰδέναι ὅ,τι
γη, ἢ πράττῃ, οὐδέπω τρία ἔτη ὑδὶν· πρὸ τοῦ δὲ περιτρέχων ὅπῃ τύχοιμι, καὶ οἰόμε
ποιεῖν ἀθλιώτερος ὢν ὁτουοῦν οὐχ ἧττον ἢ σὺ ναῦν, οἰόμενος δεῖν πάντα μᾶλλον πρά
φιλοσοφεῖν· καὶ ὃς μὴ σκῶπτ' ἔφη· ἀλλ' εἰπέ μοι πότε ἐγένετο ἡ συνουσία αὐτ
κἀγὼ εἶπον ὅτι παίδων ἡμῶν ὄντων ἔτι πότε τῇ πρώτῃ τραγῳδίᾳ ἐνίκησεν ἀγαθ
ὑστεραίᾳ, ἢ ᾗ τὰ ἐπινίκια ἔθυον, αὐτός τε καὶ οἱ χορευταί· Πάνυ ἔφη ἄρα πάλ
ἔοικεν· ἀλλὰ τίς σοι διηγεῖτο, ἢ αὐτὸς σωκράτης· οὐ μὰ τὸν Δία ναῦ δ' ἐγὼ, ἀλλ'
φοίνικα Ἀριστόδημος ἦν τις κυδαθηναῖούς σμικρός, ἀνυπόδητος ἀεί· παρεγένον
τῇ συνουσίᾳ, σωκράτους ἐραστὴς ὢν ἐν τοῖς μάλιστα τῶν τότε ὡς ἐμοὶ δοκεῖ· οὐ
δὲ καὶ σωκράτη γε ἔνια ἤδη ἀνηρόμην ὧν ἐκείνου ἤκουσα· καί μοι ὡμολόγει καθά

## 대화하는 인물

**아폴로도로스** 소크라테스의 추종자이자 친구. 아리스토데모스
　　에게 들은 이야기를 친구에게 전한다.

**아폴로도로스의 친구**

## 대화 속 등장인물

**소크라테스**

**에리크시마코스** 아쿠메노스의 아들. 의사이자 자연철학자.

**아리스토데모스** 소크라테스의 찬미자.

**아리스토파네스** 희극 시인.

**파우사니아스** 수사학자. 아가톤을 사랑한다.

**파이드로스** 변론 애호자.

**아가톤** 비극 작가.

**알키비아데스** 소크라테스의 제자. 정치가이며 군인.

**디오티마** 전설적인 무녀.

## 장소

아가톤의 집


**아폴로도로스** 자네가 알고 싶어 하는 일에 관해 내가 대답할 말
이 없지는 않네. 사실은 이틀 전에도 팔레론[62]에 있는 우리 집에

---

62　아테네 서남쪽에서 약 4킬로미터 떨어진 항구.

서 시내로 오는 성문 안으로 들어올 때 내 친구가 뒤에서 나를 알아보고 반가운 듯이 장난을 치며 나를 불러 세웠네.

"자네, 팔레론의 아폴로도로스 아닌가. 그렇지 않아도 자네를 찾고 있었네. 기다려 주게!"

나는 걸음을 멈추고 그가 다가올 때까지 기다렸네.

"아폴로도로스, 다름이 아니라 소크라테스와 알키비아테스, 그리고 그 밖의 사람들이 아가톤의 집에서 가졌던 모임에서 사랑에 대한 이야기를 나눈 것을 듣고 싶었네. 어떤 사람이 필립포스의 아들 포이닉스에게 들은 것을 나에게 이야기해 주었네. 그런데 그의 이야기는 석연치 않은 부분이 많아서 자네에게 자세히 듣고자 하네. 자네도 이 일을 알고 있다고 하더군. 소크라테스는 자네의 친구 아닌가? 자네만큼 자세히 들려줄 수 있는 사람은 없을 걸세. 그런데 자네도 그 모임에 참석했었나? 그것 먼저 알려 주게."

그리하여 내가 대답하였네.

"글라우콘, 자네에게 들려줬다는 사람은 분명하지가 못했던 모양이군 그래. 자네는 내가 그 모임이 있은 지 얼마 되지 않았고 내가 참석했다고 믿는다면 말이네."

그가 대답하였네.

"나는 그렇게 생각하고 있었네."

"글라우콘, 사실은 그렇지가 않네. 아가톤이 아테네를 떠난 지

230

벌써 수년이 지났고 내가 소크라테스와 교제하면서 그의 말과 행동을 배우기 시작한 것은 불과 3년도 되지 않았네. 그를 알기 전의 나는 사방으로 뛰어다니며 진리를 배운답시고 거만을 떨었지만 사실은 진리를 탐구하느니 다른 일을 하는 편이 낫다고 말한 자네 못지않은 어리석은 처지였네."

그가 말하였네.

"농담은 그만두게. 그 모임이 있었던 것은 언제인가?"

나는 "그건 우리가 어렸을 때의 일인데, 아가톤이 맨 처음 지은 희곡이 당선되어 그와 그의 가족들이 축하연을 한 바로 다음 날이지."라고 대답했네.

"그렇다면 꽤 오래전의 일이군. 그런데 누가 자네에게 그 이야기를 해 주던가? 소크라테스인가?"

내가 대답하였네.

"아닐세. 내게 이야기해 준 사람은 포이닉스에게 이야기해 준 바로 그 사람이야. 쿠다테나이온 지방[63] 사람으로, 이름은 아리스토데모스인데 언제나 신발을 신지 않고 맨발로 다니는 자그마한 사나이지. 당시에 그는 소크라테스 숭배자 중 가장 열렬했으며 그 모임에도 참석했네. 그에게서 들은 이야기 몇 가지를 소크라테스에게 확인해 봤는데 모두 사실이었네."

"그렇다면 그 얘기를 들려주지 않겠나? 시내로 들어가서 이야

---

63  아테네 서남쪽에 있는 항구.

기하는 것이 어떻겠나?"

우리는 나란히 걸으면서 그 모임에 대한 이야기를 나누었고, 앞에서도 말을 했지만 나는 그 이야기를 처음 하는 것이 아니었네. 자네 같은 사람에게라면 또다시 이야기를 못할 것도 없지. 지혜를 사랑하는 이야기라면 남에게 듣는 것도 내가 이야기를 하는 것도 좋아하니까. 거기서 얻는 이익은 논외로 하더라도 나에게는 큰 기쁨을 주네. 그러나 자네와 같은 부자나 실업가들의 이야기는 전혀 관심이 없네. 오히려 아무것도 이루는 일이 없는 시시한 일을 하면서도 으스대는 자네들을 동정하게 되네. 어쩌면 자네들도 나를 동정하겠지. 그렇다면 그것에도 일리가 있다고 보네. 하지만 자네들에 대한 나의 감정은 생각이 아니라 지식과 관계가 있네. 거기에 차이가 있지.

**친구** 아폴로도로스, 자네는 변함없이 자기 자신과 남을 비난하는군. 자네는 소크라테스를 제외하고는 모두 옳지 못하다고 생각하는 모양이군. 자네 자신도 그렇게 생각하고 있는 것 아닌가? 난 자네가 어떻게 해서 '기인'이라는 별명을 듣게 되었는지 모르겠지만 아무튼 자네는 입만 열면 소크라테스를 제외한 대상에게는 무조건 격분을 하고 비난을 퍼붓더군.

**아폴로도로스** 친구여, 나를 미치광이로 만들 작정인가? 나를 비롯하여 자네들에 대해서 그런 의견을 갖고 있다는 것을 볼 때 판단력이 모자라는 바보인 건 맞는 건 같군.

**친구** 아폴로도로스, 지금 그런 문제로 옥신각신해서 무엇하겠나. 그 문제는 그만두게. 무엇보다도 내가 부탁한 그 일에 대해 처음부터 끝까지 자세히 들려주게.

**아폴로도로스** 그렇게 하기로 하지. 대충 다음과 같네. 나는 아리스토데모스가 말해준 것처럼 차근차근 이야기하겠네.

그는 마침 그때 목욕을 마치고 신발을 신고 나서는 소크라테스를 만났네. 그분은 평소와 달리 신발을 신고 있었다네. 그가 몸단장을 하시고 어딜 가시냐고 묻자 그분이 대답했네. "아가톤의 만찬 초청을 받고 그의 집으로 가네. 사람이 너무 많아 혼잡할 것 같기에 어제의 축하연에는 참석하지 않았지만 오늘은 가겠다고 하였으므로 이렇게 가는 중이네. 아름다운 사람의 집에 갈 때는 나도 단장을 하는 것이 예의가 아니겠는가. 자네는 초대받지 않았지만 나와 함께 가지 않겠는가?"

아리스토데모스는 이렇게 말하였다네.

"선생님이 원하시면 가지요."

그러자 소크라테스는 다음과 같이 대답하였다네.

"그렇다면 나를 따라오게. 그리고 '어리석은 자가 베푸는 연회에는 지혜로운 자는 초대를 받지 않아도 간다'는 격언을 조금 고쳐서, '지혜로운 자가 베푼 연회에는 지혜로운 자는 초대를 받지 않아도 간다'고 하세나. 그리고 사실 이 격언은 호메로스가 역이용했을 뿐 아니라 파괴하고 조롱하기도 했지. 왜냐하면 그가 아가멤논을 용맹한 전사로 드높인 데 반해 비겁하며 주인과 비교가 되지 않을 만큼 어리석은 메넬라오스는 불청객으로 아가멤논의 연회에 참석하게 한 것[64]을 보면 지혜로운 자가 어리석은 자를 찾아가는 것이 아니라, 어리석은 자가 지혜로운 자의 연회에 찾아간 것이 되기 때문이네."

이 말을 듣고 아리스토데모스는 다음과 같이 말하였다네.

"그렇지만 선생님, 지는 두려운 생각이 듭니다. 호메로스가 그려 놓은 장면은 선생님이 아닌 제가 들어야 할 말 같습니다. 저는 지혜롭지 않은 어리석은 사람으로 초대도 받지 않고 지혜로운 사람들의 연회에 가는 격이 되었으니까요. 그러니 어떤 구실을 마련하여 저를 데리고 가 주십시오. 선생님께서 저를 데려왔다고 말입니다."

"어떤 구실을 생각하려면 한 머리보다 두 머리가 낫겠지. 걸어가면서 의논하기로 하세. 어서 가세나."

이렇게 대화를 나눈 다음 그들은 걷기 시작한 모양이네. 그런데 소크라테스는 깊은 생각에 빠져 도중에 뒤떨어져서 걸었네. 아리스토데모스가 기다리고 서 있자 그에게 먼저 가라고 하였다네. 그 사람이 아가톤의 집에 도착했을 때는 대문이 활짝 열려 있었다네. 그런데 거기에서 아리스토데모스는 난처한 입장에 놓이게 되었네. 하인 하나가 안에서 나오더니 어떤 방으로 안내하여

---

64 『일리아스』 17 ~ 588.

따라가니 다른 손님들은 누워서[65] 식사를 시작하려는 참이었다네. 아가톤이 아리스토데모스를 보자 이렇게 입을 열었다네.

"아, 아리스토데모스, 마침 잘 왔네. 혹시 급한 용무가 있어 찾아온 것이라면 그것은 나중으로 미루고 함께 저녁 식사를 하세. 실은 어제도 자네를 초대하려고 사방으로 찾아보았으나 결국 찾을 수가 없었네. 그런데 어찌해서 선생님과 함께 오지 않았나?"

아리스토데모스는 뒤돌아 살펴보았으나 소크라테스가 보이지 않았네. 그래서 자기는 소크라테스의 권유를 받고 그와 함께 왔으며 그의 초대를 받았다고 말했네. 그러자 아가톤이 대답했네.

"거참 잘된 일이네. 그런데 그분은 어디 계신건가?"

"조금 전까지만 해도 함께 오고 있었는데 어찌된 영문인지 알수가 없군."

아가톤이 심부름하는 아이에게 일렀네.

"애야, 네가 선생님을 모셔 오너라. 그리고 자네 아리스토데모스는 에리크시마코스 옆에 눕게나 그려."

하인 하나가 그가 자리에 누울 수 있게 발을 씻어 주었네. 마침 조금 전 심부름을 갔던 아이가 돌아와서 말했네.

"소크라테스 선생님은 이웃집 문 앞에 계시는데 아무리 불러도 꼼짝도 하지 않고서 계십니다."

"거 이상하군, 어찌된 일인지? 그분을 다시 모셔 와라. 그대로

---

[65] 당시 그리스인들은 등받이에 몸을 기대고 누워서 식사를 했다.

가시게 해서는 안 된다."하고 아가톤이 말하였다네. 그러자 아리
스토데모스가 말렸네.

"그러지 말고 그분을 그냥 놓아두게. 그게 그분의 버릇이네.
가끔 어디서나 행인을 피해 오랫동안 서 있곤 하시네. 간섭하지
않고 두면 잠시 후에 들어오실 테니 그냥 두게."

"알았네. 자네가 그렇게 말하니 그렇게 하지. 얘들아, 여기 계
신 분들을 위한 식사 준비를 하여라. 너희들을 간섭할 사람은 아
무도 없을 테니 모두 각자의 솜씨를 보여 다오. 지금까지는 이렇
게 해 본 적이 한 번도 없었지만 나나 여기 계신 손님들이 너희들
의 만찬에 초대되었다고 생각하고 칭찬을 받을 수 있게 최선을
다해 차려 보아라."

아가톤이 이렇게 말하고 식사가 시작되었네. 그러나 그때까지
도 소크라테스가 들어오지 않았으므로 아가톤은 몇 번이나 그를
모셔 오기 위해 하인을 보내려고 했으나 아리스토데모스가 번번
이 말렸다네. 그러다가 한참이 지난 후 마침내 소크라테스가 왔
네. 평소의 그와 비교해 본다면 그렇게 늦은 것은 아니었네. 문
앞자리에 누워 있던 아가톤은 식사가 거의 끝날 무렵에 나타난
소크라테스를 보고 말했네.

"어서 오십시오, 소크라테스 선생님. 제 옆에 누우십시오. 선생
님께서 이웃집 문 앞에서 명상하시며 깨달은 것들을 저 또한 배우
겠습니다. 분명히 선생님은 만족할 만한 대답을 지니고 계시겠지

요. 그렇지 않았다면 그곳에서 물러나시지 않았을 터이니까요."

소크라테스는 자리에 앉아서 말했네.

"아가톤, 물이 가득 찬 그릇과 빈 그릇이 나란히 놓여 있다고 생각해 보게. 각 그릇에 털실을 두면 물이 가득 찬 그릇에 있던 물이 털실을 통해 빈 그릇으로 흘러가듯 우리가 서로 몸을 기대고 있을 때 지혜가 많이 있는 사람에게서 덜 가진 사람에게로 흘러들어 가면 아주 멋지지 않겠는가? 그렇다면 자네 옆에 앉는 특권을 소중히 여길 수 있을 걸세. 자네의 넘쳐흐르는 귀중한 지혜가 내 머릿속에 가득 찰 테니 말이네. 사실 내가 가진 지혜란 보잘것없고 희미하며 얼마 되지 않네. 그렇지만 자네의 지혜는 나날이 자라며 눈부신 빛을 빛내고 있다네. 게다가 자네는 젊지 않은가. 그저께는 3만 명 이상의 사람들 앞에서 그 지혜를 눈부시게 드러내 보이지 않았는가?"

"저를 놀리시는 군요. 소크라테스 선생님과 저의 지혜에 대한 이야기는, 디오니소스를 심판관으로 두고 평가받으면 되겠지요. 지금은 우선 저녁 식사를 하십시다!"

소크라테스가 자리에 눕고 다른 사람들과 식사를 하였다네. 식사를 마친 뒤에 술 한잔을 부어 술의 신을 찬양하는 절차를 끝내고 술을 마시기 시작했다네. 그때 파우사니아스가 입을 열었네.

"여보게, 어떻게 하면 가장 즐겁게 마실 수 있겠나? 나는 어제 너무 많은 술을 마셔서 녹초가 되어 오늘은 조금 쉬었으면 하네.

자네들도 어제 이 자리에 있었으니 마찬가지라고 생각하네. 그러니 조금 더 즐겁게 마실 수 있는 비결을 생각해 보기로 하세."

아리스토파네스가 말하였다네.

"파우사니아스, 자네 의견이 그럴 듯하네. 오늘은 좀 더 즐겁게 마셔 보자는 제안에 나는 찬성일세. 어제 술자리로 녹초가 되었네."

아쿠메노스의 아들 에리크시마코스가 이 말을 듣고 입을 열었다네.

"좋은 제안일세. 그런데 의견을 듣고 싶은 사람이 아직 한 사람 있네. 아가톤, 자네는 어느 정도 마실 기력이 있는가?"

"나도 이제 더는 못 마시겠네."

그도 그들의 말에 공감을 하였다네. 이에 에리크시마코스가 다시 말을 이어갔네.

"모두들 술 때문에 녹초가 되었다니 다행이군. 술이 센 친구들이 더는 못 마시겠다고 하니 말일세. 여기 있는 아리스토데모스와 파이드로스, 나를 비롯해 우린 결코 자네의 상대가 될 수 없으니까 말일세. 소크라테스는 예외로 하겠네. 이분은 마시려고 하면 끝도 없이 마실 수 있지만 마시지 않아도 상관하지 않을 거야. 보아하니 여기 있는 사람들 중 술을 많이 마시고 싶어 하는 사람은 없는 모양이니, 내가 술에 대한 진실을 말해도 기분 나빠할 사람은 없을 줄 아네. 사실 의학적으로 보면 술은 몸에 이롭지가 않다네. 더구나 술로 인한 숙취 때문에 날마다 골치를 앓는 사람에게 술은 이로움은 전혀 없고 해로울 뿐이라네. 나부터도 별로 술을 마시고 싶지 않고 다른 사람에게도 술을 권하려고 하지 않는다네."

"나 또한 마찬가지네. 특히 의학적인 부분에 대한 자네의 의견은 적극적으로 찬성하네. 누구든지 그 부분에 대해서 곰곰이 생각하면 수긍을 할 걸세."

미리누스에 살고 있는 파이드로스가 이렇게 말하자 그날의 모임에서 술을 많이 마시지 않고 알맞게 마시자고 합의를 보았네.

에리크시마코스가 말하였다네.

"오늘은 자신이 마실 수 있는 만큼 마시고 남에게 강요하지 않기로 하였으니, 나는 이런 제안을 하고 싶네. 지금 막 들어온 여인이 혼자 피리를 불거나 안에 들어가 부인들에게 불어 주게 하고, 우리는 이야기를 나누며 배를 채우는 것이 어떻겠는가? 그리고 자네들이 찬성하면 그 이야기에 대한 화제 역시 제의하겠네."

모두 이 제안에 동의를 하였네. 에리크시마코스가 말하였다네.

"나는 우선 에우리피데스의 『멜라니페』에 있는 것처럼 '그 이야기는 내 말이 아니오'라는 말로 이야기를 시작하겠네. 사실 이제 말하려는 의견은 내가 아닌 파이드로스의 의견이네. 파이드로스는 나를 만나기만 하면 이런 말을 하였네.

'에리크시마코스, 이래서야 되겠는가? 시인들은 다른 신을 위해서 찬미가도 짓고 신의 은혜에 감사히 여기는 노래도 지으면서, 가장 위대하고 오래된 사랑의 신 에로스를 위해서는 그 많은 시인들 중 어느 한 사람도 찬가를 짓는 사람이 없다니 말일세. 이 것이 있을 수 있는 일인가? 또한 소피스트들을 보게나. 저들은 산문으로 헤라클레스를 찬미하는 글을 썼지. 예를 들어 가장 우수한 재능을 가졌다는 프로디코스처럼 말일세. 그러나 이런 것은 놀랄 일이 못 되네. 나는 어떤 현명한 사람이 저술했다는 책을 본 일이 있네. 그 책에는 소금이 유익하다는 이유로 굉장한 찬사를 보내고 있었네. 그야말로 대단한 찬사였고 이런 일은 얼마든지 찾아볼 수 있네. 이처럼 다른 것에 대해서는 그렇게도 야단스럽게 굴면서 정작 사랑의 신 에로스에 대한 찬사는 찾아볼 수 없으니 그 까닭을 알 수가 없네.'

파이드로스의 이런 주장은 어찌 보면 당연한 일 아니겠는가? 위대한 신이 멸시를 당하고 있으니 말일세. 그러므로 나는 파이드로스의 의견을 찬성하면서 동시에 에로스에게 찬미를 바치는 것이 좋다고 판단했네. 만일 자네들이 이에 찬성한다면 좋은 화젯거리가 될 수 있지 않겠는가. 왼쪽에서 오른쪽으로 돌아가면서 한 사람씩 차례대로 사랑의 신에 대한 찬미를 해 보는 것이 어떤가? 각자 최선을 다해 보세. 첫 번째 차례는 왼쪽 제일 윗자리에 있는 파이드로스가 하면 어떤가? 이 화제는 그의 제안이기도 하니 그것이 순서가 아니겠는가?"

그러자 그때 소크라테스가 입을 열었다네.

"에리크시마코스, 자네의 의견에 대해 이의를 제기할 사람은 없을 걸세. 나는 아는 바가 없지만 그나마 있다고 한다면 사랑에 관한 것뿐이네. 그러므로 자네의 의견에 반대할 수 없으며, 아가톤이나 파우사니아스도 반대하지 않을 줄 아네. 게다가 아리스토파네스 역시 디오니소스와 아프로디테에 관해서는 전문가이니 역시 반대하지 않을 걸세. 이외에도 여기에서 반대할 사람은 없을 것 같네. 하지만 그 제안은 나같이 말석에 앉은 사람에게는 손해겠지만 먼저 말하는 자네들의 연설이 아름답다면 그것으로 만족하겠네. 그러면 파이드로스, 자네가 먼저 에로스에 대한 찬미를 바치지 않겠나?"

그리하여 모두 이에 찬성하고 소크라테스의 견해를 따르기로 하였다네. 그 사람들 전부가 무슨 이야기를 했는지 아리스토데모스도 하나하나 기억할 수가 없고, 나 역시도 그의 이야기를 세세하게 기억할 수 없네. 하지만 중요한 것은 대충 알고 있으니 가장 중요하다고 생각되는 것을 자네에게 이야기하겠네.

제일 먼저 파이드로스는 다음과 같은 연설을 하였네.

"인간 세계에 있어서나 신의 세계에 있어서나 에로스는 위대한 신이며 놀라운 존재입니다. 여러 가지 이유가 있겠지만 무엇보다 그의 출생은 더욱 그러합니다. 또한 신들 가운데서 가장 나이가 많다는 일은 명예로운 일이라 생각합니다. 에로스에게는 부모가 없지만 문학가도 시인도 이 점에 대해 지적하지 않습니다. 헤시오도스만이 이렇게 말하였습니다.

태초에 가장 먼저 혼돈이 있었나니
그 다음에 만물의 영원한 보금자리인
넓은 가슴의 대지니라.
그리고 에로스가 생겼다.[66]

다시 말하면 혼돈, 그 다음에 카오스가 생긴 후에 대지와 사랑이 생긴 것입니다. 또한 파르메니데스[67] 역시 제신(諸神)의 탄에 대해 다음과 같이 말하였습니다.

창조의 신은 모든 신들 중에 가장 먼저 에로스를 태어나게 했다.

아크시라오스도 역시 헤시오도스와 마찬가지로 에로스가 가장 오래된 신이라는 데 동의하였습니다. 많은 사람들 또한 에로스가 모든 신들 가운데 가장 나이가 많다는 점을 인정했습니다. 에로스는 오래된 신이며 우리들에게 가장 큰 혜택을 마련해 주

---

66  헤시오도스(Hesiodos)의 『신통기』.
67  Parmenides : 기원전 5세기 경 엘레아학파의 철학자.

고 있습니다. 젊은 시절 애인[68]만큼 가장 소중한 것 없습니다. 아름답게 살려는 사람들의 마음을 평생 동안 사로잡는 원칙은 사랑입니다. 가문이나 명예나 부귀나 그 밖의 어떤 것도 그에 비할 수가 없지요. 그 마음은 명예롭지 못한 것을 수치스럽게 여기고, 아름다운 것을 사모하는 것입니다. 인간에게 이러한 마음이 없으면 개인도 국가도 아름답고 위대한 일을 이뤄낼 수가 없습니다. 그러므로 나는 확신합니다. 사랑하는 사람이 어떤 수치스러운 일을 하는 것이 드러나거나, 다른 사람에게 모욕을 받으면서도 비겁하여 반발하지 못하고 물러서는 모습을 보았을 때 가장 괴로워하는 사람은 부모나 친척이나 친구처럼 그와 가까운 사람이 아닌 그의 애인일 것입니다. 그리고 이러한 모습은 사랑받는 사람에게서도 볼 수 있습니다. 수치스러운 일이 들통 났을 때 그의 연인이 그것을 아는 것이 가장 큰 수모일 것입니다.

만일 연인으로만 이루어진 나라나 군대가 있다면, 그들은 명예를 소중하게 여기고, 수치스러운 일을 멀리하기 때문에 그 나라는 잘 다스려질 것이며, 군대가 힘을 합쳐 싸운다면 군사의 수가 적더라도 온 세계를 정복할 수 있을 것입니다. 사랑을 하는 사람은 그가 대열에서 이탈하거나 무기를 버리는 것을 어떤 다른 동료보다도 자신의 애인에게 보여 주기를 가장 두려워합니다.

---

68  여기서 애인은 여자가 아닌 소년으로, 남자끼리 사랑에서의 애인을 의미한다. 당시 그리스에서는 남자끼리의 동성애가 비교적 흔했고 지성을 교류하는 데 중점을 두었다.

차라리 죽음을 택하려고 할 것입니다. 그리고 애인을 버리고 도망을 가거나 위험에 빠져 있는 모습을 보고도 외면하는 일도 없을 것입니다. 에로스로부터 영감을 받아 용기를 얻게 되므로 비겁하고 야비한 사람이 되는 일은 없을 것입니다. 이러한 것을 호메로스는 많은 영웅들에게 신이 '영감을 불어넣는다'[69]고 하였습니다. 그는 사랑을 하고 있는 사람에게 에로스가 준 선물을 정확하게 서술한 것입니다.

더구나 오직 사랑하는 사람들만이 상대방을 위해 죽음도 두려워하지 않습니다. 이 말은 남자만이 아닌 여자도 마찬가지입니다. 펠리아스의 딸 알케스티스[70]의 예도 그러한 증거를 보여 주고 있습니다. 그녀의 남편인 아드메토스에게는 아버지도 어머니도 있었지만, 그를 위해 대신 죽으려고 결심한 사람은 오직 알케스티스뿐이었습니다. 남편을 위한 그녀의 사랑은 부모의 사랑을 뛰어넘을 정도로 지극하여 부모를 명목상의 혈족으로 만들었습니다. 이런 희생을 한 그녀의 행동은 사람들뿐만 아닌 많은 신들에게도 아름다운 행동을 하였다고 인정되었습니다. 그리하여 훌륭한 선행을 한 사람들 가운데서도 소수의 사람들에게만 인정되는 일, 신들로부터 영혼을 죽음에서 돌려받는 어려운 일을 해낸

---

69 『일리아스』 10권 482.
70 Alkestis : 동부 테살리아 임금 아드메토스의 왕비. 아드메토스는 수명이 다했을 때 아폴론으로부터 그를 대신해서 죽을 사람이 있으면 살 수 있다는 예언을 받았다. 그의 늙은 부모조차도 그것을 거절했지만 젊은 아내 알케스티스는 그를 위해 나섰다. 후에 헤라클레스가 이것을 알고 하데스로부터 그녀를 구출했다.

것입니다. 그녀의 행동이 너무 아름다웠기에 다시 세상으로 돌아온 것입니다. 이처럼 신들조차도 사랑을 위한 그녀의 희생과 용기를 높이 평가하였습니다. 그러나 오이아그로스의 아들 오르페우스[71]는 아내를 찾으러 나섰으나 저승에서 아내의 환영만 보여 주고 되돌려 보냈습니다. 오르페우스는 비겁한 음악가로 용기가 부족했습니다. 그에게는 알케스티스처럼 사랑을 위해 목숨을 바칠 용기가 없었고 살아서 저승으로 가서 아내를 만나려고 잔재주를 부렸습니다. 그래서 신들은 그가 비겁한 자라 하여 여자들에게 미움을 받아 목숨을 빼앗기는 처벌을 내렸습니다. 그러나 반대로 아킬레우스는 그의 애인 파트로클로스에 대한 진실한 애정을 보여 주었기 때문에 그를 특별 대우하여 축복받은 자들의 섬나라로 보내 주었던 것입니다. 그는 어머니로부터 만일 헥토르를 죽이면 자기 자신도 죽을 것이지만, 그를 죽이지 않으면 고향에 돌아와 행복하게 오래 살 수 있다는 말을 들었습니다. 하지만 그의 애인인 파트로클로스가 헥토르에게 죽자 복수하기 위해 용감하게 나서서, 헥토르를 죽이며 죽음도 불사 않는 선택을 했기 때문이지요.[72] 애인에 대한 사랑이 그토록 열렬했기 때문에 신들도 그를 아껴 굉장히 큰 상을 준 것입니다. 그런데 아이스

---

**71** Orpheus : 그리스 신화에 나오는 최고의 시인이나 음악인으로 아내의 죽음을 슬퍼해 저승으로 내려가 아내를 구하는 데 성공한다. 그러나 그들이 지상에 도착할 때까지 뒤를 돌아보지 말라는 명령을 어겨 영영 아내를 잃게 된다. 여기에서 나오는 오르페우스가 비겁했기 때문에 벌을 받아 죽었다는 이야기는 다른 곳에서 찾아볼 수 없어 플라톤이 꾸몄다는 견해도 있다.

**72** 『일리아스』 9권 410 이하.

킬로스가 아킬레우스를 파트로클로스의 애인인 것처럼 말하는 것은 엉뚱한 잘못입니다. 왜냐하면 아킬레우스는 파트로클로스뿐만 아니라 다른 어느 영웅들보다도 아름다웠습니다. 당시에는 수염도 나지 않았고 호메로스가 말하고 있는 것처럼 나이도 파트로클로스보다도 훨씬 어렸다고 합니다. 사실 사랑의 덕(德)을 가장 소중하게 다루는 신들이지만, 무엇보다도 사랑받는 사람이 사랑하는 사람에게 보여 주는 애정을 더 많이 찬미하고 존중하며 은혜를 베푸는 것입니다. 신들이 알케스티스보다 아킬레우스가 더 많은 영광을 누리게 하고 축복받는 자들의 섬나라로 보낸 것은 사랑을 하는 사람이 사랑을 받는 사람보다 훨씬 더 신과 가까이 있기 때문입니다.

나는 이상과 같은 여러 가지 이유로 에로스가 신들 중 가장 오래되고 존귀할 뿐만 아니라 살아서나 죽어서나 인간이 덕과 행복을 얻도록 돕는 데 있어 가장 권위 있는 존재라고 확신합니다."

아리스토데모스에 따르면 파이드로스는 대체로 이런 이야기를 하였다고 말했네. 파이드로스 다음에 몇 사람이 연설을 하였지만 그 부분에 대해서는 잘 기억이 나지 않는다면서 파우사니아스의 연설에 대해서 말해 주었네. 그의 연설은 다음과 같았네.

"파이드로스, 우리들의 연설이 단순하게 에로스를 찬미하는 것에만 그치는 것에는 찬성할 수 없습니다. 에로스가 유일한 존재라면 그렇게 할 수도 있지만 사실 그렇지 않거든요. 그렇다면 미리 우리가 어떤 사랑을 찬미해야 하는지, 미리 결정해 놓는 것이 좋을 거라는 생각이 듭니다. 적당한 말로 그를 찬미하기에 앞서서 무엇보다 어떤 에로스를 주제로 정하여 찬미하는지 밝혀야 할 것이고, 그 다음으로 그 신에 알맞은 찬미를 보내야 합니다. 우리 모두는 에로스와 아프로디테의 분리할 수 없는 관계를 알고 있습니다. 단 하나의 아프로디테가 있다면 에로스 역시 단 하나입니다. 그러나 아프로디테가 둘이 있으므로 에로스도 둘이 있어야 합니다. 아프로디테가 둘이라는 게 무슨 소리일까요? 하나는 나이가 많은 여신으로 우라노스의 딸로서 어머니가 없으며 흔히들 '하늘의 아프로디테'라고 부릅니다. 그리고 나이가 어린 여신은 제우스와 디오네의 딸로 흔히 '세속의 아프로디테'라고 부릅니다. 그러므로 에로스를 말할 때도 후자와 관계 있는 에로스를 '세속의 에로스'라고 하고, 전자와 관계 있는 에로스를 '하늘의 에로스'라고 불러야 할 것입니다. 마땅히 모든 신을 찬양해야 하지만 우리는 이 두 에로스의 본성을 구분해야 할 것입니다. 모든 행위는 그 자체만으로 볼 때는 아름답다고도 추하다고도 할 수 없습니다. 예를 들어 지금 우리가 이곳에서 술을 마시거나 노래를 하거나 대화를 나누는 행위는 그 자체로는 아름다운 것이 될 수 없습니다. 그것이 어느 방식으로 이루어지는가에 따라 아름다운 행위가 되기도 하고 추한 행위가 되기도 합니다. 말하자면 아름답고 올바른 방식으로 이루어지는 행위는 아름다울 것이며, 올바르게 행해지지 않은 행위는 추하다고 할 것입니다. 이렇게 모든 에로스가 아름다운 것이 아니니 단순히 덮어 놓고 찬미할 것도 못 될 것입니다. 오직 올바르고 아름답게 사랑하는 에로스만이 찬양을 받을 수 있을 것입니다.

'세속의 아프로디테'와 관계가 있는 에로스의 성질은 저속하고, 이 에로스는 우연히 발동하는 경우도 더러 있습니다. 흔히 저속한 사람들이 느끼는 사랑이 바로 이런 것입니다. 이러한 사랑은 소년을 사랑하고 또한 여인들도 사랑합니다. 그러나 그 사랑은 정신적인 사랑이 아닌 육체적인 사랑입니다. 또 어리석은 사람을 골라 욕구를 충족시키는 것에만 목적을 둘 뿐 정신에 대한 부분은 고려하지 않습니다. 그리하여 이러한 사람들은 선악에 상관없이 그 행위에만 집중합니다. 이 에로스는 다른 에로스보다 나이가 어리고, 태어나면서부터 섹스에만 치중했기 때문입니다. 그리하여 이 에로스로 인한 사랑은 우연적이고, 때로는 선하고 때로는 악합니다. 또 다른 에로스는 하늘의 아프로디테와 관계가 있으므로, 여성과 인연이 멀며 남성과만 인연이 있습니다. 또 그녀는 나이가 많기 때문에 방종에 빠지는 일이 없습니다. 때문에 이러한 에로스로 인한 사랑은 용감하고 이성적이며 남성에게 끌립니다. 소년에 대한 사랑에서도 이 에로스와 관계가 있는 사람을 볼 수 있습니다. 그들은 소년이 철이 들 때까지 사랑하지 않습니다.

그리고 소년에 대한 사랑도 이 에로스에 의해 움직이는 사람들을 볼 수 있습니다. 그들은 소년이 지성을 보일 때까지는 그를 사랑하지 않습니다. 소년의 턱에 수염이 날 때까지 기다립니다. 이 무렵에 애정 관계를 맺는 사람들은 평생 동안 끊임없이 사랑하며, 고통과 행복을 함께 할 준비가 되어 있었습니다. 그들은 나이가 어린 소녀의 무지를 이용해 소년을 속이거나 조롱하고 헤어지는 일은 하지 않습니다. 그러므로 사람들이 진실성이 없는 소년과 관계를 맺는 것을 금지하는 법률이 있다면, 불확실한 사랑에 정력을 소비하는 헛된 일을 하지 않아도 될 것입니다. 나이 어린 사람들의 옳지 못한 애정 관계는 정신적으로나 육체적으로나 옳지 못한 결과를 만들 우려가 있습니다. 지혜로운 사람은 자기 자신 안에서 이런 법을 만들어 지키겠지만 세속적인 사랑에 빠지는 사람들에게는 유부녀와의 사랑을 하지 못하도록 강제로 제지해야 할 것입니다. 이러한 사람들의 옳지 못한 행동을 보았기 때문에 애인을 기쁘게 하는 행위를 추하게 여기고, 애인을 갖는 것을 비난하는 사람들이 있습니다. 이러한 비난은 그들이 무절제하고 무분별하기 때문이므로 절도와 규범에 따라 행동하면, 비난을 받을 행동이 없어질 것입니다. 사랑의 문제에 있어서 다른 나라에서는 애정에 관한 규범이 분명히 세워져 있어 알기 쉽습니다. 그러나 아테네는 지나치게 복잡하게 되어 있어 이해하기가 힘듭니다. 앨리스[73]나 라케다이몬[74]이나 보이오티아나 그 밖의 지방에서는 본래 말재주가 없어 사랑하는 이를 즐겁게 하는 일이 아름답다고 간단히 규정해 놓았으므로 나이가 적은 이건 많은 이건 그것을 추하게 여기지 않습니다. 한편 이오니아의 여러 지방과 페르시아의 지배를 받는 지방에서는 반대의 일이 일어납니다. 그것을 추하다고 치부하고 있습니다. 참주정치(僭主政治) 체제에서는 지혜를 사랑하고 육체적인 성취를 이루는 것을 추악하게 생각하고 비난합니다. 이에 대한 원인은 통치자들이 백성들 중 큰 뜻을 가진 자가 나타나거나 강한 우정으로 단결하면 정부의 권력에 이익이 되지 않기 때문이라고 생각합니다. 특히 애정은 이러한 일을 가능하게 하고 단결하게 만드는 신비한 힘이 있습니다. 우리나라 참주들[75]도 이와 같은 사실을 실제로 경험하여 잘 알고 있습니다. 그들의 권력을 무너뜨린 것은 아리스토게이톤의 사랑과 하르모디오스의 강한 우정[76]이었습니다. 따라서 사랑하는 이를 기쁘게 해 주는 것을 수치스럽게 생각하는 지방들은 그 배후에 통치자들의 권력에 대한 욕망과 백성들을 편하게 다스리기 위한 욕심이 있습니다. 이와는 반대로 그것을 무

---

**73** Elis : 펠로폰네소스의 북서쪽에 있는 지방.

**74** Lakedaimon : 스파르타의 별칭.

**75** 히피아스(Hippias)와 히파르코스(Hipparchos).

**76** 기원전 514년에 축제에 참석한 히피아스와 히파르코스 형제를 아리스토게이톤과 하르모디오스가 급습했다. 히파르코스는 살해되었고 히피아스는 도망갔다. 두 친구 중 하르모디오스는 그 자리에서 체포되어 처형됐고 얼마 뒤 붙잡힌 아리스토게이톤은 개인적인 모욕 때문에 일을 저질렀다고 한다. 하지만 참주를 살해한 것으로 명성을 날렸고 자유를 위한 이미지로 대중의 인상에 남았다.

조건 아름답다고 규정한 지방에서는 그 법률의 제창자의 정신적인 태만이 있습니다. 앞에서 말한 것처럼 아테네에서는 보다 더 훌륭한 법률과 관습이 있지만 복잡하여 제대로 이해하는 것이 어렵습니다. 그러므로 우리가 고려해야 할 사실은 다음과 같습니다.

서로 숨길 것 없이 공공연한 애정 관계를 맺는 것이, 숨기고 몰래 애정 관계를 맺는 것보다 더 아름답고 고상하며, 그들의 용모가 다른 사람에 비해 못생겼어도 가문이나 덕을 사랑하는 것을 높이 평가합니다. 또한 모든 사람들이 사랑하는 사람에게 하는 아낌없는 격려를 생각해 보십시오. 그것은 전혀 수치스러운 일이 아니라는 증거입니다. 사랑에서의 성공은 영예로운 일이지만 실패는 수치스럽게 생각합니다. 또 관습은 사랑하는 사람이 성공하기 위해 한 일이라면 비록 저속한 수단을 쓰더라도 그것을 관용하며 심지어는 칭찬을 하기도 합니다. 만약 그 행위가 사랑을 위한 것이 아닌 다른 목적이라면 철학자들로부터 맹렬하게 비난받을 것입니다. 예를 들어 어떤 사람이 돈을 마련하거나, 관직에 오르거나, 권력을 얻기 위한 목적으로 애인들끼리 하는 행동을 한다면, 즉 부탁을 들어달라고 애걸하거나, 맹세를 하거나, 상대방의 집 문밖에서 밤새 노예도 상상할 수 없는 천한 일을 자진해서 한다면 그는 친구나 상대방으로부터 저지당할 것입니다. 친구는 그에게 따끔하게 충고를 하며 그의 아부와 나약한 근성을 책망할 것이며, 상대방은 그러한 행동이 비굴하다고 하며, 그러한 행동을 부끄럽게 여기도록 할 것입니다. 그러나 애인이라면 이러한 행동을 하더라도 그러한 행위를 아름다운 것으로 받아들이고, 세상 사람들의 호감을 얻고, 관습은 그러한 행위에 어떤 비난도 하지 않고 받아들일 것입니다. 이상한 일들 중 가장 이상한 것은 오직 애인만은 거짓 맹세를 해도 신의 용서를 받는다고 세상 사람들이 생각하는 것입니다. 사랑하는 사람의 맹세는 맹세가 아니라고 사람들은 말합니다. 이처럼 사랑하는 사람은 신이나 인간으로부터 최대한의 자유를 받았음을 우리는 알 수 있습니다. 그러므로 우리나라에서는 사랑을 하고, 애인에게 상냥하게 대하며 애정을 갖는 것은 아름다운 일로 여긴다고 간주할 수 있을 것입니다. 그러나 이러한 감정을 가진 자녀들을 부모가 감독관을 두어 감시하게 하고, 상대방과 교류를 나누지 못하게 할 경우, 소년들의 친구는 연인들을 비난할 것이며, 손윗사람들도 이런 비난을 금하지 않는 것으로 보아 앞에서 내린 결론과 반대로 추하게 간주하는 모양입니다. 이것은 우리나라에서는 이 문제가 단순하지 않다는 것을 뜻합니다. 앞에서 말한 바와 같이 사랑은 아름다운 방식으로 이루어지면 아름답지만 추한 방식으로 이루어지면 추한 것입니다. 이때 추함은 저속하고 육체만을 사랑하고 비겁한 사람의 뜻을 비겁한 방식으로 이루는 것이고, 아름다움은 고상하고 정신을 사랑하고 선량한 사람의 뜻을 선량한 방식으로 이루는 것을 뜻합니다. 추한 사랑은 영원한 대상을 사랑하지 않으므로 사랑의 수명 또한 오래 가지 않습니다. 그가 사랑하던 육체적인 아름다움의 꽃이 시들면 그는 약속과 맹세를 버리고 도망가고 맙니다. 이와는 달리 고귀한 것을 사랑하는 사람은, 집착하는 것이 영원한 것이므로 평생 동안 변하지 않습니다. 그러므로 우리나라의 법은 이러한 것들을 철저하게 시험하여 올바른 사랑은 힘써 따르게 하고, 다른 사랑은 멀리하도록 합니다. 그리고 사랑을 주는 사람과 사랑을 받는 사람은 여러 가지 과제와 시련을 거쳐 각자 자기의 사랑을 철저하게 검토할 수 있는 명민한 심판관이 되어야 할 것입니다. 그리하여 쫓아야 할 것과 멀리할 것을 가려내야 합니다. 사랑을 할 때 첫눈에 사랑을 시작하는 일은 부끄러운 일입니다. 어떤 일에서든 시금석이 될 수 있는 시간의 경과를 기다릴 줄 알아야 합니다. 부나 명예에 마음을 빼앗겨 사랑을 시작하는 일은 수치로 알아야 합니다. 애인이 겪게 되는 어려움과 역경을 참지 못하거나 애인이 주는 물질적인 안락함에 순종하게 되기 때문입니다. 그것은 치욕이라 하지 않을 수 없으며 거기에는 진정한 애정이 생겨날 수 없으며 항구적인 것은 존재하지 않습니다.

그러므로 우리들의 이론을 전제로 하면, 애인이 사랑하는 사람에게 떳떳하게 다가갈 수 있는 좋은 방법이 오직 하나 있습니다. 사랑하는 사람은 애인을 위해서 스스로 노예가 되는 것을 치욕으로 생각하지 않는데, 이는 덕을 쌓는 봉사이기 때문입니다. 사실 우리나라는 실제적인 부분에서 어떤 스승의 가르침에 의해 지혜와 덕이 자라고, 자극을 받아 더욱 발달한다고 여기기 때문에, 사랑하는 사람을 위한 자발적인 봉사는 치욕이나 굴종이 아닙니다. 따라서 사랑하는 사람과의 관계가 떳떳하다면 사랑하는 사람이 그의 애인에게 몸을 바치는 것이 영광이라는 결론을 얻게 되면, 사랑과 덕은 하나로 합쳐지고 아름다운 것이 됩니다. 이처럼 사랑을 구하는 사람과 사랑을 받는 사람의 받는 의견이 합해질 때, 제각기 자신의 처지에 맞게 처신해야 합니다. 사랑하는 사람은 애인의 지혜와 덕을 위하여 헌신하고, 사랑받는 사람은 자기를 현명하고 고상한 사람으로 지도해 주는 애인의 뜻에 따라 어떠한 수고도 꺼려하지 않을 때, 그리고 또 한편에서는 지혜나 덕을 쌓는 능력이 있으며 다른 한편으로는 교양과 지능을 향상시키려는 의욕을 갖고 있을 때, 이처럼 양쪽이 서로 일치하면 사랑을 받는 사람이 사랑을 하는 사람의 뜻을 따르는 행동은 영예로운 일이며 아름다울 것입니다. 이러한 경우를 제외한 다른 경우는 아름답습니다. 가령 어떤 소년이 애인을 돈이 많다고 알고 그에게 호의를 보였으나 나중에 부자가 아닌 가난한 사람이라는 것이 드러나, 탐내던 돈은 한 푼도 얻지 못하게 되었다면 그 어떤 일보다 부끄러울 것입니다. 이런 사람은 자기가 누구든지 돈이 있는 사람이라면 그에게 거리낌 없이 자신을 맡긴다는 사실을 드러낸 꼴이 아니겠어요? 따라서 이것은 결코 명예롭고 아름다울 수 없습니다. 그러나 동일한 논법으로 이렇게 말할 수도 있을 것입니다. 예를 들어 어떤 소년이 다른 사람이 훌륭하다고 생각하여 그 사람을 사랑하고, 그를 통해 자기 자신의 지혜와 덕을 향상시킬 수 있다고 생각하여 그의 뜻을 따르고 몸을 맡겼지만, 시간이 지나 그는 선량하지 않고 사악한 사람이라는 것이 드러나 속았음이 밝혀져도 이것은 수치라고 볼 수 없습니다. 이 사람은 덕을 위해서라면, 즉 더 좋은 사람이 되기 위해서라면 기꺼이 무슨 일이든 할 수 있는 아름다운 성품이 드러났기 때문입니다. 이런 일은 명예롭고 아름다운 일이라 할 수 있습니다. 따라서 덕을 위해 몸을 바친다는 것은 아름다운 것으로 하늘의 에로스의 사랑입니다. 그것은 높고 거룩하기 때문에 개인이나 나라에 있어서 매우 귀중한 가치가 있습니다. 양자의 덕을 쌓고 향상시키기 위해 온갖 노력을 하고 애를 쓰니까요. 그러나 이것을 제외한 사랑은 속세의 에로스에 속합니다. 파이드로스, 여기까지가 사랑의 문제에 대해, 에로스에 대한 찬미를 말할 수 있는 최선입니다.

파우사니아스가 연설을 끝내자(이와 같은 내 말재주는 소피스트로부터 배운 말장난일세), 아리스토파네스의 차례가 되었네. 그러나 그는 음식을 많이 먹은 탓인지, 다른 이유가 있었는지 딸꾹질을 하고 있어서 연설을 할 수가 없었다네. 그리하여 바로 곁에 앉아 있는 의사 에리크시마코스에게 이렇게 말했다네.

"에리크시마코스, 자네가 내 딸꾹질을 멈추게 해 주겠네. 아니면 딸꾹질이 멈출 때까지 나를 대신하여 연설을 해 주게."

"자네의 두 가지 청을 다 들어주겠네. 자네를 대신해 내가 먼저 연설을 하고 있을 테니, 딸꾹질이 멎거든 내 대신 하게. 내가 연설을 하는 동안에 자네는 한참 동안 숨을 쉬지 말게. 그래도 멎지 않는다면 양치질을 하게. 그것도 소용이 없다면 코를 간질어서 두세 번 재채기를 하면 아무리 심한 딸꾹질이라도 멎을 걸세."

아리스토파네스가 말했다네.

"잘 알았네. 그렇게 하지. 그럼 어서 연설을 시작하게."라고 아리스토파네스가 말했네.

그래서 에리크시마코스가 연설을 시작했다네.

"파우사니아스의 연설은 시작은 근사했지만, 적절한 결론에 도달하지 못했기 때문에 그의 연설의 결론을 제대로 맺어야 한다고 저는 생각합니다. 그는 두 종류의 에로스를 구별하였는데 이러한 그의 견해에 동의하는 바입니다. 그러나 나의 직업인 의사로서의 경험을 비추어 보았을 때 에로스는 인간의 영혼 속에만 이루어지는 것도, 아름다운 소년을 대상으로 삼는 것만이 아닙니다. 다른 모든 대상에 대한 사랑으로서, 다른 모든 사물의 내부에도 속한다고 생각합니다. 예를 들어 생명이 있는 모든 동물의 몸, 대지 위에서 자라는 식물, 그리고 존재하는 모든 사물의 내부에 깃들어 있는 것입니다. 나는 이것이 실제로 모든 것에 있다고 의학적으로 인정할 수 있습니다. 에로스 신은 위대하고 놀라운 존재로서 인간의 세계는 물론 신의 세계에까지 그 영향력을 뻗치고 있습니다. 내가 종사하고 있는 일에 대한 존경을 나타내기 위해서라도 의학적으로 이것을 설명하려고 합니다. 우리들의 육체의 내부를 보면 그 자체로 두 가지 에로스가 들어 있습니다. 건강한 육체와 병든 육체가 명확하게 다르다는 것을 누구나 알고 있을 것입니다. 그러므로 건강한 사람의 에로스와 병든 사람의 에로스는 전혀 다를 수밖에 없습니다. 파우사니아스가 앞에서 말한 것처럼, 느끼는 욕망과 사랑의 대상은 다릅니다. 훌륭한 사람을 섬기는 사랑은 명예롭지만 방탕한 사람을 섬기는 사랑은 불명예스럽습니다. 이와 마찬가지로 육체에 있어서도 모든 부분이 건강하고 우수한 사람을 따르는 것은 명예롭고 아름답지만, 이와 반대로 신체의 어느 부분이 병든 사람을 따르는 것은 불명예스러운 일입니다. 그러므로 의술에 종사하는 사람은 의술로써 육체의 건강함을 만족시키고 병든 부분은 바로잡아야 합니다. 이것이 바로 의술이 하는 일입니다. 한마디로 말하면 의학은 육체에서 일어나는 사랑의 원리에 대한 인식이라고 하겠습니다. 따라서 명의란 이러한 영역에서 아름다운 사랑과 저속한 사랑을 구별할 수 있는 의사입니다. 그는 육체 내부에서 서로 대립하고 있는 요소들을 화합시키고 사랑할 수 있도록 변화시켜야 합니다. 여기서 대립하고 있는 요소는 뜨거운 것과 찬 것, 쓴 것과 단 것, 젖은 것과 마른 것 같은 것들입니다. 이러한 것들에 사랑과 조화를 심어 넣을 줄 알고 있기에 우리의 조상인 아스클레피오스[77]는 이 자리에 있는 시인들[78]이 얘기하고 저 또한 믿는 것처럼 전문 기술을 창조했던 것입니다. 반복해서 말하자면 의학은 절대적으로 에로스의 지배를 받고 있습니다. 이것은 체육과 농업도 마찬가지입니다. 음악에 조금이라도 관심이 있는 사람이라면 음악에도 적용된다는 것을 알 것입니다. 헤라클레이토스 역시 그 표현 방법에 있어서 서투름을 드러냈지만 이러한 말을 하려고 한 것이 아닌가 생각합니다. 즉, 그는 '통일체는 분열을 하면서도 다시 통일이 된다'는 것입니다. 마치 '거문고의 화음처럼 자체 내에서 조화를 잃지 않는다'고 할 수 있을 것입니다. 그러나 조화를 이루기 전 분열을 일으켜 서로 충돌하고, 또 충돌하면서 조화를 이룬다는 것은 비논리적이며 모순투성이니까요. 그러나 그가 말하고 싶었던 것은 처음에는 분열하고 충돌하지만 결국에는 음악적인 조화를 이루어 낸다는 말입니다. 화음은 조화이고, 조화는 일종의 협조인데 조화를 이루지 못한 요소들이 충돌을 하는 동안은 협조가 이루어질 수 없습니다. 리듬 역시 처음에

---

**77** Asclepios : 의학의 시조.
**78** 아가톤과 아리스토파네스.

는 충돌하며 대립하지만 나중에는 조화로서 완성되는 것입니다. 의술은 이와 같은 모든 것을 조화시킨다고 말할 수 있으며 사랑과 조화를 불러옴으로써 그 사명을 이뤄냅니다. 음악 또한 의술처럼 하모니의 구성에 있어 사랑의 원리를 인식한다고 할 수 있습니다. 하모니와 리듬의 구성에서 사랑의 원리를 찾는 것은 어려운 일이 아닙니다. 거기서는 두 가지로 나눠진 사랑이 없습니다. 그러나 작곡을 한 곡이나 운율을 올바르게 연주하는 경우, 리듬과 하모니가 인간 생활에 적용될 때 여러 가지 어려운 점이 생길 수 있어 능숙한 솜씨를 가진 예술가가 필요합니다. 여기서 우리의 주제, 즉 고상하고 덕이 있는 사람은 그 경지에 도달하지 못한 사람들을 보다 덕이 있는 사람으로 변화시키기 위해 그 사랑을 지키고 보호해야 한다는 것입니다. 이들의 사랑은 고상한 하늘의 사랑이며 하늘의 뮤즈인 우라니아[79]에 속하는 에로스입니다.

그리고 그 밖의 폴림니아[80]의 사랑은 세속적인 사랑에 속하며, 이것들을 사람들에게 줄 때는 쾌락을 누리더라도 방종하지 않도록 언제나 신중을 기해야 합니다. 그리하여 쾌락을 누릴 때도 식욕을 조절해 병에 걸리지 않도록 하듯이 조절하는 것이 매우 중요합니다. 이와 마찬가지로 음악에 있어서나, 의술에 있어서나

---

**79** Urania : 제우스와 기억의 여신인 므네모시네 사이에 태어난 아홉 뮤즈 가운데 하나.
**80** 아르로디테의 속칭.

이외의 인간이나 신에 있어서 우리의 힘이 닿는 데까지 모든 사물 속에 내재된 두 가지 에로스를 잘 보살피지 않으면 안 되는 것입니다.

1년 4계절의 변화 역시 마찬가지입니다. 더위와 추위, 마른 것과 젖은 것 등 양자가 깃들어 있어 서로 우아한 사랑을 맺으며 조화를 이루면 좋은 계절이 인간은 물론 동식물에게도 건강과 번영을 안겨 주며 해와 파괴를 끼치지 않습니다. 그러나 난폭한 에로스가 네 계절에 힘을 미치면 많은 피해를 입고 파괴를 당합니다. 여러 가지 질병은 동식물에 침범하고 꼬리를 물듯 병이 퍼집니다. 서리나 우박, 곰팡이와 식물을 말라 죽게 하는 병이 난폭한 에로스로부터 옵니다. 이런 것들을 천체의 운행과 계절과 연관 지어 연구하는 학문을 천문학이라 합니다. 그리고 또 희생의 제물을 바치는 모든 제사나 점성술은 신들과 인간이 서로 교통하는 것인데, 그것 또한 모두 에로스의 보호와 치유를 기다리고 있을 뿐입니다. 단아하지 못한 일은 우아하고 절도 있는 에로스의 뜻을 받들거나 따르지 않고, 평생 동안이나 사후에도, 부모나 제신(諸神)들에 대해서도 단아하지 못한 에로스의 뜻을 받들면서 생깁니다. 그리고 점성술 또한 인간의 사랑을 다스리고 치료함에 있으며, 사랑 속에 있는 의무와 경건의 정도에 따라서 신들과 인간 사이에 우애 관계를 세우는 역할을 합니다.

그렇기 때문에 에로스는 하나의 전체로 볼 때 위대한 힘, 아니

전능한 힘이 있습니다. 그러나 인간이나 신을 가리지 않고 덕을 위하여 옳은 일에 절제와 정의로 애를 쓰는 에로스야말로 가장 위대한 힘을 지니고 있습니다. 그리하여 우리가 모든 행복을 누리게 하고, 우리보다 위대한 신들과 잘 지낼 수 있게 합니다.

에로스를 찬미함에 있어 내가 빠뜨린 점이 많았으리라 생각합니다. 하지만 그것은 본의가 아니니 아리스토파네스, 자네가 보충해 주게. 혹시 여기에 덧붙여 에로스를 찬미한다면 그 또한 무방할 걸세. 이젠 딸꾹질도 멎었으니 어서 시작하게.

이렇게 해서 아리스토파네스 차례가 되었네. 그는 다음과 같이 말했네.

"그래, 딸꾹질이 아주 깨끗하게 멎었네. 재채기가 나오기 전까지는 멎지 않더군. 단정한 육신이 어찌하여 딸꾹질 같은 소란스럽고 간질여 주는 자극을 요구하는지 참으로 그 까닭을 알 수가 없네. 어찌됐든 자네의 말처럼 재채기를 하니 금방 멎었네."

에리크시마코스가 입을 열었다네.

"여보게 아리스토파네스, 정신을 좀 차리게. 연설은 하지 않고 농담을 하다니. 부득이하게 자네의 연설을 감독해야겠네. 조용히 이야기를 해야 하는데 엉뚱한 농담이라도 하면 안 되니 자세히 살펴보겠네."

아리스토파네스가 웃으며 대꾸하였네.

"옳은 말일세. 에리크시마코스, 방금 내 농담은 취소하기로 하지. 그 대신 나를 감독하지는 말아 주게. 이제부터 내가 말하려는 이야기 중 우스운 이야기가 있을지 모르나 꺼릴 것이 없네. 본디 익살은 예술의 독점물이네. 다만 남들의 웃음거리가 되지 않을까 은근히 염려스럽기는 하네."

에리크시마코스가 말하였다네.

"아리스토파네스, 자네는 활을 당겨 놓고 꽁무니를 빼려는가? 그러지 말고 어서 연설이나 하게. 나도 경우에 따라서는 너무 따지지는 않을 테니까."

아리스토파네스가 드디어 연설을 시작하였다네.

"좋아, 에리크시마코스, 나는 자네나 파우사니아스와는 전혀 다른 이야기를 하겠네. 내가 보기에는 인간은 에로스의 힘을 이해하는 데 완전히 실패한 것 같습니다. 만일 그들이 에로스의 힘을 완벽하게 이해하고 있다면 이 신을 위해 최대한 큰 성전과 제단을 세우고, 최대의 제물을 바쳐 성대한 제사를 올렸을 것입니다. 이러한 일들은 다른 모든 일보다 앞서 행해져야 했으나, 전혀 하고 있지 않습니다. 사실 모든 신들 중 가장 인간을 사랑하는 신은 에로스로, 인간을 보호하는 동시에 인간의 모든 고통을 고쳐주고 가장 큰 행복을 가져다주는 의사이기도 합니다. 내가 지금부터 여러분에게 말하고자 하는 것은 이 놀라운 신의 힘입니다. 내 말을 잘 듣고 다른 사람들에게도 알려 주시기 바랍니다.

여러분은 먼저 인간의 본성과 후천적인 부분을 잘 알아야 합니다. 아주 오랜 옛날에는 인간의 자연적 상태가 현재와 같지 않 았습니다. 오늘날에는 남성과 여성, 이렇게 두 가지 성이 있지만 옛날에는 이 둘을 다 가지고 있는 제3의 성이 있었던 것입니다. 오늘날에는 그것이 없어졌지만 명칭은 남아 악담의 재료가 되었 습니다. 또한 옛날에는 사람의 모양이 아주 둥글었으며 등과 옆 구리가 둥그렇게 되어 있었습니다. 손과 발이 넷씩 달려 있었고 둥근 목 위에 머리는 하나에 똑같이 생긴 얼굴이 둘 달려 있었는 데 서로 반대 방향으로 향해 있었습니다. 그리고 귀가 넷, 음부가 둘 있었습니다. 나머지는 이것들에 미루어 짐작할 줄 있을 줄 압 니다. 그들은 현재와 마찬가지로 똑바로 서서 걸었는데, 어느 방 향으로든 가고 싶은 곳으로 걸어갈 수 있었습니다. 빨리 뛰고 싶 을 때는 여덟 개의 손발을 모두 사용하여 수레바퀴가 돌아가듯 빠른 속도로 앞으로 굴러갔습니다. 이렇게 사람의 성(性)이 셋이 고 사람의 모양도 이러했던 까닭은 다음과 같습니다. 본디 남성 은 태양의 자손이고, 여성은 지구의 자손이며 남성과 여성을 다 가지고 있는 자는 달의 자손이기 때문입니다. 그들의 모양과 걸음걸이가 둥글었던 것은 조상을 닮았기 때문입니다. 그들은 힘도 굉장히 셌고 무서운 힘과 기운을 가지고 있었으며 야심도 강했습니다. 그리하여 신들을 공격하였습니다. 호메로스가 에피 알테스와 오토스[81]에 관하여 이야기한 것처럼 신들과 싸우기 위

---

81  올림포스 산 위에 오사 산을 쌓고, 오사 산 위에 펠리온 산을 쌓아 하늘에 오르려고 한 거인들이다.

해 하늘로 올라가려고 하였다는 것은 사실은 태초의 이들을 두고 한 이야기입니다.

그리하여 제우스와 다른 신들은 이들을 막기 위한 대책에 대한 회의를 열었지만 좋은 방법이 생각나지 않았습니다. 거인들에게 했던 것처럼 벼락으로 그들을 쳐서 인류를 전멸시킬 수도 없고─그럴 경우 신들에게 바치던 인류의 제사도 희생 재물도 없어지게 되니까요─그렇다고 그들의 횡포를 두고 볼 수도 없었습니다. 제우스는 골몰히 생각한 끝에 한 가지 묘안을 떠올리고 신들에게 말했습니다.

'나는 좋은 방법 하나를 발견했습니다. 즉 이대로 인간을 살려 두면서 그들의 힘을 지금보다 약하게 만들어 더는 제멋대로 굴지 못하게 하는 방법 말입니다. 모든 사람들을 두 동강이로 갈라 놓으려고 하오. 그렇게 되면 힘은 약해지고 수는 늘어나 우리에게 유리하게 될 것이오. 몸이 갈라진 그들은 두 다리로 똑바로 서서 걷게 될 것이오. 만약 앞으로도 계속 횡포를 부리고 얌전히 굴지 않는다면 또 한 번 그들의 몸을 갈라놓을 것이오. 그렇게 되면 그들은 한 발로 뛰어다니게 될 것이오'

제우스는 이렇게 말하고, 마치 마가목 열매를 절여 저장할 때두 조각으로 쪼개듯이, 또는 잘 삶은 달걀을 머리카락으로 자르듯이 인간을 한가운데서 잘라 두 조각으로 나눴던 것입니다. 이렇게 인간을 두 조각으로 나눈 후 서로 잘린 쪽을 바라보게 하기 위해 얼굴이나 반 조각이 된 목을 절단된 쪽으로 돌려 전보다 더 얌전해지기를 바랐습니다. 제우스는 아폴론에게 상처를 치료해 주라고 명령했습니다. 아폴론은 사람의 얼굴을 돌려놓고 졸라매는 끈이 달린 돈주머니처럼 살가죽을 지금의 배가 있는 쪽으로 모아 놓고 배의 가운데 매듭을 만들어 그것을 졸라맨 것이 우리의 배꼽이 되었답니다. 그리고 거기에서 생긴 무수한 주름을 구두 수선공이 주름을 펼 때 쓰는 것과 비슷한 연장으로 가죽을 펴듯이 늘여 우리의 가슴을 만들었습니다. 그러나 인간이 과거에 있었던 상태를 기억할 수 있도록 배꼽 주변에 약간의 주름을 증거로 남겨 놓은 것입니다.

이와 같이 인간의 몸이 둘로 나뉘진 후부터 반쪽은 갈라진 본래의 반쪽을 그리워하였습니다. 다시 한 몸이 되기 위해 만나면 껴안고 하나가 되려는 욕망에 불붙게 되었습니다. 그들은 서로 떨어져서는 아무것도 하지 않으려 했기 때문에 굶어 죽었습니다. 두 반쪽의 하나가 죽고 다른 반쪽만 살아남은 경우에는 다른 또 하나의 반쪽을 찾아 헤매었습니다. 그들은 그 반쪽을 찾으면 여성의 반쪽이든 남성의 반쪽이든 가리지 않고 포옹하였습니다. 그리하여 결국 그들은 멸망하고 말았던 것입니다. 그들을 가엾게 여긴 제우스가 새로운 방안을 생각해 냈습니다. 그는 그들이 지금까지 바깥쪽에 지니고 있던 음부(陰部)를 앞으로 옮겨 놓았습니다. 그전에는 음부가 바깥쪽에 있어 몸으로 임신하는 것이 아닌 매미처럼 땅속에 정자를 넣어 자식을 낳았습니다. 그래서 제우스는 음부를 옮겨 놓아 몸으로 생식을 하게 했습니다. 저희끼리 자식을 낳되 남자로 말미암아 여자가 뱃속에 잉태하도록 한 것입니다. 이리하여 한 남자가 한 여자를 만나 서로 포옹하여 자식을 낳아 자손이 이어질 수 있게 했고 남자와 남자가 만나면 서로 만나는 데 만족하고 욕망을 진정시켜 일하는 생업에 충실할 수 있고, 모든 세상일을 처리해 나가게 되었습니다. 이렇듯 사랑이란 먼 옛날 인간이 본연의 모습을 돌아가고자 하는 것입니다. 몸뚱이의 부분을 다시 합치는 것, 즉 둘에서 하나가 되게 하여 인간 본연의 모습으로 돌아가는 것, 태초의 모습으로 돌아가고자 하는 것입니다.

따라서 우리들은 각각 한 인간의 부신[82]에 지나지 않으며, 마치 넙치처럼 둘로 나뉘어 하나가 둘이 된 상태입니다. 그러므로 우리는 각자 자신의 짝이 되는 부신을 찾는 것입니다. 그런데 앞서 말한 바와 같이 두 성을 모두 가졌던 자의 반쪽인 사람들은 유난히 여성을 사랑하고, 간부(姦婦)들은 대부분 이와 같은 부류에서 나옵니다. 여자 역시 마찬가지여서 이러한 여자들은 남자에게 광적입니다. 옛날 여자의 성만을 갖고 있던 사람에게서 갈라져서 생긴 여인들은 남자에게는 별다른 관심이 없고 여자에게만 애

---

[82] 符信 : 나그네가 어떤 집에서 묵을 때 후일 그들이나 그들 자손이 만나면 서로 알아볼 수 있도록 증표를 남겨 뒷날 맞추게 했는데 이 증표를 부신이라고 한다.

정을 쏟습니다. 동성애에 빠지는 여인들은 여기에서 나온 것입니다. 남자의 성만을 갖고 있던 사람에게서 갈라져 나온 반쪽은 남자에 애정을 쏟으며, 말하자면 남자의 분신(分身)이기 때문에, 남자 어른들을 사모하고 그들과 함께 자거나 그들을 포옹하기를 좋아합니다. 이러한 소년과 젊은이들은 가장 남성답기 때문에 용감하고 우수합니다. 사람들 중 그들이 파렴치하다고 하는 이들도 있지만 그것은 옳지 못합니다. 그들의 행동은 파렴치한 행동이 아니라 대담하고 용감한 행동이며 진정한 사나이입니다. 그렇기 때문에 동일한 성의 사람들을 아끼고 사랑합니다. 이에 대한 증거는 장성해서 정치 생활을 참여할 수 있는 사람은 오직 이런 사람들뿐이라는 사실에서 알 수 있습니다. 그들은 어른이 되면 소년을 사랑하여 결혼하거나 가정을 이루는 데 별 관심을 두지 않지만 관습상 이를 따르게 마련입니다. 결혼하지 않고 저희끼리 살 수 있다면 그것으로 만족할 것입니다. 요컨대 이러한 사람들은 자기를 닮은 사람을 찾기 때문에 동성을 좋아하고 소년을 사랑하며 그들의 사랑을 받습니다. 그래서 누구나 자기 자신의 반쪽을 만난다면, 그들은 애착과 친밀감과 사랑으로 잠시도 떨어져 있으려고 하지 않으며 그럴 생각도 하지 않습니다. 그들은 평생 동안 우정을 지켜 나가지만 피차 상대방이 무엇을 바라고 있는지를 설명하기 어려워합니다. 아무도 이것이 성욕을 위한 결합이나, 이 때문에 그들이 열렬하게 서로를 원한다고 생각하지 않습니다. 그들 각자의 영혼은 무엇인가 다른 것을 찾으며 그들은 어째서 함께 지내기를 열망하는지 모르지만 이것이야말로 순수한 애정의 결합입니다. 그들 사이에서는 분명 어떤 정신적 소망이 있지만, 그것을 입 밖으로 나타내지 않고 주고받는 대화 속에 은연중에 의사(意思)가 오고 갈 뿐입니다. 예를 들어 헤파이스토스[83]가 망치를 들고 와서 이렇게 질문을 던졌다고 합시다. '너희들은 도대체 상대방에게서 무엇을 기대하고 있는가?' 그러나 그들이 대답을 못하고 당황하자 다시 이렇게 질문했다고 가정합시다. '그대들이 원하는 것은 그저 온종일 떨어지지 않고 밀접하고 붙어 있는 것인가? 두 몸이 한 덩어리가 되어 같이 사는 것인가? 그것이 그대들이 바라는 것이라면 그대들을 녹여 하나로 만들겠다. 그렇게 되면 너희는 두 몸이 한 몸이 되어 평생 동안 함께 살며, 죽어서도 저승에 갈 때 한 몸으로 갈 것이다. 이것이 그대들이 바라는 것인지, 만족할 수 있는지 잘 생각해 보거라'

그들은 이런 질문을 받고 반대를 말하거나 그 밖의 다른 바라는 점을 말하지 않을 것입니다. 그들 중 누구라도 이 질문이 그들 자신이 오랫동안 염원한 것, 사랑하는 사람과 합일하여 두 몸이 한 몸이 되고 싶은 소망을 이룰 수 있는 좋은 기회라 생각할 것입니다. 그것이 우리의 본래의 모습으로 되돌아가는 길이기 때문입니다. 그때에 우리가 하나의 온전한 것이 될 수 있기 때문입니

[83]  Hephaistos : 대장간을 주관하는 신.

다. 온전한 것이 되고자 하는 욕망과 욕구가 에로스라고 할 수 있습니다. 이미 말했지만 우리는 옛날에는 온전한 한 몸이었지만 아르카디아 사람들이 라케다이몬 사람들에 의해 찢긴 것처럼 신에게 악행을 부린 까닭에 둘로 갈라졌습니다. 그러므로 만일 우리가 신들에 대해 겸손하지 않으면 다시 반으로 갈라질 수 있습니다. 그때에 우리는 묘비에 한쪽 얼굴만 새겨진 초상처럼 얼굴 한복판을 잘려 반쪽 얼굴로 돌아다니게 되는지도 모르겠습니다. 이런 여러 가지 이유로 우리는 신을 경외하는 사람이 되어야 합니다. 그리하여 본래의 모습으로 되돌아갈 수 있어야 합니다. 이렇게 생각할 때 에로스야말로 우리의 지도자이며 통솔자인 것입니다. 그러므로 우리는 이 신의 뜻을 거슬러서는 안 됩니다. 신과 맞서 악행을 저지르는 사람은 누구나 에로스를 배반하는 것이 되지만, 이 신과 친구가 되어 친밀하게 지내면 우리는 우리 자신의 애인을 발견하며, 그와 함께 즐겁게 지낼 수 있을 것입니다. 이것은 현재 몇몇 되지 않는 극소수의 사람만이 누리는 혜택입니다. 여기서 에리크시마코스가 훼방 놓거나 간섭하며 내 이야기를 조롱하지 못하게 막아 주십시오. 그는 내 말이 가리키는 사람이 파우사니아스와 아가톤을 가리킨다고 조롱할지도 모릅니다. 아마 그들은 정말 이런 부류에 속하며 두 사람 다 남성적인 본성을 갖고 있는지도 모릅니다. 하지만 나는 남자와 여자를 포함하여 하는 말입니다. 즉 인류 모두가 에로스를 받들고 그의 가르침을 따르며, 애인을 발견하여 태초의 모습으로 돌아가야 인류가 행복을 누릴 수 있다고 생각합니다. 가장 이상적인 일은 현재의 상황이 허락하는 그 안에서 여기에 보다 가장 가까이 닿는 일일 것입니다. 즉 자기와 공감할 수 있고 가장 뜻이 맞는 애인을 찾아내는 것이지요. 그리고 우리에게 이러한 은혜를 베푸는 신인 에로스를 찬미해야 합니다. 에로스는 지금도 우리를 우리와 닮은 사람에게 인도해 주고 본래의 모습으로 되돌아갈 수 있도록 많은 도움을 줄 뿐 아니라 우리들이 이전의 상태보다 더 희망적인 상태로 나아갈 수 있도록 미래에 대한 은혜도 안겨 줍니다. 우리가 경건한 태도로 에로스를 받들어 모신다면 그는 우리를 본연의 모습으로 되돌아가게 하고 우리를 상처에서 낫게 해주어 행복한 생활을 누리게 해 줄 것입니다.

에리크시마코스, 이것이 에로스에 대한 나의 견해일세. 자네의 견해와는 다르더라도 제발 조롱하지는 말게. 앞으로도 우리는 남은 두 분의 이야기를 들어야 할 테니까. 특히 소크라테스와 아가톤의 이야기를 듣고 싶네."

에리크시마코스가 입을 열었다네.

"자네가 원하는 대로 하게. 연설은 재미있게 들었으니까. 소크라테스와 아가톤이 에로스에 대가가 아니라면 이미 여러 가지 견해가 나온 다음이라 화제가 궁하지 않을까 염려도 되지만, 이 두 분들이라면 그런 염려가 전혀 없네."

소크라테스가 입을 열었다네.

"에리크시마코스, 자네는 맡은 연설을 잘 끝냈으니 마음이 놓일 걸세. 그러나 자네가 지금의 내가 있는 자리에 있거나 아가톤이 연설을 훌륭히 끝낸 다음에 내가 처할 위치에 있다고 한다면 지금의 나처럼 어찌할 바를 모를 걸세."

아가톤이 말을 이어 갔다네.

"소크라테스 선생님, 나한테 마술을 부리려는 것 같군요. 청중이 내가 훌륭한 연설을 할 거라는 큰 기대를 갖게 하여 나를 난처하게 하실 생각이신가요?"

소크라테스가 대답하였네.

"아가톤, 자네는 나를 건망증 환자로 아는 건가. 자네가 많은 배우들을 거느리고 무대 위에 올라가 많은 청중들 앞에서 조금도 당황하지 않고 자네의 작품을 발표할 때의 용기와 도량을 보고서도, 지금 불과 몇 안 되는 우리 앞에서 난처해하다니, 그럴 리가 있겠는가?"

아가톤이 대답하였다네.

"소크라테스 선생님, 무슨 말씀이십니까? 분별 있는 사람에게는 무지한 대중보다 소수의 현명한 사람이 더 무섭다는 것을 미처 깨닫지 못할 정도로 제가 우둔하다고 생각하시지 않으시면서 그러십니까?"

소크라테스가 다시 대답하였네.

"아가톤, 내가 자네가 우둔하다고 생각한다면 그건 내 잘못일세. 자네를 섭섭하게 한 점 용서하게나. 나는 자네가 현명하다고 보는 사람과 만날 때, 대중들을 만날 때보다 어려워한다는 점을 알고 있네. 그러나 우리는 현명한 사람에 속할 수 없을걸세. 우리도 자네가 연출하던 그 관중 속에 섞여 있었으니 우매한 대중이 아니겠는가? 만일 현명한 사람들 앞에서 자네가 수치스럽게 생각하는 일을 했다면 부끄럽게 여길 것 아닌가?"

"그야 물론이지요."

"그렇다면 자네는 우매한 대중들 앞에서는 부끄러워하지 않는다는 말인가?"

그러자 파이드로스가 이 말을 가로막으면서 말했네.

"아가톤, 자네가 소크라테스 씨에게 대답을 하고 이야기를 이어나간다면 소크라테스 씨는 지금 우리의 연설에 대한 것은 어떻게 되든 상관하지 않을걸세. 이야기할 사람이 있다면 만사를 제쳐 놓는단 말이야. 더구나 아름다운 사람과 이야기하면 더욱 그러하네. 물론 나도 소크라테스 씨의 이야기가 듣고 싶지만 지금 우리는 에로스를 찬미하고 각자의 연설을 듣고 있지 않은가? 두 분 다 에로스에게 제물을 바친 다음 서로 이야기를 하는 것이 좋겠네."

아가톤이 입을 열었다네.

"파이드로스, 옳은 말이네. 소크라테스 선생님과는 앞으로도

토론할 기회가 많을 테니 하던 연설을 계속하기로 하세."

"나는 먼저 내가 어떻게 연설을 할 것인지 간단히 말씀드리겠습니다. 지금까지 연설을 짚어 보면 에로스 신에 대한 찬미가 아닌 그 신이 인간에 준 여러 가지 은혜에 대해 찬사를 낸 내용들에서 더 나아가지 못했습니다. 이와 같은 은혜를 베풀어 준 그분이 어떤 성품을 지닌 분인지는 아무도 설명하지 않았습니다. 그런데 무엇을 찬미하든지 제일 먼저 그 대상이 지닌 성품이 어떠한 것이며, 그것이 가져오는 결과가 어떤 것인지 밝히는 일이 중요합니다. 그러므로 에로스를 찬미하는 경우에도 먼저 그 본질을 밝히고 찬미한 다음 그의 은혜를 찬미해야 하는 것이 맞는 순서라고 봅니다. 나는 모든 신들이 행복하다고 생각하지만 그중에서도 에로스야말로 가장 아름답고 행복한 신일 거라 생각합니다. 이 말이 모독이 아니라면 그렇게 말할 수 있는 이유는 다음과 같은 조건을 갖추고 있기 때문입니다. 우선 에로스는 모든 신들 중에서 가장 젊으며, 여기에 대한 증거를 그 자신이 제공하고 있습니다. 그것은 우리들 모두에게 빨리 닥치는 노년에서 재빨리 도망치는 것입니다. 에로스는 그 본성상 늙음을 싫어하여 좀처럼 가까이하려고 하지 않습니다. 이와는 달리 젊은이는 언제나 친밀하게 사귀며 그 자신 또한 매우 젊습니다. 나는 '비슷한 것끼리 언제나 모인다'라는 옛 속담이 맞는다는 것을 믿습니다. 그렇기 때문에 파이드로스의 견해에 다른 점에 대해서는 동의하지만 에로스가 크로노스와 이아페토스보다 나이가 많다는 점에 대해서는 동의할 수 없습니다. 나는 모든 신들 중에서 에로스가 가장 나이가 어리고 영원히 젊은 신이라 주장합니다. 헤시오도스와 파르메니데스가 전하는 것처럼 옛날에 신들 사이에 있었다고 하는 이야기는 에로스가 아닌 아낭케[84]를 가리키는 것이라고 생각합니다. 만일 여러 신들 사이에 에로스가 있었다면 서로 거세하거나 구박하는 등 난폭한 행위는 하지 않았을 것입니다. 오히려 오늘날처럼 에로스가 모든 신들 위에 군림한 이후로 우정과 평화가 깃들어 있는 것입니다. 이 신은 젊고 아름다울 뿐 아니라 부드러운 성품을 지녔습니다. 이러한 에로스의 성품을 묘사하기 위해서는 호메로스와 같은 위대한 시인의 재주가 필요합니다. 호메로스는 아테[85]을 두고 말하기를, 그녀는 신이며 매끄럽고 보드라운 발을 다음과 같이 표현하였습니다.


그녀의 발은 부드럽도다,

땅에 닿는 일 없고

사람들의 머리 위를 걸어 다닌다.


그녀가 딱딱한 땅을 피해 부드러운 곳 위를 걸어 다닌다는 표

---

84  Ananke : 피할 수 없는 운명, 필연성을 나타내는 여신으로 질서 같은 것은 무시하고 횡포를 부려 불안을 조성하는 운명의 여신.

85  Ate : 현혹의 여신.

현은 매우 적절하며 그녀의 부드러움에 대한 좋은 증거라고 생각합니다. 그러면 에로스에 대해서도 이것과 똑같은 증거를 들어서 부드럽다는 것을 설명해 보겠습니다. 에로스는 땅 위를 걷지도 않고, 또 머리 위를 걷지도 않습니다. 오히려 만물 가운데 가장 부드러운 곳을 거닐며 또 그곳에 머물러 있습니다. 에로스가 깃들어 있는 곳은 신과 인간의 마음과 영혼입니다. 그러나 어느 영혼 속에나 예외 없이 깃들어 있는 것은 아닙니다. 간악한 마음의 영혼에게서는 곧 떠나며, 부드러운 영혼 속에서만 자리 잡는 것입니다. 그는 언제나 발뿐만 아니라 온 몸으로 세상의 부드러운 것과 닿아 있기 때문에 그 자신 또한 부드럽지 않을 수 없습니다. 그렇기 때문에 에로스는 가장 젊고 부드러운 존재이며, 그모습 또한 매우 날씬합니다. 그의 몸이 만약 뻣뻣하다면 원하는 대로 몸을 굽힐 수도 없으며, 눈에 띄지 않게 남의 영혼 속에 드나들 수도 없을 테니까요. 그의 우아함을 보면 그가 균형이 잘 잡혀 있고 맵시가 있다는 것을 잘 알 수 있습니다. 우아하고 아름다운 점이 어느 누구나 인정하는 에로스의 특징입니다. 에로스는 언제나 우아하지 못한 것과 대립하고 있습니다. 또한 에로스가 혈색이 아름다운 것은 꽃들 사이에서 살고 있음을 증명하는 것입니다. 육체나 영혼의 안 그 어디라도 꽃이 떨어지거나 꽃이 없는 곳에는 에로스가 머물지 않지만 꽃이 있고 꽃향기가 가득한 곳에는 언제나 머물러 있습니다.

에로스의 아름다움에 대해서 말하자면 아직도 이야기할 것이 많지만 이 정도에서 끝내겠습니다. 그리고 이제부터는 에로스의 덕에 대해 이야기하겠습니다. 그중 가장 중요한 것은 에로스는 부정을 행하지 않고 부정한 일을 당하지도 않는다는 점입니다. 또한 누구에게도 무슨 일이든지 강제하는 법이 없는데 이것이 에로스의 가장 큰 미덕입니다. 모든 사람이 무슨 일이든지 자발적으로 에로스에 봉사하는 것입니다. 서로 간에 강요가 없는 자발적인 행동은 '사회의 최고의 지배자인 법률'[86]도 공정하다고 말할 수 있을 것입니다. 에로스는 공정할 뿐만 아니라 자제력도 강합니다. 절제는 쾌락과 정욕을 지배하고 좌우하며, 어떤 쾌락도 에로스를 이길 수 없다는 사실로 보아 에로스는 모든 것에 으뜸가며 쾌락이나 정욕을 능가함으로써 자제력이 강하다는 사실을 보여 줍니다. 용기에 대해 말하자면 아레스[87]마저 그와 맞설 수 없습니다. 아레스는 에로스를 손에 넣을 수 없지만 에로스는 아레스를 손에 넣었으니까요. 본래 전설에 의하면 아레스가 에로스를 사로잡은 것이 아니라 아프로디테의 애인인 아레스를 에로스가 사로잡았습니다. 정복하는 자는 정복당한 자보다 우월하고 강한 것이 원칙입니다. 그러므로 다른 모든 자보다 용감한 자를 사로잡은 자는 만물 가운데서도 가장 용감하지 않겠습니까?

---

**86** 고르기아스의 제자이자 수사학자인 알키다마스의 말이다.

**87** Ares : 전쟁의 신.

에로스의 정의와 절제와 용기는 이와 같습니다. 이제는 그의 지혜에 대하여 몇 마디 하려고 합니다. 나는 지혜에 관해서는 보다 더 신중하게 말씀드리고자 합니다. 우선 에리크시마코스가 자기의 의술과 결부시켜 기술한 것처럼 나 자신의 전문 분야와 결부시켜서 설명하자면 에로스는 현명한 시인으로 어떠한 사람도 시인이 되게 할 수 있는 힘을 가졌습니다. 에로스의 영향 아래에 있는 사람은 누구나 시인이 될 수 있습니다. 그리하여 그와 한 번 사귀기만 하면 예술과는 관계가 없던 사람도 시인이 되는 것입니다. 이것은 에로스가 훌륭한 시인 즉 예술적인 창조력이 뛰어남을 충분히 입증하는 것입니다. 자기가 알지 못하거나 가지고 있지 않은 것을 남에게 가르치거나 줄 수 없지 않겠습니까? 더구나 모든 생물을 창조하는 일에 있을 생각해 보십시오. 에로스의 권능으로 말미암아 모든 생물이 태어난다는 사실을 어느 누가 부정할 수 있겠습니까? 에로스의 지도를 받으면 모든 부분에 있어서 영예를 얻을 수 있지만 에로스의 손길이 닿지 않으면 완전히 어둠 속에 파묻히게 된다는 사실을 잘 알고 있습니다. 또 궁술이나 의술, 점성술은 아폴론이 욕망과 사랑에 이끌려서 발명한 것인 만큼 결국 아폴론도 에로스의 제자임이 분명합니다. 이와 마찬가지로 음악의 뮤즈나 대장장이의 일에서 헤파이토스, 모든 신과 인간을 지배하는 제우스도 에로스의 제자인 것입니다. 이처럼 신들의 세계에서 에로스가 탄생하자 질서가 유지되고 분쟁이 가라앉았는데 이는 아름다움을 사랑한 데서 비롯된 것입니다. 에로스는 추한 것을 사랑하지 않으니까요. 앞에서도 말했지만 전에는 아낭케가 하늘을 지배하고 있었기 때문에 무서운 일들이 무수하게 일어나고 치열한 분쟁이 벌어졌다고 합니다. 그러나 에로스가 탄생하자마자, 아름다움에 대한 사랑으로 신들과 인간의 세계를 축복하는 선량한 일만 생기게 되었습니다.

그러므로 파이드로스, 내 생각에는 에로스는 그 자신이 가장 훌륭한 신인 동시에, 그와 같은 특성을 다른 사람에게도 주는 신이라고 생각합니다. 나는 이 생각을 다음과 같은 시로 표현하고 싶은 충동을 억누를 수 없었습니다.

인간들 사이에는 평화를
바다에는 고요함을
회오리바람에는 싸움을 멈추고 휴식을
고뇌에는 영원한 단잠을

에로스는 우리에게 이와 같은 것들을 가져다줍니다. 그는 우리들의 서먹서먹한 감정을 없애고 다정하고 친밀한 감정을 불어넣어 가득 차게 해 줍니다. 그리하여 이러한 모임을 마련하고 축제와 춤과 제사에서 안내자 역할을 합니다. 그는 분위기를 부드럽게 만들고 무뚝뚝함을 없애고 선을 베풀고 악을 물리칩니다. 우아하고 유순한 에로스를 현명한 사람들은 그에 대해 사색하고, 신들은 그를 찬양합니다. 그의 도움을 받지 못하는 불행한 사람들은 그를 부러워하며, 그의 도움을 조금이라도 받은 자는 그를 소중히 간직합니다. 그는 호사와 온유와 우아와 동경과 욕망의 아버지이며, 선량한 사람들을 돌보고 악인들은 돌보지 않습니다. 곤경과 공포, 갈구, 동정에 있어서 그는 모든 면에서 뛰어난 인도자이고, 병사이고, 후원자인 동시에 구원자입니다. 그는 하늘과 땅의 질서를 만들었습니다. 모든 신과 인류를 돋보이게 하는 장식물이며 가장 아름답고 훌륭한 지도자입니다. 모든 사람이 그를 찬양하는 노래를 부르지 않을 수 없고 이 멜로디는 신들과 인간의 마음을 매료시킵니다.

파이드로스, 이것이 농담과 진담을 적당하게 섞어 에로스에게 바치는 나의 연설일세. 그러나 내가 생각할 수 있는 가장 엄숙한 태도로 최선을 다한 것일세."

아가톤의 말이 끝나자 연설을 듣고 있던 모든 사람이 박수를 치며 소리 높여 칭찬했다네. 이 젊은 시인의 연설은 그 자신에게도 어울리며, 에로스에게도 얼마나 적절한 연설인가. 그러자 소크라테스는 에릭시마코스를 바라보며 이렇게 말하였다네.

"아쿠메노스의 아들, 그대는 지금도 나의 두려움이 근거 없는 걱정이라고 생각하는가? 아가톤이 이리도 훌륭한 연설을 하여 내가 할 말이 없게 되리라는 예언이 옳지 않았음을 인정하는 것이 어떻겠는가?"

"아가톤이 매우 훌륭한 연설을 할 거라는 당신의 예언은 맞았다고 생각합니다. 그러나 할 이야기가 전혀 없다고는 보지 않습니다."

"자네는 배짱도 좋은 사람이군. 그렇게 아름답고 다채로운 연설을 들은 다음 내가 무슨 할 말이 남아 있겠는가? 비단 나뿐만 아니라 누구나 그렇다네. 처음에 한 말도 그랬지만 끝부분은 참으로 아름다운 구절이며 훌륭했네. 그 유려함에는 어느 누구도 압도되지 않을 수 없을 걸세. 흉내 내려 해도 나 역시도 따라갈 수 없을 테니, 부끄러워 도망치고 싶을 뿐이네. 아마 도망칠 만한 곳이 있다면 그렇게 했을 걸세. 아가톤의 연설은 나에게 고르기아스[88]를 떠올리게 했네. 또한 나를 호메로스의 이야기[89]에서와 같은 처지로 만들어 버리지 않을까 하였네. 말하자면 아가톤이 고르기아스를 고르고의 머리[90]로 삼아 나를 돌처럼 만들어 말을 잃게 하지 않을까 걱정이 되었네. 나는 이제야 내 자신의 어리석음을 깨닫게 되었네. 그때 나는 자네들처럼 내 차례가 돌아오면 에로스를 찬미하겠단 약속을 하고, 또한 어떻게 예찬해야 하

---

**88** Gorgias : 대표적인 소피스트로 수사학에 밝기로 유명하다.
**89** 오디세우스가 저승에 갔다가 돌아올 때 고르고를 만나 돌로 변하지 않을까 두려워해 얼굴이 창백해졌다 한다. 음이 비슷한 고르기아스와 고르고를 들어 말장난을 한 것이다.
**90** 머리카락은 뱀이며 머리를 보는 사람은 돌로 변한다는 전설 속 괴물.

는지 알지도 못하면서 사랑에 관한 일에 내가 정통한 것처럼 말하였으니 말일세. 나는 어리석게도 인간이 무엇을 예찬하든지 거기에 관한 진리에 입각해 가장 아름다운 것만을 골라내 멋지게 배합하면 된다고 생각하였으니 말일세.

내가 진리를 알고 있는 자라 자부하였기 때문에 그 누구보다도 훌륭한 연설을 할 수 있으리라 보고 있었네. 그러나 우리는 에로스에 대해 가장 위대하고 아름다운 찬사를 모조리 갖다 붙인 것에 지나지 않네. 그것은 처음에 내세운 과제인 에로스에 대한 찬미가 아니라 찬미하는 것처럼 보였을 뿐이라고 생각하네. 자네들은 끌어낼 수 있는 온갖 형용사를 동원해 에로스와 결부시켜 어떤 성품을 지니고 있으며, 이러한 바탕을 이루고 있으며, 모든 좋은 것의 원인이라 말함으로써 그를 가장 아름답고 가장 훌륭한 신으로 인정하려고 하였네. 하지만 이것은 무식한 사람에게는 통할지언정 지각 있는 사람들에게는 통할 리가 없네. 그러나 자네들의 연설은 아름답고 장황하였네. 그러나 나는 예찬하는 것을 이렇게 하리라고는 미처 생각하지 못했고, 그래서 내 차례가 다가오면 나대로의 예찬을 하려고 마음먹었네. 그러나 '약속한 것은 혀이지 마음'[91]이라는 말은 취소하려고 하네. 나는 그런 방법으로 에로스를 찬미할 생각은 없으며 그럴 능력도 없네.

---

91 플라톤은 에우리피데스의 『히폴리토스』에 나오는 '나의 혀는 맹세했지만 나의 마음은 맹세하지 않았다'는 구절을 인용하고 있다. 이 구절은 크게 유행하였다.

하지만 자네들이 진리를 듣고 싶다면 이야기할 수도 있겠지만 자네들의 연설과 경쟁하여 웃음거리가 되고 싶지는 않네. 그렇다면 파이드로스, 이런 종류의 연설도 괜찮은가? 에로스에 관한 진실만을 이야기하고자 하네. 그것도 생각나는 대로 어휘를 써 가면서 말이네."

파이드로스와 그 밖의 사람들은 그가 좋을 대로 연설하라고 말했네. 소크라테스가 말하였다네.

"파이드로스, 그렇다면 먼저 아가톤에 몇 마디 질문을 하게 해주게. 이야기 전에 그의 동의를 얻어 매듭을 짓고자 할 것이 있으니 말이네."

"좋습니다. 어서 질문하시지오."

파이드로스의 이 말을 듣고 소크라테스는 이렇게 입을 열었다네.

"아가톤, 자네가 연설을 시작할 때 먼저 에로스의 성질과 그 업적을 살펴보아야 한다고 한 말은 아주 잘한 일이라고 생각하네. 훌륭하게 에로스의 성품에 대해서 설명하였기 때문에 거기에 대해서는 그만두기로 하겠네. 그 밖의 다른 부분에 대해서 고찰해 보기로 하세. 즉 에로스가 어떤 대상에 대한 사랑인지, 그렇지 않으면 대상이 없는 사랑인가 하는 점 말일세. 나의 질문은 에로스가 어머니에 대한 사랑인가, 아버지에 대한 사랑인가 하는 어리석은 물음이 아니네. 즉 나의 질문은 아버지라면 누구의 아버지인가, 또는 누구의 아버지도 아닌가 하는 것일세. 만일 자네가 올바른 대답을 하고자 한다면 '아버지는 아들이나 딸의 아버지'라고 대답할 것이 아닌가? 나의 짐작이 맞는가?"

아가톤이 대답하였네.

"옳은 말씀입니다."

"그렇다면 어머니에 대해서도 똑같지 않은가?"

그는 여기에도 동의하였다네.

"그러면 또 질문할 테니 한두 가지만 더 대답해 주게. 그렇다면 내가 말하는 것을 잘 이해할 수 있을 걸세. 지금 여기에 형제가 있다면 본질적인 의미에서 어떤 사람의 형이나 동생이 아니겠는가?"

아가톤은 그렇다고 대답하였네.

"즉, 실제로 어떤 사람의 형제 또는 자매라는 뜻이 아니겠나?"

"맞습니다."

"그렇다면 에로스에 대해서도 대답해 주게. 에로스는 무엇에 대한 사랑을 의미하는가? 그렇지 않으면 사랑할 대상을 전혀 갖지 않는 에로스도 있는가?"

"물론, 에로스는 어떤 대상에 대한 사랑입니다."

소크라테스는 재차 질문하였네.

"알았네. 그렇다면 어떤 대상에 대한 사랑이라는 점을 확실히 해 두게. 그리고 에로스가 그 사랑의 대상을 욕구하는가. 욕구하지 않는가?"

아가톤이 대답하였다네.

"물론, 욕구합니다."

"그러면 에로스는 사랑하는 대상을 소유하고 있을 때도 여전히 그 욕구나 사랑을 갖고 있는가? 그렇지 않으면 소유하고 있지 않을 때에 그렇게 하는가?"

아가톤이 대답하였다네.

"아마 소유하고 있지 않을 때입니다."

"그렇다면 그것은 아마도가 아닌 반드시 그럴 것이 아닌가? 사랑을 욕구하는 것은 우리가 그것을 갖고 있지 않기 때문이 아닌가? 자기에게 있는 것을 욕구하지 않는다는 것은 개연적인 것이 아니라 필연적인 현상이라고 생각하네. 자네는 어떻게 생각하는가?"

아기톤이 대답하였다네.

"저도 그렇게 생각합니다."

"그렇다면 현재 장성한 사람이 장성하기를 원하거나, 강력한 사람이 강력하기를 원하는 경우가 있을까?"

"그것은 좀 전에 인정했지만 불가능합니다."

"그것은 사람이 자기가 갖고 있는 것을 필요로 하지 않기 때문이네."

"그렇습니다."

소크라테스가 말을 계속하였다네.

"이미 강한 사람이 강해지기를 바라고, 이미 빨리 달릴 수 있는 사람이 빨리 달리기를 바라고, 이미 건강한 사람이 건강하기를 바란다면 그는 이미 자신이 바라는 상황이면서도 욕심을 부린다고 할 수 있네. 우리가 이러한 실수를 범할 가능성을 피하기 위해 이런 말을 하는 것일세. 아가톤, 자네도 이 문제에 대해 깊이 생각하면 알 수 있겠지만 그런 사람들은 자신이 원했건 원하지 않았건 그것을 소유하고 있네. 그런데 그것을 새삼스럽게 원하는 것이 가능한가? 가령 어떤 사람이 '나는 건강하지만 건강을 원한다'거나, '나는 부자이지만 부자가 되고 싶다'거나 '지금 가지고 있지만 갖고 싶다'고 한다면 우리는 그들에게 다음과 같이 말하지 않겠는가. '자네는 현재 원하는 그것을 갖고 있으면서도 욕구한다면 앞으로도 계속 갖고 싶다는 말을 하는 것인가? 적어도 자네는 현재 그것을 소유하고 있으니 말이네' 이렇게 말한다면 상대방은 동의할 거라 생각하네. 아가톤, 자네는 어떻게 생각하는가?"

아가톤이 대답하였다네.

"맞습니다."

소크라테스는 계속 말을 했네.

"그러므로 사랑의 경우에도 아직은 우리가 지배할 수 없거나 현재 자기가 소유하고 있지 못한 것을 대상으로 할 걸세. 혹은 우리가 현재 갖고 있는 것을 앞으로도 계속 유지하는 것이 문제가 아니겠는가?"

"물론 그렇습니다."

소크라테스가 다시 입을 열었다네.

"그렇다면 이러한 욕구를 느끼는 사람들은 자기가 지배하지 못하거나, 지니고 있지 못한 것을 욕구한다고 해야 할 걸세. 욕구하는 것의 대상은 그 사람이 현재 갖고 있지 않거나, 결핍되어 있는 것이 아니겠는가?"

"그렇습니다."

소크라테스가 말을 이었다네.

"그렇다면 지금까지 우리가 합의한 것을 다시 한 번 살펴보세. 에로스는 어떤 대상에 대한 사랑이며, 그 대상은 현재 결여되어 있는 것이 아닌가?"

아가톤이 대답하였다네.

"그렇습니다."

"그렇다면 다음에 자네는 연설에서 에로스의 대상에 대해 무엇이라고 말했는지 상기해 주게. 자네가 원한다면 내가 자네에게 상기시켜 줄 수도 있네. 자네는 대체로 다음과 같은 말을 하였네. 신들의 세계에서도 아름다운 것에 대한 사랑으로 질서가 유지되며, 추한 것에 대한 사랑은 있을 수 없다고 말이야. 이것이 맞는가?"

아가톤이 대답하였네.

"네, 그런 말을 했습니다."

소크라테스가 다시 말을 계속하였다네.

"아가톤, 그것은 옳은 말이네. 에로스는 아름다움에 대한 사랑이란 말이지?"

그가 그렇다고 대답하였네.

"그러나 우리는 사랑은 자기에게 결여되어 있는 것을, 즉 갖고 있지 않은 것을 원한다는 데에 의견의 일치를 보지 않았나?"

"그렇습니다."

"그렇다면 에로스에게는 아름다움이 결여되어 있다는 말인가? 아름다움을 지니고 있지 않다고 봐도 무방한가?"

"그럴 수밖에 없겠지요."

그가 대답하였네.

"그렇다면 자네는 아름다움을 지니고 있지 않은 것을 아름답다고 할 수 있겠는가?"

"그럴 수는 없습니다."

"그런데도 자네는 에로스가 아름답다고 생각하나?"

아가톤이 대답하였다네.

"소크라테스, 내가 한 이야기가 무슨 뜻인지 모르면서 한 소리가 아니었나는 생각이 듭니다."

"아가톤, 그렇지 않네. 자네의 연설은 매우 훌륭하였네. 한 가지만 더 사소한 물음에 대답해 주게. 자네는 선량한 것은 동시에 아름다운 것이라고 생각하지 않는가?"

"그렇게 생각합니다."

"에로스에게 아름다움이 결여되어 있다는 사실은 동시에 선한 요소도 없다는 얘기가 아니겠는가?"

아가톤이 대답하였다네.

"소크라테스, 저는 도저히 선생님의 말씀에 반대할 수가 없습니다. 선생님의 말씀이 옳다고 생각합니다."

소크라테스가 입을 열었다네.

"아니네, 아가톤 모름지기 진리에 반대할 수가 없다고 말해야 하지 않겠는가? 소크라테스에게 반대하는 것은 어렵지 않은 일이네. 자, 자네와 따지는 문제는 이것으로 끝내고, 내가 전에 만티네이아에서 온 디오티마[92]에게서 들은 이야기를 해 보겠네. 그녀는 에로스에 대한 문제와 그 외 여러 가지 일에서도 통달하였네. 아테네 사람들이 전염병의 피해를 보기 전에 제물을 바치게 하여 10년 동안이나 병마가 늦게 오도록 한 분이네. 그녀는 나에게 에로스에 관한 것을 가르쳐 주었네. 이제부터 내가 그녀에게서 들은 이야기를 여러분에게 충실히 전하겠네. 내가 이미 아가톤과 의견을 합의한 부분에서부터 이야기는 출발하네. 나는 먼

---

92  Diotima : 전설속의 인물로 신을 경외하는 자라는 뜻이기도 하며, 가상적인 인물로 플라톤의 사상을 표현한다고 볼 수 있다.

저 아가톤이 말한 것처럼 에로스가 무엇이며, 어떤 성질을 지니고 있느냐에 대해 말한 다음 그가 행한 여러 가지 일을 설명해야 될 줄 알고 있네. 이 설명을 가장 쉽게 할 수 있는 방법은 그녀가 나한테 따지고 묻고 했던 것처럼 문답식으로 하는 것이라 생각하네. 사실 지금 아가톤과 내가 주고받은 이야기와 비슷한 내용을 주고받았네. 즉 에로스는 위대한 신이요, 아름다운 것들에 대한 사랑이라고 말이네. 그리고 그녀는 내가 아가톤을 설득한 것처럼 에로스가 아름답지도 선량하지도 않다고 나를 설득했네. 그래서 나는 그녀에게 질문했지.

'그렇다면 무슨 말씀입니까? 디오티마, 에로스는 추하고 악하단 말입니까?'

내가 이렇게 질문하자 그녀가 대답하였네.

'그런 말씀은 하지 마세요. 아름답지 않다고 반드시 추한 것이라 단언할 수 있습니까?'

'그것은 그렇습니다.'

하고 내가 수긍했네.

'그렇다면 지혜롭지 못한 사람은 무지한 사람이라고 생각하시겠군요. 지혜와 무지 사이에 중간적인 것이 있다는 사실을 알지 못하나요?'

'그것은 무슨 말씀이십니까?'

그녀는 계속해서 말을 했네.

'반드시 증거를 대며 이유를 말할 줄 알아야 올바른 견해를 내세울 수 있습니다. 그렇지 않다면 제대로 안다고 말할 수 없습니다. 증명하지 못하는데 어떻게 안다고 확신할 수 있겠습니까? 그것이 어떻게 앎이 되겠습니까. 물론 그것이 무지도 아닙니다. 진리와 부딪히고 있는 것을 어떻게 무지라고 할 수 있겠어요. 그러니 올바른 견해는 참된 앎과 무지의 중간적인 것임이 틀림없겠지요.'

'옳은 말씀입니다.'

내가 이렇게 대답하였네.

'그러니 아름답지 못하다고 하여 추하다거나, 선하지 못하다고 하여 악하다고 할 수는 없습니다. 에로스의 경우에서도 같습니다. 에로스는 선량하지도 아름답지도 않지요. 하지만 그렇다고 해서 그가 반드시 추하고 악하다고 생각할 수는 없습니다. 오히려 그는 이 두 가지 것들의 중간적인 존재라고 봐야 할 것입니다.'

그녀는 이렇게 말하였네.

'그러나 에로스는 누구에게나 위대한 신으로 인정받고 있습니다.'

하고 내가 말하였네.

'그렇다면 그 사람들은 무식한 사람입니까, 유식한 사람입니까?'

그녀가 이렇게 물었다네.

'모든 사람들이 그렇게 인정하고 있습니다.'

내가 이렇게 말하자, 그녀는 웃으며 말을 했다네.

'소크라테스 씨, 그가 도대체 신이 아니라고 말하고 있는 사람들이 어떻게 위대한 신이라고 인정한단 말입니까?'

'그 사람들은 누구를 가리키는 것입니까?'하고 내가 물었다네.

'그 사람들이란, 당신과 나 자신이지요.'

나는 다시 되물었다네.

'어째서 그렇습니까?'

'뻔하지 않나요? 모든 신들이 행복하고 아름답다고 생각하십니까? 그것이 아니라면 어떤 한 신이라도 아름답지 않고 행복하지도 않다고 주장할 생각이 있습니까?'

'제우스에게 맹세하지만, 나는 그럴 생각이 없습니다.'

'그런데 당신은 선량하고 아름다움을 소유한 사람이 행복하다고 생각하지 않습니까?'

'물론 행복하다고 생각하지요.'

'하지만 당신은 에로스에게 선량하고 아름다운 것이 결여되어 있기 때문에 그것을 욕구한다는 사실 또한 인정하지 않았나요?'

'네, 인정하였습니다.'

'그렇다면 아름답고 선량한 것들을 소유하고 있지 않은 그가 어떻게 신일 수 있단 말이죠?'

'그렇다면 그는 신이라고 할 수 없는 것 같군요.'

'그렇다면 당신은 에로스가 신이라는 것을 부정하는군요.'

하고 그녀가 말하였다네.

'그렇다면 대체 에로스는 무엇입니까? 멸망할 수 있는 겁니까?'

하고 내가 질문하였다네.

'그것은 아니에요.'

'그러면 그것은 무엇입니까?'

'이미 말한 바 있지만 멸망하는 것과 불사하는 것의 중간자이지요.'

'그렇다면 그건 대체 무엇입니까, 디오티마?'

'소크라테스, 그건 위대한 정령(精靈)입니다. 무릇 영적인 것은 신과 사멸하는 것과의 중간에 놓여 있으니까요.'

'그렇다면 그건 어떤 힘을 갖고 있습니까?'

하고 내가 또 질문하였다네.

'인간이 그에 관한 것을 신에게 올릴 때, 신이 인간에게 말을 내릴 때 그것을 통역하여 전달하는 매개 역할을 합니다. 다시 말해 인간들로부터 기도와 제사를, 신들로부터는 명령과 보답을 전달하는 역할입니다. 신과 인간의 중간자로 있으면서 양자의 간격을 좁히고 완전한 통일체가 될 수 있도록 가교 역할을 합니다. 점성술이나 제물을 바칠 때, 제사나 기도를 드릴 때, 그 밖의 모든 예언과 주술을 쓰는 승려의 기술 역시 정령을 통하여 행해지는 것입니다. 이것은 신이 인간과 직접 사귀지 않고, 인간이 잠들어 있을 때나 깨어 있을 때 모든 교제가 정령을 통하여 이루어집니다. 이런 일에 능한 사람이야말로 영적인 사람입니다. 그 이외에 어떤 기술이나 공예에 능한 사람은 장인(匠人)이라고 할 수 있습니다. 이와 같은 정령은 그 수가 많고 종류가 여러 가지 있지만 그중의 하나가 에로스입니다.'

'그렇다면 그 아버지는 누구이며, 그 어머니는 누구입니까?'

하고 내가 물었다네.

그러자 그녀가 대답하였다네.

'그것을 말하자면 지루할 정도로 길 것입니다. 하지만 이야기해 드리지요. 아프로디테가 탄생했을 때 신들은 그 탄생을 기념하여 축하연을 벌였습니다. 그 자리에는 교지(巧智)의 신 메티스의 아들인 풍요의 신 포로스도 있었습니다. 식사가 끝난 다음 축하연이 계속되고 있을 때 빈곤의 신 페니아가 먹을 것을 얻으려고 문 앞에 서 있었습니다. 포로스는 이미 신주(神酒)—당시는 포도주가 없었으므로—에 취해 노곤하여 제우스의 정원에서 잠을 자고 있었습니다. 그래서 페니아는 자기의 가난이 포로스의 아들을 낳으면 해결될 거라 생각하여 간계를 꾸며 그와 잠을 자고 에로스를 낳게 되었습니다. 에로스가 태어난 날은 아프로디테의 생일날이었고, 본래 아름다움에 대한 사랑을 갖고 있는 데

다가 아프로디테의 아름다움 역시 사랑하고 있기 때문에 에로스는 아프로디테의 종이 되었습니다. 에로스는 아버지 포로스와 어머니 페니아 사이에 태어났기 때문에 다음과 같은 성질을 갖고 있습니다. 언제나 가난하여 일반적으로 사람들이 생각하는 것과 달리 섬세하고 아름답지 못하고 구질구질하고 신발은 물론 집도 없어 떠돌아다녀야 했습니다. 그것은 어머니를 닮아 가난 속에 살 수밖에 없기 때문이지요. 그러나 아버지를 닮아 아름답고 선량한 자가 되기 위해 노력하며 용감하고 진취적이고 비범하며 강인한 사냥꾼으로서 책략을 꾸미고 학문에도 열중합니다. 평생 동안 지혜를 갈구하며, 능숙한 마술사이자 진정한 소피스트로 알려져 있습니다. 그는 소멸하는 자도 아니고 영원히 존재하는 자도 아닙니다. 오히려 하루에도 몇 번이나 생기가 넘쳐 풍요 속에 살다가도 죽음을 맞이하는 것 같기도 하였습니다. 그러다가 아버지로부터 물려받은 본성으로 인해 다시 생기를 얻고 금세 상실해 버리는 것이지요. 그러므로 에로스는 가난하지도 않지만 부유하지도 못합니다. 또한 현명하지도 않고 무지하지도 않습니다. 그는 지혜와 무지의 중간에 놓여 있습니다. 여기서 진리는 다음과 같습니다. 모든 신은 지혜롭게 되려고 하거나 애지자가 아닙니다. 그들은 이미 지혜롭기 때문입니다. 만일 신이 아닌 현명한 사람이라면 그도 역시 지혜를 사모하거나 지혜롭게 되려 하지 않을 것입니다. 무지한 사람 또한 지혜를 사랑하거나 지혜롭게 되려 하지 않습니다. 무지한 그들은 아름답지 않고 선량하지 못하고 현명하지 못한 것에 만족하고 살기 때문입니다. 부족함을 모를 정도로 무지한 자가 어찌 그것을 추구할 수 있겠습니까?'

'그렇다면 대답해 주십시오. 지혜로운 사람도 무지한 사람도 지혜를 찾지 않는다면, 어떤 사람이 지혜를 추구합니까?'

내가 이렇게 묻자 그녀가 다음과 같이 대답하였네.

'그 질문에 대한 대답은 어린아이도 알 수 있을 것입니다. 그것은 양자의 중간에 있는 자이겠지요. 에로스 또한 그들 중의 하나입니다. 지혜야말로 가장 아름다운 것이고 에로스는 아름다움을 사랑합니다. 따라서 에로스는 애지자라는 결론이 나오며, 현명한 자와 무지한 자의 중간에 위치하고 있는 것입니다. 그가 이러한 위치에 있는 이유는 그의 내력 때문입니다. 그의 아버지는 현명하고 슬기롭지만 그의 어머니는 무지하며 무력하기 때문입니다. 소크라테스 씨, 이것이 정령의 본성입니다. 당신이 에로스에 대해 처음에 갖고 있던 견해는 흥미롭지만 당신의 이야기를 들으면 에로스는 사랑을 하는 자가 아니라 사랑을 받는 자라고 혼동하고 있는 것 같습니다. 그리하여 사랑을 모두 아름다운 것이라 생각하였을 것입니다. 사랑을 받는 대상은 아름답고 우아하며 완전하고 행복한 존재이지만 그와는 달리 사랑을 하는 자는 방금 설명한 것처럼 전혀 다른 성질을 갖고 있습니다.'

내가 그녀에게 말했다네.

'부인, 그렇다면 대답해 주십시오. 당신의 말씀이 옳다고 확신이 들어 하는 말입니다만, 에로스의 성품이 그러하다면 인간들 사이에 어떤 도움을 줍니까?'

그녀가 대답하였다네.

'이제부터 들려 드리려고 하는 이야기도 그것입니다. 에로스는 어떤 본성을 갖고 있는지 그의 부모가 누구인지를 말해 드렸습니다. 그리고 당신은 에로스가 아름다움을 사랑하는 자라고 인정했습니다. 그렇다면 우리가 다음과 같은 질문을 받았다고 생각해 봅시다. 〈소크라테스, 디오티마, 아름다움을 사랑하는 자는 대체 어떤 자입니까〉하고 묻는다면, 즉 다시 말해 〈아름다움을 사랑하는 자가 느끼는 사랑의 목적은 무엇입니까〉하고 묻는다면……'

'아름다운 것을 소유하려는 것이지요.'

내가 이렇게 대답하자 그녀가 의문을 제시했네.

'그러나 그 대답은 다음과 같은 문제가 발생합니다. 〈아름다움을 소유한 자는 무엇을 소유하는 것인가?〉'

나는 이 질문에 대해서는 당장 대답할 말이 없다고 하자, 그녀가 다시 말을 계속하였네.

'좋아요. 그렇다면 아름다움 대신 선량함으로 바꾸어서 다시 질문해 보기로 하지요. 〈선량한 것을 사랑하는 자가 느끼는 사랑

의 목적은 무엇입니까?〉하고 묻는다면, 소크라테스 씨, 어떻게 대답하시렵니까?'

나는 이렇게 대답하였다네.

'선량한 것을 소유하려는 것이지요.'

'선량한 것을 소유한다면 한 자는 무엇을 얻는 것이 됩니까?'

나는 그녀의 말에 받아 대답했네.

'그것은 비교적 쉬운 질문이군요. 행복을 얻게 될 테지요.'

그녀가 다시 말하였네.

'아마도 행복이란 선량한 것을 소유하는 데서 비롯되기 때문이지요.'

'행복한 것은 선량한 것을 소유하는 데서 비롯되는 것입니다. 그리고 이러한 대답을 들으면 질문은 끝나게 됩니다. 어찌하여 행복을 원하는가 하고 재차 질문할 필요는 없으니까요. 그러므로 물음의 해답은 이것으로 끝났다는 생각이 들지 않나요?'

'그렇습니다.'

나는 동의하였네.

'그렇다면 이러한 욕구와 이러한 사랑은 모든 사람들에게 공통된 것으로, 누구나 선량한 것을 소유하기를 원할까요? 아니면 그 반대인가요?'

'모든 사람들이 갖고 있는 소망입니다.'

'그렇다면 소크라테스. 모든 사람이 동일한 대상을 사랑하고 있다면 왜 우리는 모든 사람이 사랑하고 있다고 하지 않고 어떤 사람은 사랑하고 어떤 사람은 사랑하지 않는다고 할까요?'

'나도 그 이유는 무엇인지 잘 모르겠습니다.'

그녀가 말을 이어갔네.

'의아해 하지 않아도 됩니다. 우리는 사랑의 여러 형태 중 한 가지 형태만을 골라 사랑이라고 부르고 그 밖의 것에는 다른 이름을 붙이고 부르기 때문이지요.'

'예를 들자면 어떤 것이 그렇습니까?'

내가 질문하자 그녀가 대답했네.

'한 가지 예를 들지요. 창작에는 여러 가지 종류가 있다는 것을 알지요? 무엇이든지 무(無)에서 유(有)로 변할 때, 그러한 모든 형태를 일종의 창작으로 볼 수 있지요. 이러한 기술에 종사하는 사람을 창작자라 합니다.'

'그렇지요.'

'그렇지만 그 사람들을 모두 창작자로 부르지 않고 다른 이름들로도 부르고 있습니다. 모든 창작의 분야 중 한 분야, 즉 음악과 운율에 관계되는 것만을 창작이라고 합니다. 그러니까 이것만을 창작이라 부르고 그 방면의 창작에 종사하는 사람만을 창작가, 또는 시인이라고 하지요.'

'사실 그렇습니다.'

하고 내가 대답하였네.

'에로스의 경우도 마찬가지입니다. 일반적인 의미에서 선량한 것과 행복한 것에 대한 모든 욕구는 사랑이지요. 즉 강력하고 교묘한 에로스입니다. 그러나 가령 축재(蓄財)나 운동 경기 또는 철학 같은 것을 사랑하는 사람을 가리켜 사랑한다거나 사랑하는 사람이라고 부르지는 않지만, 어떤 특수한 종류의 사랑을 추구하는 사람들에게만 사랑한다거나 사랑을 하는 사람이라고 부릅니다.'

'옳은 말씀입니다.'

'이렇게 말하는 사람도 있더군요. 사랑하고 있는 사람들은 자기의 반쪽을 찾고 있다고 말입니다. 하지만 에로스는 자기의 반신(半身)을 찾는 것도 아니고 전체를 찾는 것도 아닙니다. 다만 그 반쪽이나 전체니 하는 것이 어떤 선량한 것이면 문제는 달라집니다. 예를 들어 자기의 손과 발도 해로운 것이라 여겨지면 즉 병이 들어 썩으면 스스로 잘라 버리지요. 비단 자기의 것이라도 유리한 것이 아닌 해로운 것이라면 애착을 느낄 수 없기 때문입니다. 사람은 자기에게 선량한 대상에만 애착을 느낍니다. 그렇지 않습니까?'

'그렇게 생각합니다.'

'그렇다면 우리는 인간은 선량한 것을 사랑한다고 말할 수 있지 않겠습니까?'

'네. 그럴 수 있겠지요.'

'우리는 인간은 선한 것을 차지하기 위해 사랑한다고 덧붙여

야 할 것입니다. 그렇지 않은가요?'

'네. 그렇습니다.'

'그리고 그것을 잠시 소유하는 것이 아닌 영원히 소유하기를 원한다고 말하면 어떻습니까?'

'그렇게 말하여도 좋을 것입니다.'

그녀는 이렇게 말하였네.

'지금까지 말한 것을 정리한다면 사랑이란 자기 자신을 위해 선량한 것을 영원히 소유하려는 욕구라 말할 수 있지 않겠어요?'

'옳은 말씀입니다.'

그녀는 말을 계속하였네.

'만일 에로스가 언제나 이런 것을 원하는 욕구라면, 어떤 방법과 행동으로 사랑을 추구해야 할까요? 어떤 행동이 얼마만큼 강렬하게 표현되어야 사랑이라고 불릴 수 있는가요?'

그녀의 질문에 나는 대답할 수 없었네.

'디오티마, 만일 내가 그 대답을 할 수 있다면, 당신의 지혜에 경탄하여 이 문제에 대한 가르침을 받기 위해 당신을 찾아오지도 않았을 것입니다.'

'그렇다면 제가 대답해 드리지요. 그것은 육체적으로나 정신적으로나 아름다운 생식을 하는 것입니다.'

'무슨 말씀이신지 점성술에 의지라도 하지 않으면 나로서는 이해가 안 되는군요.'

그녀가 말했네.

'좋아요, 좀 더 분명히 이야기해 드리지요. 사람은 육체적으로나 정신적으로나 태반(胎盤)을 갖고 있습니다. 그리하여 때가 되면 우리의 본능은 자식을 낳기를 요구하지만 추한 것 속에서 자식을 낳을 수 없고 아름다움 속에서만 자식을 낳을 수 있습니다.[93] 남자와 여자의 결합 역시 자식을 낳는 것에 목적이 있습니다. 생식은 신성하며 잉태를 하여 자식을 낳는 일 역시 신성한 것으로, 멸망하는 것 속에 깃드는 불멸의 것이지요. 그러나 신성한 것은 추한 것과 조화를 이루지 못하지만 아름다운 것과는 조화가 잘 되기 때문에 미의 여신인 칼로네가 출산과 조산을 주관하는 것입니다. 그러므로 욕망을 느끼는 사람이 아름다운 것과 가까이하면 편안하고 행복한 마음이 넘쳐 생식을 할 수 있습니다. 그러나 반대로 추한 자를 가까이하면 우울해지고 불쾌해져서 피하게 되므로 욕망을 억제합니다. 그러므로 생식욕이 왕성한 자는 아름다운 자를 보면 큰 충동을 느끼게 마련입니다. 그리고 아름다운 것을 갖게 되면 출산의 고통으로 해방되는 것입니다. 소크라테스 씨, 당신이 생각하듯이 사랑의 대상은 아름다운 것이 아닙니다.'

'그럼 대체 무엇입니까?'

93  이 대화에서 나오는 견해로 보아, 다른 고대 사상가처럼 플라톤 역시 아이의 몸 전체가 아버지로부터 생기고 어머니의 몸은 아이가 자라는 장소를 빌린 데 지나지 않는다고 믿었음을 알 수 있다.

'그 대상은 아름다움 속에서 생식하고 출산하는 것입니다.'

'과연 그렇군요.'

내가 고개를 끄덕이자 그녀가 말하였네.

'물론입니다.'

'그렇다면 어찌하여 생식을 희구합니까?'

그녀는 대답하였네.

'그것은 죽어가는 존재인 인간이 가질 수 있는 것 중 영원불멸에 가까운 것이 출산이기 때문입니다. 우리가 앞에서 인정한 것처럼 에로스는 영원히 선량한 것을 소유하려고 하는 것이며 어느 누구라도 불멸하는 것과 선량한 것을 원하기 마련입니다.'


이와 같이 그녀와 사랑에 대한 이야기를 할 때마다 나는 여러 가지를 그녀로부터 배웠다네. 어느 날 그녀가 나에게 이런 것을 물었네.

'소크라테스, 무엇이 이러한 사랑과 이러한 욕구의 원인이라고 생각하십니까? 짐승이든 새든 모든 동물이 생식을 하고 싶다는 욕망이 충만할 때 얼마나 사랑의 열병을 앓는지 당신도 아실 것입니다. 그들은 모두 사랑의 욕구에 사로잡혀 결합하려고 하고, 자신이 아무리 약하더라도 새끼의 생존을 위해서라면 어떤 강한 자와도 맞서 싸울 수 있으며 목숨을 내던질 각오도 되어 있다는 것을 아시지요? 또 스스로 굶주림에 시달리며 어떤 고통도

달게 받는 것도 새끼를 기르기 위함이지요. 인간의 경우에는 당신은 이성에 의해 이런 일을 할 수 있다고 볼 수 있으나 짐승의 경우 이러한 열렬한 애욕의 원인은 어디서 생겨나는 것일까요?'

나는 그녀의 질문에 이번에도 모르겠다고 대답하였네. 그러자 그녀가 말하였네.

'그것도 모르면서 어떻게 사랑의 대가(大家)가 되려고 하십니까?'

내가 말하였네.

'디오티마, 전에도 말했지만 그 때문에 당신을 찾아왔다고 하지 않았습니까? 나는 스승이 꼭 필요하다고 생각하여 여기 왔으니 사랑과 관련된 원인과, 그 밖의 사랑에 관한 현상의 원인이 무엇인지 알려 주십시오.'

그녀가 말하였네.

'사랑의 본질은 우리가 여러 번 합의한 바 있는 것에 대해 믿고 계신다면 그다지 어려울 것이 없다고 생각합니다. 인간의 경우도 동물의 경우와 마찬가지로 멸망해 가는 자들의 본성은 영원히 불사하기를 원하는 데 있는 것 아니겠어요? 그리고 그것은 오직 생식에 의해서만 가능합니다. 생식은 낡고 늙은 것 대신에 새롭고 젊은 것을 남기고 가는 것이니까요. 이것은 마치 생명체 하나하나가 자기 동일성을 가지고 살아가는 것과 같은 것입니다. 예를 들어 어렸을 때부터 늙을 때까지 동일한 사람으로 불리는 것과 마찬가지이지요. 인간은 동일한 인간으로 여겨지지만 실재에 있어 꾸준하게 새로워지고 있습니다. 그의 여러 부분이 새로워지는 것입니다. 예를 들어 머리카락 한 올, 살, 뼈, 피, 혹은 육신 전체가 새로워지고 있습니다. 육신뿐만 아니라 정신 역시 같습니다. 기질, 성격, 정욕, 비애, 공포, 환락 등 어느 누구도 동일하지 않고 매 순간 변화하며 소멸되고 생성됩니다. 그러나 가장 신기한 점은 우리의 지식 역시 마찬가지로 어떤 지식은 사라지며 어떤 지식은 생겨나고 언제나 동일한 상태가 아닌 변화를 거듭하는 것입니다. 또한 그 지식 하나하나 역시 동일한 일이 생깁니다. 따라서 복습은 지식의 소실을 전제로 하며 사라진 지식을 새롭게 만들고 보유하며 전과 같은 상태를 유지하는 것처럼 보이게 한다고 생각합니다. 이렇게 해서 모든 멸망해 가는 것들이 유지되어 갑니다. 하지만 신적인 것처럼 동일한 것으로 불변하거나 불멸할 수는 없기 때문에 늙어서 사라져 버리는 자는 과거의 자기와 같은 새로운 생명을 남김으로써 불사하고자 하는 것입니다. 소크라테스 씨, 죽어가는 자는 이러한 방법으로 육체뿐만 아니라 그 밖의 다른 모든 면에서도 불멸에 참여하는 것입니다. 영원히 소멸하지 않는 존재는 다른 길이 있을 것입니다. 모든 생물이 본능적으로 그 자식을 소중히 여기는 것은 놀랄 것 없는 일입니다. 아무리 작은 미생물도 불멸을 위하여 사랑을 구합니다.'

나는 이 이야기에 놀라지 않을 수 없었네. 그래서 이렇게 말했네.

'오, 지혜로운 디오티마! 그것이 참으로 그렇습니까?'

그러자 그녀는 소피스트와 같은 어조로 다음과 같이 말했네.

'분명히 그렇습니다. 우선 다른 건 두더라도 사람들의 공명심 같은 것을 생각해 보십시오. 내가 지금까지 당신에게 이야기한 것을 기억하고 있지 않는다면, 아마 내 말이 무모하다고 하여 놀랄 것입니다. 유명해지고 싶다거나, 영원히 변하지 않는 명성을 떨치고 싶다는 욕망이 사람에게 얼마나 강력하게 작용하는지 알 수 있지 않습니까? 이것을 위해서라면 인간은 자기의 자녀들을 위하는 일보다 더 큰 위험이나 모험도 두려워하지 않고, 많은 재산을 써 가며, 어떤 고통도 감내할 뿐만 아니라, 목숨도 내놓는다는 사실을 생각할 때 공명심이 얼마나 무모한 것인가 놀라지 않을 수 없을 겁니다. 그것이 지금도 우리가 기억하는 것처럼 사람들이 간직하리라 믿지 않는다면, 알케스티스가 아드메토스를 위해 목숨을 버리고, 아킬레우스가 파트로클로스를 뒤따라 죽은 일, 그리고 코드로스[94]가 그 아들들의 왕위를 확보하려고 스스로 죽은 일이 있을 수 있다고 생각합니까? 그렇지 않습니다. 모든 사람들은 불멸의 공훈과 영광스러운 명성을 위해 무슨 일이라도 할 수 있으며 우수한 사람일수록 더욱 그러하다고 생각합니다. 그들은 불멸의 것을 바라고 찾고 있기 때문이지요. 육체적인

---

**94** Codros : 도리스인의 침략에서 나라를 구하기 위해 신탁에 따라 자진해서 목숨을 희생했다. 신탁에서 임금이 죽지 않으면 도리스인이 승리할 수 있다고 했기 때문이다. 임금을 죽인 사실을 안 도리스인들은 이길 수 없음을 알고 퇴각하였다.

욕구가 강한 사람은 이 욕구가 여자에게로 향하고, 자식을 낳음으로써 불사성과 행복을 확보하여 자기 자신을 지탱해 나가고자 합니다. 그리고 이 욕구가 정신적인 곳에 있는 사람도 있습니다. 육체가 아닌 영혼 속에서 생식을 하고 자손을 만들고 싶은 것이지요. 영혼의 자손은 바로 지혜와 덕입니다. 모든 시인이나 미술가 공예가들이 이러한 부류에 속합니다. 하지만 가장 위대하고 아름다운 지혜는 나라와 가정의 질서와 관계되는 정의와 절제라고 생각합니다. 그러므로 어릴 적부터 신적인 영감과 미덕을 지닌 사람은 장성하면 아이를 낳고자 하는 욕구를 느끼며 아름다운 것을 찾아 나서게 됩니다. 추한 자에게는 그런 욕구를 느끼지 않을 테니까요. 욕구가 강한 자일수록 추한 육체보다 아름다운 육체를 원하게 되며, 아름답고 고상한 영혼의 소유자를 만나게 되면 그 육체를 반갑게 맞이합니다. 그리고 이 같은 사람에게는 덕이나 선에 대해 어떻게 행해야 한다는 것에 관해 가르치려고 합니다. 아름다운 사람을 가까이하고 함께 지내면서 그는 오래전부터 몸에 지니던 것을 생식하여 출산하게 됩니다. 그들은 곁에 있든 그렇지 않든 상대방을 생각하고, 상대방과 더불어 그 자손을 양육하며, 그 결과 두 사람은 육신의 자식들이 있는 경우보다 훨씬 더 친밀하게 사귀며 우애로 밀접하게 결합되기 마련인 것입니다. 그리고 그들도 호메로스나, 헤시오도스, 그 밖의 훌륭한 시인들처럼 육신의 자식보다 영혼의 자식을 낳기를 원할 것입니다. 이러한 시인들은 길이 남을 명성을 지녔기 때문에 후세에도 이름이 전해지지만, 이들 못지않게 불후의 명성을 떨칠 소생(所生)을 남겨 놓는 것입니다. 리쿠르고스[95]가 스파르타를 구하기 위해 무엇을 남겨 놓았는지 생각해 보아도 좋습니다. 그는 스파르타뿐만 아니라 온 그리스에 아름다운 업적과 덕을 남겨 놓았다고 해도 지나치지 않습니다. 솔로몬은 그가 제정한 국법 때문에 존경을 받게 된 것입니다. 여러 곳에서 그리스 사람이든 이방인이든, 여러 세대에 걸쳐 훌륭한 업적을 이룩하고 많은 덕을 쌓아 불후의 이름을 남긴 사람들이 많습니다. 그리고 그들에게는 그들과 같은 훌륭한 정신적인 자손들이 있어 그들의 이름으로 많은 전당이 세워졌습니다. 하지만 육신의 자식들을 낳았다고 하여 그런 전당을 세운 사람은 아직 없습니다.

소크라테스 씨, 이쯤하면 당신도 사랑의 신비에 관하여 몇 가지는 알 수 있을 것입니다. 그러나 올바른 길을 추구하는 사람은 보다 높은 신비와 묵시에 도달할 수 있는데 당신이 거기까지 갈 수 있을지 확신할 수 없습니다. 하지만 나의 힘이 닿는 데까지 그 과정을 알려 드릴 테니 잘 들어 주세요.

올바른 길로 나아가려는 사람은 어릴 적부터 이 일을 시작해야 하며 아름다운 육체를 가까이 해야 합니다. 처음에 훌륭한 지도자의 지도 아래에서 한 육체를 사랑하며 그 속에 아름다운 관

---

**95** Lykurgos : 스파르타의 입법가. 군사와 법류의 기초를 확립한 인물로 추측된다.

념을 심어 주고, 모든 육체는 서로 연관 관계를 갖고 같은 아름다움을 추구한다는 것을 알아야 합니다. 또 본질적으로 미를 추구하면 모든 육체의 아름다움은 동일 선상에 있음을 기억해야 합니다. 이런 사실을 깨달으면 모든 육체적 아름다움을 사랑하고, 특정한 대상에 지나치게 정열을 태우는 일은 어리석음을 알고 해방되어야 합니다. 그리고 육체적 아름다움보다 영혼의 아름다움이 훨씬 더 가치 있으며 아름다운 것을 알아야 합니다. 또한 육신이 아름답지 않더라도 영혼이 아름답다면 그것을 더욱 소중하게 생각하고 사랑하며 선한 길로 안내해야 합니다. 그리하여 우리의 여러 가지 제도와 법률의 아름다움에 눈을 뜨고, 모든 아름다움이 서로 결부될 수 있으며 육체의 아름다움은 그보다 훨씬 낮다는 사실을 깨달아야 할 것입니다. 그 다음에 여러 가지 지식을 얻을 수 있도록 지도해 나가며 지식의 아름다움을 찾고 그 아름다움을 깨달아 한 가지에만 집착하거나 얽매이는 노예가 되지 않도록 하며 한 가지 일에만 만족하여 구차하고 비열한 인간이 되지 않도록 노력해야 합니다. 오히려 아름다움이라는 큰 바다로 나아가 그 바다를 바라보면서 풍부하고 아름다운 관념과 사상을 창조해 아름다움에 관한 인식을 터득해야 합니다. 그러니 당신은 내 말에 주의해서 귀를 기울여 주십시오.

올바른 순서에 따라 아름다운 것들을 바라보면서 사랑의 비결에 대한 지도를 받은 사람이라면 누구나 여기서 막바지에 다가가고 있는 것입니다. 그것을 깨닫게 되면 아름다움에 대한 놀라움을 감추지 못할 것입니다. 그것은 아름다움 그 자체지요. 소크라테스 씨, 지금까지의 모든 고난을 참고 견디어 온 것은 오직이 아름다움을 위해서입니다. 첫째로 그것은 영원한 것이며, 따라서 소멸되거나 생성되거나 커지거나 작아지듯이 변화하는 것이 아닙니다. 둘째로 그것은 어떤 것과 비교하면 아름답지만 어떤 것과 비교하면 추하다거나, 어떤 사람에게는 아름답지만 다른 사람에게는 추한 것이 아닙니다. 또한 때로는 아름답고, 때로는 추한 것도 아닙니다. 어떤 방향에서 보면 아름답지만 다른 방향에서 보면 추한 것도 아닙니다. 아름다움은 얼굴이나 손 등 신체적인 것에 속하지도 않고, 가시적인 것도 아니며 어떤 말이나 학식으로 나타나는 것도 아닙니다. 그리고 그 자체 이외 어떤 다른 것들, 예를 들어 그것이 생물 속이나 땅 위나 하늘 위나 그 밖의 어떤 물체에 속해 있는 것도 아닙니다. 그것은 그 자체로만 독립해서 존재하며 영원히 지속되는 유일무이한 형태를 취하는 미(美) 자체입니다. 그 이외의 아름다움은 이 아름다움에 참여하는데 그 참여 방법은 다음과 같습니다. 스스로 나타나거나 소멸하지만, 늘거나 줄어드는 변화 없이 항상 그대로 있는 것입니다. 만일 인간이 올바른 애정을 통해서 위로 올라가 이 아름다움을 보게 되면 그 사람은 거의 궁극의 단계에 도달하였다고 할 수 있습니다. 그리고 사랑의 진리에 이르는 올바른 길은 다음과 같습니다. 이 세상에 있는 각각의 여러 가지 아름다움에서 시작하여 사다리를 타고 위로 올라가듯이 아름다운 것을 향해 갑니다. 하나의 아름다운 육체로부터 두 개의 아름다운 육체로, 두 개의 아름다운 육체로부터 모든 아름다운 육체로. 그리고 그곳에서 모든 아름다운 일과 활동으로 나아가고 그것을 거쳐 아름다운 학문으로 나아가고, 마지막으로 여러 가지 아름다운 학문은 아름다움 자체만을 인식하는 완전한 학문으로 나아가 드디어 미의 본체를 알게 되는 것입니다.

소크라테스 씨, 인생은 이 경지에 이르러서 아름다움 그 자체를 볼 수 있으며, 또 이러한 것을 원하는 것으로 살 가치가 있는 것입니다. 만일 당신이 이 아름다움을 한 번 보게 되면 그것은 황금이나 화려한 비단 옷이나 아름다운 소년이나 청년 따위와 비교할 수 없으며 눈길을 줄 수도 없게 될 것입니다. 이 아름다움에 당신은 금세 황홀해져 정신을 차리기 힘들 것입니다. 또 어느 누구라도 그렇게 아름다움 그 자체와 순수하게, 다른 것과의 섞임 없이 같이 있을 수 있다면 행복함으로 충만해질 것입니다. 즉 인간의 육신과 여러 가지 빛깔과 그 밖의 보잘것없는 폐물로 인해 더럽혀진 아름다움이 아닌 태양처럼 선명한 아름다움을 볼 수 있는, 다시 말해 순수하고 둘도 없이 홀로 떨어져 존재하는 신적인 아름다움을 파악할 수 있다면, 이것을 어떻게 상상해야 옳을까요? 그 아름다움을 향해 시선을 고정시키고 참된 아름다움과 함께 살아가는 사람의 생활이 보잘것없다고 말할 수 있습니까? 마음의 눈으로 참된 아름다움을 볼 수 있는 사람은 덕의 그림자가 아닌 참된 덕을 알게 되리라 생각하지 않습니까? 그리고 참된 덕을 알고 그러한 덕을 쌓았기 때문에 신의 사랑을 받고 신의 친구가 될 수 있습니다. 그리고 불사하는 사람이 있다면 이런 사람이 아닐까요.'

파이드로스, 그리고 여러분, 이것은 디오티마가 말해 준 이야기이고, 나는 그 이야기가 옳다는 것을 믿고 있네. 그리고 내가 이것을 믿는 이상, 이런 축복을 손에 넣기 위해서는 인간은 본질적으로 에로스보다 더욱 큰 도움을 줄 수 있는 자가 없다는 사실을 모든 사람에게 이해시키고 싶네. 그러므로 에로스를 찬양하며 소중히 여겨야 한다고 주장하는 동시에 나 자신은 물론 다른 사람에게도 권면하고 있네. 내 힘을 다해서 에로스의 힘과 용기를 찬미하네. 이것이 나의 연설일세. 파이드로스, 자네가 이의가 없다면 이것으로 나의 연설을 끝내려고 하네. 이것이 내가 에로스에게 바치는 찬사이나 찬사라 할 수 있는지 자네의 의견에 맡기겠네."

소크라테스의 연설이 끝나자 모두의 박수가 터져 나왔네. 아리스토파네스만 소크라테스에게 무엇인가 말을 하려고 하였네. 소크라테스의 이야기 중 자신의 연설을 풍자한 부분이 있었기 때문이네. 마침 정문 쪽에서 문을 두드리는 소리가 들리며 술주정꾼 무리들의 떠들썩하는 소리가 들려왔고 여인의 피리 소리도 들려왔네. 그러자 아가톤이 시중드는 하인에게 일렀네.

"애들아 무슨 일인지 보고 오너라. 만약 아는 사람이 있다면 불러들이고, 그렇지 않거든 우리는 지금 잔치가 끝나 잠이 들었다고 말해라."

잠시 후에 뜰에서 알키비아데스의 목소리가 들려왔다네. 그는 매우 술이 취해 큰소리로 아가톤을 찾고 있었다네.

"아가톤이 어디 있느냐? 아가톤이 있는 곳으로 안내해라."

그리하여 알키비아데스는 그의 친구들과 피리 부는 여인의 부축을 받으며 연회석으로 들어왔네. 그는 담쟁이와 오랑캐꽃으로 엮은 화환을 머리에 쓰고, 많은 리본을 머리에 달고서 문 앞에서 서서 말을 했네.

"여러분, 안녕하십니까, 여러분은 술 취한 사람, 그것도 몹시 취한 사람을 한자리에 참여시켜 주실 수 있으신가요? 아니 사실 여기 내가 온 이유는 아가톤에게 화환을 씌어 주기 위해서이니, 화환이나 씌워 주고 돌아갈까요? 나는 어제 축하연에 참석하지 못해 오늘 이렇게 화환을 쓰고 찾아온 걸세. 이 화환을 제일 아름답고 총명한 사람에게 씌워 주려고 말일세. 자네들은 내가 술이 취했다고 조롱하겠지. 그러나 자네들이 비웃더라도 나의 진심은 내가 잘 알고 있네. 그러니 들어가도 되겠나? 나와 함께 마시지 않겠나? 대답해 주게."

그곳에 있던 사람들은 모두 환호하며 들어오라고 하며 그를 맞아들였네. 아가톤 또한 그에게 들어오라고 말했으므로 일행의 부축을 받으며 안으로 들어왔네. 그는 아가톤에게 화환을 씌워 주기 위해 화환을 벗으려고 애를 썼네. 앞의 리본이 눈을 가리는 바람에 앉아 있는 소크라테스를 발견하지 못했네. 그리하여 소크라테스가 그를 위해 자리를 비켜 준 일도 모르고 아가톤 앞으로 가서 아가톤을 끌어안고 화환을 달아 주었네. 그때 아가톤이 하인들에게 지시했네.

"알키비아데스의 신발을 벗겨 드려라. 그리고 우리 셋의 자리를 마련해라."

알키비아데스가 말했네.

"그런데 함께 술을 마시는 또 한 사람은 누구인가?"

그는 이렇게 말하고 몸을 돌리다가 소크라테스를 발견하고 깜짝 놀라 외쳤네.

"맙소사, 헤라클레스[96]여, 어떻게 된 일입니까? 소크라테스 씨가 여기 있다니! 당신은 언제나 생각하지 못한 곳에 불쑥 나타나는 버릇이 있군요. 여기서도 나를 기다리고 계시군요. 대체 여기는 뭘 하러 오신 것입니까? 아리스토파네스나 농담을 잘하는 사람이나 그 밖의 사람들과 어울리려고 하지 않고 아름다운 사람 곁에 앉아 계신 이유는 무엇입니까?"

소크라테스가 입을 열었다네.

---

96  위급할 때 힘센 장수를 불러 구원을 청하기 위해 쓰는 말.

"아가톤, 나를 좀 도와주게. 아무래도 이 사람의 사랑은 단순하지 않는 것 같네. 내가 이 사람에게 호의를 보여 준 다음부터 나는 다른 사람과 이야기를 하거나 아름다운 사람을 쳐다보아서는 안 되었네. 그런 날에는 질투와 시기에 눈이 먼 이 사람이 내게 욕을 하거나 사납게 손찌검을 하니 정말 질색이네. 지금도 그런 짓을 할 줄 모르니 말려 주게나. 또한 우리 사이를 화해시켜 주게. 혹시 그가 폭력을 쓴다면 나를 도와주게. 이 사람의 광기와 격정에는 몸서리가 날 정도네."

알키비아데스가 말을 했네.

"소크라테스 씨와 나 사이에 무슨 화해를 하겠습니까. 지금 하신 말에 대해서는 나중에 진실을 가리기로 하고, 지금은 나에게 그 리본을 몇 개만 주게. 소크라테스 씨의 머리는 정말로 놀라우니 이 어르신의 머리에도 달아야지. 그렇지 않으면 변론에 있어 누구도 당할 사람이 없는 그에게 리본을 달지 않고 아가톤에게만 달아 주었다고 화를 낼 걸세."

이렇게 말하고는 그는 몇 개의 리본을 소크라테스의 머리에 달아 주고 나서 말을 계속 하였다네.

"여러분, 내가 보기에는 여러분은 취하지 않으셨지요? 그러나 그럴 필요 없습니다. 여러분이 얼큰하게 취할 때까지 내가 이 술좌석의 좌장(座長)이 되어야겠소. 아가톤, 이 집에 있는 가장 큰 술잔을 가져오게. 아니, 잠깐만. 저기 있는 저 커다란 물그릇을 가져오게."

　그는 보통 잔 여덟 개 이상의 술을 담을 수 있는 그릇을 발견하고 이렇게 말하였다네. 그리고 그 그릇에 술을 철철 넘치게 부어서 먼저 자기가 다 들이키고 나서 소크라테스에게 부어 주라고 이르고서 말을 계속하였다네.

　"여러분, 소크라테스에게는 아무리 술책을 부리려고 해도 아무 소용도 없습니다. 누가 권하든 권하는 대로 마셔도 결코 취하지 않으니 말입니다."

　소크라테스가 하인이 따라 주는 술을 마시자, 에리크시마코스가 말을 하였다네.

　"알키비아데스, 우리는 어떻게 하란 말인가? 잔을 들고 아무 말도 하지 말고, 노래도 부르지 않으며 목마른 사람처럼 술만 마시란 말인가?"

　알키비아데스가 대답하였다네.

　"에리크시마코스, 가장 훌륭하고 가장 절제력이 강한 아버지를 모신 가장 훌륭한 아들이여, 재미가 어떤가?"

　에리크시마코스가 대답하였다네.

　"어떻게 하면 재미있는 자리가 되겠는가?"

　"자네가 원하는 대로 하세. '한 사람의 훌륭한 의사는 문외한 백 사람보다 낫다[97]'고 하지 않았는가? 그러니 자네가 원하는 대

---

97　『일리아스』 11.514.

로 처방만 내리게."

에리크시마코스가 입을 열었다네.

"그렇다면 내 말을 잘 듣게. 우리는 자네가 오기 전에 순서대로 왼쪽에서 오른쪽으로 돌아가며 각각 에로스에 대한 찬양 연설을 하였네. 그렇게 여기 있는 우리는 연설이 끝났지만 자네는 연설을 하기도 전에 만취가 되었네. 마실 만큼 실컷 마셨으니 자네도 이제 연설할 차례이네. 자네 연설이 끝나면 소크라테스 씨에게 어떤 것이든 좋으니 이야기를 시키게. 그런 다음 순서대로 오른쪽 사람에게 이와 같은 이야기를 이어 나가도록 하세."

알키비아데스가 입을 열었다네.

"좋네. 하지만 에리크시마코스, 취한 사람에게 연설을 하게 한 다음 정신이 말짱한 자네들의 연설과 비교하는 것은 말이 되지 않네. 그리고 이 순진한 사람아, 자네는 소크라테스 씨가 지금 한 말이 이해가 가는가? 그가 말한 것과 실제 에로스는 정반대라는 것을 모르는가? 만일 내가 그가 있는 앞에서 신이든 사람이든, 그가 아닌 다른 존재를 찬양하기만 하면 나를 내버려 두지 않을 걸세."

소크라테스가 입을 열었다네.

"여보게, 쓸데없는 소리는 거기까지 하게."

알키비아데스가 말하였다네.

"포세이돈께 맹세하지만 아무리 부정해도 소용없습니다. 나는 당신 앞에서 다른 누구도 칭찬하지 않을 테니까요."

에리크시마코스가 입을 열었다네.

"그렇다면 좋네. 소크라테스를 찬양해 보게."

알키비아데스가 말하였다네.

"뭐라고? 그건 대체 무슨 말인가? 하필이면 내가 그것을 하란 말인가? 자네들 앞에서 그를 공격이라도 하란 말인가?"

소크라테스가 말했다네.

"여보게, 자네는 무슨 일을 벌이려는 건가? 나를 칭찬해서 여기서 웃음거리로 만들 셈인가? 아니면 달리 무슨 일을 하려는 건가?"

"저는 진실을 말하려고 합니다. 어떻습니까?"

"좋네. 진실을 말하겠다면 오히려 내가 요청하겠네."

알키비아데스가 말을 했다네.

"그렇다면 당장 시작해 보겠습니다. 그리고 선생님은 이렇게 해 주셨으면 좋겠습니다. 내가 한 마디라도 옳지 못한 말을 한다면 이야기를 하는 도중이라도 망설이지 마시고 제 말을 그만두게 하고 옳지 못하다고 말씀해 주시길 바랍니다. 설사 거짓말을 할 수 있더라도 거짓말을 할 생각은 조금도 없습니다. 그렇지만 저도 모르게 뒤죽박죽이 되게 이야기를 하더라도 당황하지는 말아 주세요. 지금과 같은 상태로는 조리 있게 당신의 그 모든 독특한 성격을 열거하기란 어려운 일이니까요.

여러분, 나는 소크라테스 씨를 찬양하는 연설을 하겠습니다.

비유를 쓰면서 말을 하겠습니다만 그것을 우스갯소리로 오해할 지 모르지만 그것은 어디까지나 농담이 아닌 진실을 말한 것입 니다. 그는 조각가의 작업실에 계속 앉아 있는 실레노스[98]의 좌 상(坐像)과 흡사합니다. 조각가들은 이 좌상을 만들 때, 피리나 클라리넷을 손에 들고 있게 하고, 그 내부에 신들의 상이 보이도 록 하였습니다. 그것에 대한 나의 주장은 이렇습니다. 소크라테 스 씨는 사티로스[99]의 하나인 마르시아스[100]를 닮았습니다.

소크라테스 선생님, 당신의 용모가 실레노스나 마르시아스 의 겉모습과 비슷하다는 점은 당신도 인정할 것입니다. 그리고 다른 면에서도 비슷한 점을 댈 수 있는데 먼저 짓궂다는 것입니 다. 당신이 이것을 인정하지 않는다면 증거를 대겠습니다. 당신 은 피리를 불 수 없다고 말하겠지만 당신은 피리의 명수입니다. 마르시아스보다 놀라운 솜씨를 갖고 있는데 이분은 그의 입에서 나오는 힘으로 사람들을 매료시키는 놀라운 능력을 갖고 있습니 다. 오늘날 피리를 부는 사람도 그와 마찬가지라고 생각합니다. 올림포스[101]가 연주한 곡도 마르시아스가 가르쳐 준 것이니까요. 그런데 이 곡조는 피리를 부는 사람이 능숙한 남자 피리 연주자

---

**98**  Silenos : 디오니소스의 친구로, 언제나 술에 취해 있지만 예언 능력이 있는 노인이다.

**99**  Satyros : 얼굴은 사람의 모습으로 귀가 뾰족하고 코가 넓적하며, 하반신은 염소의 모습을 하고 있 다.대결로 도전했다가 패해 산 채로 가죽이 벗겨졌다.

**100**  Olympus : 마르시아스의 아들Marsyas : 피리를 처음으로 만든 정령으로 여겨지며 아폴론에게 피 리 불기 대결로 도전했다가 패해 산 채로 가죽이 벗겨졌다.

**101**  Olympus : 마르시아스의 아들

이든 서투른 여자 피리 연주자이든 다른 사람이 지니지 못한 힘으로 청중들을 무아지경에 이르게 하고, 신이나 신비로운 것을 동경하는 자가 누구인가를 드러내 줍니다.

이분과 마르시아스의 다른 점은 소크라테스 씨는 악기를 사용하지 않고 오로지 언변으로 똑같은 효과를 낸다는 것입니다. 다른 어떤 사람이 연설할 때, 그가 아무리 훌륭한 언변을 지닌 사람이라 할지라도 적어도 우리는 그것을 신기하게 여기거나 감동을 받지 않습니다. 그러나 이분의 이야기를 직접 듣거나 혹은 제3자의 입을 통해서 전해들을 때는, 그 사람이 서툰 솜씨로 말을 전하여도 듣는 사람은 남녀노소를 가릴 거 없이 경탄하고 압도되고 맙니다.

여러분, 내가 만일 만취한 것이 아니라고 생각하신다면 이분의 말이 나에게 어떤 영향을 끼쳤는지, 그리고 지금도 주고 있는 그 영향을, 있는 그대로 밝히려고 합니다. 이분의 말을 들을 때면 마치 열광적인 춤을 추는 코리반테스의 심장보다 더 격렬하게 뛰며 감격의 눈물이 주체할 수 없이 쏟아집니다. 나 이외의 많은 사람들 역시 이와 같은 상태에 빠지는 것을 보았습니다. 그러나 페리클레스[102]나 그 밖의 훌륭한 연설가들의 연설을 들을 때, 그들이 아무리 뛰어난 웅변을 하여도 그와 같은 느낌을 받지 못하였습니다. 나의 영혼이 그의 노예라도 된 착각에 빠지거나, 마

---

**102** Perikles : 아테네의 뛰어난 정치가, 웅변가로 민주 정치의 전성기를 이끌었으며 30년 간 아테네 정치를 지도했다.

음이 초조해지고 혼란에 빠진 일은 전혀 없었습니다. 그런데 여기 있는 이 마르시아스는 번번이 나를 이러한 상태에 빠지게 했고 그 결과 나는 지금의 생활에 보람을 느끼지 못하고 있습니다. 소크라테스 씨, 당신은 이 말이 진실이 아니라고 부정할 수 없을 것입니다. 그리고 지금 역시도 이분이 하는 말에 귀를 기울이면 똑같은 상태가 될 거라는 것을 잘 알고 있습니다. 이분은 내가 변변하지 못한 나 자신을 돌보지 않고 나라 일에만 쫓기고 있다는 사실을 깨닫게 합니다. 그러므로 나는 세이렌[103]에게서 도망치는 것처럼 이분으로부터 멀리 도망치는 것입니다. 내가 그렇게 하지 않는다면 이분 곁을 떠나지 못하고 늙을 때까지 따라다닐 테니까요. 나는 이분 곁에서 내가 느끼리라고 생각하지도 못했던 부끄러움을 느끼게 됩니다만 이분 앞에서는 금할 수가 없고 그의 말을 거역할 수가 없으며 반박할 수도 없습니다. 그러나 이분을 떠나면 대중의 박수갈채를 받고 싶은 생각에 사로잡혀 그를 저버리게 합니다. 그렇게 이분을 떠나 번번이 도망치고 말지만 다시 만나면 어김없이 지난 일을 수치스럽게 생각합니다. 가끔은 이분이 세상에서 없어졌으면 얼마나 좋을까 하고 생각합니다. 하지만 만약 그런 일이 생긴다면 내가 고통스러울 것이라는 걸 알고 있습니다. 그러므로 이분을 어떻게 다루어야 할 지 도무지 갈피를 잡을 수가 없습니다.

103　Siren : 지중해에 있는 섬에 살면서 노래로 항해하는 사람들을 유혹하여 죽이는 님프.

나 이외에도 많은 사람들이 사티로스의 피리 소리에 마음을 빼앗겼습니다. 지금 내가 한 비유가 이분에게 얼마나 들어맞는지, 그리고 그의 힘이 얼마나 놀라운지 이야기하겠습니다. 지금 여기 있는 여러분들 중에서 이분에 대해 제대로 아는 사람이 한 사람도 없음을 확신할 수 있습니다. 그러나 이렇게 이야기를 입 밖에 내뱉었으니 그 정체를 한 번 폭로해 보겠습니다. 여러분도 아시다시피 소크라테스 씨는 아름다움을 사랑하는 눈을 가지고 있기 때문에 늘 아름다운 소년들을 사랑하는 일에 몰두하는 경향이 있고, 항상 그런 소년들을 사귀는 일에 분주해 그 밖의 일에 대해서는 무지하고 알려고도 하지 않습니다. 바로 이 점이 실레노스와 닮은 점이지 않습니까? 그렇습니다. 마치 조각한 실레노스처럼 표면적으로는 무지를 가장하고 있지만 일단 그의 내면을 들여다보면 상상도 할 수 없는 강한 자제력을 발견할 것입니다. 사실 이분은 세상 사람들이 귀중하게 여기는 아름다움이나 재물 같은 것에는 조금도 관심이 없습니다. 아니 오히려 경멸하는 정도입니다. 그에게는 이러한 것들이 아무 쓸모가 없고 우리들도 마찬가지로 그의 관심을 끌지 못합니다. 나는 확신할 수 있습니다. 이분은 무지로 자기를 숨기고 세상을 희롱하며 살고 있습니다. 그러나 이분이 진지해져 자기 내부를 보일 때에 마음속에 자리 잡고 있는 신상(神像)을 발견한 분이 있는지 의심하지 않을 수 없습니다. 그러나 나는 그것을 본 적이 있습니다. 그것은 거룩하고 귀중하고 아름다우며 황금빛 광채를 띠고 있어 놀라움을 금할 수 없었습니다. 그리하여 나는 그가 시키는 것이라면 무엇이든 순종하지 않을 수 없었습니다. 나는 이분이 나의 젊음의 아름다움과 매력을 진심으로 아끼고 있다고 믿었고, 신이 보내 준 특별한 행운과 은총을 만났다고 생각했습니다. 이분의 뜻에 순종하기만 하면 이분이 알고 있는 모든 것을 들을 수 있으리라고 믿었습니다. 그만큼 나는 나의 아름다움에 자신이 있었으니까요. 그리하여 언제나 하인을 거느리고 이분을 방문하던 것을 그 후부터는 하인을 돌려보내고 언제나 혼자서 이분을 만나 뵈었지요. 나는 지금 있는 그대로의 사실을 말씀드리는 것입니다.

소크라테스 씨, 자세히 듣고 만일 내 말에 거짓이 있다면 주저없이 이야기 해 주십시오. 여러분, 나는 그에게 방문해 단둘이 있었으므로 애자가 그의 사랑하는 소년에게 하듯이 상냥하게 이야기해 주리라 믿었습니다. 그러나 이분은 전과 조금도 변함없이 이야기를 하며 담담하게 하루를 지내었고 나는 그냥 돌아왔습니다. 그 다음 나는 그에게 씨름을 하자고 제의를 했습니다. 이렇게 하면 무언가를 얻을 수 있지 않을까 하여 가끔 씨름을 하였지만 평소 때와 마찬가지였고 달라지는 건 없었습니다. 그 어떤 것도 효과를 거두지 못하여 방법을 바꾸어서 좀 더 공격하고 싶다는 생각을 했습니다. 끝까지 해서 그의 정체를 알아보고 싶었습니다. 그리하여 이분을 만찬에 초대했습니다. 마치 애자가 사랑하는 소년을 초대하듯이 말입니다. 처음에는 초대에 응하려고 하지 않았고 한동안 설득한 끝에 마침내 그를 초대하는 데 성공했습니다. 식사가 끝나자 이분은 곧바로 돌아가려고 하였으므로 나는 할 수 없이 돌려보냈습니다. 그러나 다시 계교를 썼습니다. 다음부터는 식사가 끝나면 일부러 밤늦게까지 이야기를 계속하였고, 돌아가려고 하면 밤이 깊었다는 핑계로 억지로 이분을 머물게 하였습니다. 그래서 그는 자신이 식사하기 전에도 누워 있었던 긴 의자에 나와 함께 누워 쉬었습니다. 그날 밤 그 방에는 우리들 이외에 다른 사람들은 없었습니다. 여기까지는 내가 누구에게나 거리낌 없이 할 수 있는 이야기입니다. 그러나 다음 부분부터는 내가 술이 취하지 않았다면 여러분은 들을 수 없었을 것입니다. 그 이유는 두 가지가 있습니다. 첫째로 속담 중 '술은—여기에다 아이를 붙여도 안 붙여도 상관없습니다—정직'하기 때문이고, 둘째로 소크라테스 씨에 대한 찬사를 시작한 이상 알려지지 않은 그의 고상한 인품과 아름다운 행적을 숨기는 것은 옳은 일이 아니기 때문입니다. 게다가 나는 독사에게라도 물린 것처럼 고통을 당했습니다. 흔히들 이렇게 말하지요. 실제로 고통을 맛본 사람은, 그러한 고통을 겪은 사람 말고는 어떠한 사람에게도 말하고 싶어 하지 않는다더 군요. 왜냐하면 자기와 같은 고통을 겪은 사람만이 이해해 줄 수 있으며, 고통을 맛본 적 없는 사람은 그 고통이 어느 정도인지 이해할 수 없으니까요.

그 고통이 얼마나 아팠는지 경험 있는 사람이라면 내가 무슨 짓을 했다 하여도 이해하고 동정하리라 생각합니다. 나는 가장 지독한 독사에게 물렸습니다. 게다가 가장 아픈 곳을 물렸지요. 심장을, 아니 영혼을 물렸습니다. 이름은 뭐라 붙여도 상관없습니다. 무엇에 물렸냐고 한다면 바로 애지론(愛知論)에 물린 것입니다. 이놈은 젊고 유망한 심령을 사로잡으며 독사보다 더 지독하게 물고 늘어져, 아무것이나 하게 만들었습니다. 이 자리에는 소크라테스 씨는 물론이며 파이드로스, 아가톤, 에리크시마코스 , 파우사니아스, 아리스토데모스, 아리스토파네스 같은 분들이 있습니다. 그 밖의 여러분들도 계시지만 모두들 철학의 광기와 열정에 빠져 버린 사람들이니 내 이야기를 잘 들어 주시길 바랍니다. 여러분은 당시 내가 한 행동과 지금 내가 하는 고백을 너그럽게 이해해 주시고 동정해 주시길 바랍니다. 그러나 그 밖의 문외한들이나 풋내기가 있다면 커다란 방패를 들어 귀를 막고 있어야 합니다.

자, 여러분, 등불은 꺼지고 하인들은 물러났습니다. 나는 나의 감정을 솔직히 털어놓아야 한다고 생각하고 소크라테스를 흔들어 깨우며 말하였습니다.

'주무십니까?'

이분은 이렇게 대답하였습니다.

'아닐세.'

'지금 제가 무슨 생각을 하고 있는지 아십니까?'

'글쎄, 모르겠는데, 대체 무슨 소린가?'

나는 다음과 같이 말했습니다.

'당신은 지금까지 내가 가졌던 애자 가운데 유일하게 합당한 애자라고 생각합니다. 그러나 당신은 여기에 대해서 저에게 한마디 말씀도 하려 하지 않습니다. 내가 느끼고 있는 것들을 말씀드리려고 합니다. 나는 이 문제는 물론이고 당신이 나의 재산이나 친구들의 재산을 탐내더라도 당신의 뜻을 받아들이지 않는다면 그것은 나 자신이 어리석기 때문이라 생각합니다. 나는 높은 덕을 쌓는 것보다 더 소중한 것은 없다고 생각합니다. 그러기 위해서는 저에게 당신보다 더 훌륭하게 도와줄 사람은 없다고 생각합니다. 나는 당신에게 의지하고, 그 뜻에 따라, 당신과 같은 분을 애자로 모시지 못한 것에 대해 어리석은 사람들에게 부끄러움을 당하는 것보다 지식 있는 사람들에게 수치를 당하는 일이 없게 되기를 바랍니다.'

그러자 이분은 내 말을 듣고 있다가 언제나 그렇듯 독특한 어조로 비꼬듯이 대답하였습니다.

'알키비아데스, 자네는 정말 흥정하는 솜씨가 보통이 아니군. 내가 정말 자네가 말한 그런 사람이라면, 즉 내가 자네를 훌륭하게 향상시킬 수 있는 사람이라면 말일세. 나에게서 자네의 육체적 아름다움보다 훨씬 귀한 아름다움을 보았다고 생각한 거 같네. 자네는 아주 유리한 거래를 하려고 하는 것일세. 만약에 자네가 나에게서 그것을 찾고, 자네의 아름다움을 주려고 한다면, 자네는 나에게서 많은 이득을 보는 것이네. 외모의 아름다움을 주고 진짜 아름다움을 받으려는 것이니 말일세. 즉 '청동을 황금으로 바꾸려는 것'일세. 하지만 여보게, 자네는 내가 아무것도 아니라는 것을 모르는군. 육안이 둔해지면 심안이 열리기 시작한다는데, 자네는 아직 그 단계에 이르려면 멀었네.'

나는 이 말을 듣고 이렇게 말했습니다.

'내가 말씀드리고 싶은 것을 사실대로 말씀드린 것입니다. 그러니 당신을 위해서나 나를 위해서 할 수 있는 가장 좋은 일이 무엇인가 생각해 주십시오.'

그러자 그분이 대답하였습니다.

'좋은 의견일세. 그럼 이제부터 이 문제에 대해서나 그 밖의 여러 문제에 대해 우리에게 가장 좋다고 생각되는 것을 연구하고 실행해 보기로 하세.'

그분의 대답을 듣고 보니 마치 내가 쏜 화살에 맞아 그가 상처를 입었다는 생각이 들었습니다. 그래서 나는 일어나 그분이 말할 틈을 주지 않고 나의 외투를 그분에게 덮어 주었습니다. 그러고는 나는 그분의 허름한 외투를 뒤집어썼습니다. 그때는 겨울이었으니까요. 그리고 내 두 팔로, 놀랍고도 기이하며 영적인 인간을 끌어안고 하룻밤을 지냈습니다. 소크라테스, 설마 이것이 거짓말이라고 하시지는 않겠지요? 그러나 내가 온갖 노력을 해도 이분은 나의 젊음과 아름다움을 압도했으며, 나는 내 젊음에 굉장히 자신감이 있었지만 그분은 나의 매력을 경멸하였고 비웃었습니다. 심판관 여러분—여러분은 여기서 소크라테스 씨의 오만한 행동을 재판하고 있기 때문에 이렇게 부르겠습니다—나는 하늘에 있는 신들과 여신들에게 맹세하겠습니다. 나는 그날 밤 소크라테스 씨와 함께 잠을 잤지만, 다음 날 아침에 일어났을 때 보니 아버지나 형과 함께 잔 때와 조금도 다르지 않았습니다. 이런 일이 있은 후 내가 어떤 생각을 하였는지 아십니까? 나는 모욕을 당했다고 생각했지만, 이분의 자제력과 용기에 대해 찬탄하지 않을 수 없었습니다. 이 세상에서는 만나기 힘들다고 생각했던 지혜와 자제력이 뛰어난 분을 만났기 때문입니다. 결국 나는 그에게 시비를 걸며 화를 내지도 못하고, 그렇다고 그와의 관계를 끊을 수도 없었으며 또한 그의 마음을 사로잡는 방법도 찾아내지 못한 것입니다. 아이아스가 창검에도 끄덕도 하지 않았던 것처럼 재물에 흔들리지 않는다는 것을 알고 있으며, 내가 그를 사로잡을 수 있을 거라 생각한 유일한 방법도 전혀 통하지 않았기 때문입니다. 그래서 나는 어쩔 줄을 모르고 그저 헛헛한 마음으로 방황하였습니다. 이렇게 완전히 포로가 되어 남에게 마음을 준 일은 이제까지 한 번도 없었을 것입니다.

우리가 포티다이아[104]의 전투에 나가기 전 이와 같은 일이 있었습니다. 우리는 함께 출정하여 밥을 먹었습니다. 이때에 대해 말하자면 어려움을 견디는 힘은 어느 누구도 이분을 당할 사람이 없을 것입니다. 어느 곳에서는 적에게 포위되기도 하고 양식이 떨어져 굶어 죽을 위기를 겪는, 싸움터에서 흔히 생기는 일이지만 이분처럼 오랫동안 고난을 견디는 분은 없었습니다. 그러다가 군량이 넉넉해지면 이분처럼 음식을 즐기는 사람 또한 없었습니다. 또 이분은 술을 좋아하지는 않았지만 누가 권하면 아무도 당할 수 없을 만큼 술에 강했습니다. 그리하여 아무도 소크라테스 씨가 술에 취한 모습은 보지 못하였습니다. 그뿐만이 아닙니다. 그곳의 겨울은 지독하게 추웠는데 추위를 견디는 일에 있어서도 소크라테스 씨보다 나은 사람은 없었습니다. 하루는 추위가 너무 심하여 아무도 밖으로 나가려고 하지 않았습니다. 외출할 일이 생겨도 두껍게 입고 솜이나 양피로 다리와 발을 싸매고 방한을 단단히 하여 나갔지만 이분은 혹독한 추위 속에서도 언제나 걸쳐 입는 외투에 구두도 신지 않고 태연하게 맨발로 빙판 위를 걸었습니다. 그 걸음걸이는 신을 신고 걷는 남들의 걸음걸이보다 더 가벼웠습니다. 모든 병사들은 소크라테스 씨가 자기들을 모욕하는 것으로 생각하여 노여워하며 그를 바라보았습니다. 이 이야기는 이쯤에서 그만하겠습니다. 그러나 그 전쟁터

104  Photidaia : 아테네가 승리를 거둔 전쟁터

에서 '이 용사가 무슨 일을 하고 어떤 일을 참아 왔는가?'[105]는 충분히 이야기할 수 있는 가치가 있습니다. 어느 날, 이른 아침에 소크라테스 씨는 어떤 문제가 떠올라 그것을 해결할 실마리를 찾기 위한 생각에 골몰해 있었습니다. 그러나 그 실마리는 좀처럼 떠오르지 않아 미동도 하지 않고 한곳에 서 있었습니다. 해가 한가운데 떴지만 좀처럼 움직이지 않자 이상하게 생각한 병사들이 그가 무슨 생각으로 언제까지 서 있는지 수군거렸습니다. 해가 지고 저녁이 되자 이오니아에서 온 사람들이 식사를 마치고 침구를 가지고 나와—그때는 여름이었습니다—밖에서 자기로 하였습니다. 또한 서늘한 바깥에서 잠을 자며 소크라테스 씨의 모습을 보기 위해서였습니다. 새벽이 되고 태양이 다시 떠오를 때까지 그는 그 자리에 서 있었습니다. 그리고 태양을 향해 기도를 하고는 그 자리를 떠났습니다.

여러분이 괜찮으시다면 싸움터에서 그의 행동에 대해 좀 더 말하겠습니다. 그분의 공적은 옳고 공정하게 밝혀야 한다고 밝혀 두는 것이 옳은 일이라고 생각되니까요. 내가 용맹하게 전투에 임했다고 표창을 받은 전투[106]에서 나를 도와준 유일한 분이 소크라테스 씨입니다. 그때 나는 부상을 입었고 그는 나를 버리지 않고 상처를 치료해 주었습니다. 나는 물론 나의 무기도 함께

---

**105** 『오디세이아』 제 4장 24.
**106** 기원전 432년 전에 벌어진 전투로, 포위 작전 직전에 있던 전투.

구해 주었습니다. 그때 사실 지휘관에게 표창장을 주어야 할 사람은 소크라테스 씨라고 간청했습니다. 소크라테스 씨, 이점에 대해서는 당신도 내가 잘못을 했다고 생각하지 않으실 것입니다. 진실을 말하지 않는다고 말하지 못하실 것입니다. 하지만 지휘관은 내 신분과 가문을 보고 나에게 표창장을 주려고 하였습니다. 그때 소크라테스 씨 당신은 그 지휘관들보다 더 열심히 내가 표창장을 받아야 한다고 강조하였습니다. 그리고 여러분, 우리 군대가 델리온에서 패배하여 후퇴하였을 때[107] 소크라테스 씨의 모습은 참으로 장관이었습니다. 군대는 제각기 흩어져 도망치고 있었습니다. 후퇴가 시작된 다음에 라케스[108]와 함께 걸어가는 소크라테스 씨를 보았습니다. 나는 뜻밖에 그들을 보게 되어 가까이 다가가서 기운을 내라고 격려했고, 그들을 버리고 가지는 않겠다고 말했습니다. 그리고 이때에 나는 포테이다이아 때보다 더 자세히 소크라테스 씨를 살펴볼 수가 있었습니다. 말을 타고 있던 나는 공포심이 덜했기 때문입니다. 첫째로 나는 그가 라케스보다도 더 머뭇거리지 않고 묵묵하게 있는 것을 보았습니다. 그리고 아리스토파네의 말을 인용하면, '사방을 둘러보며 당당하게[109] 걸어갔습니다.' 그리고 조용히 아군과 적군을 살펴보며 걸어갔습니다. 멀리서 보더라도 누가 이분을 건들기만 한다면

---

**107**  기원전 424년에 있던 전투로, 보이오티아 북동쪽 델리온에서 전투가 있었다.

**108**  Laches : 후에 유명한 장군이 되지만 이 전투 당시는 병졸이었다.

**109**  아리스토파네스의 『구름』 362에 나오는 소크라테스의 걸음걸이 묘사.

완강하게 자신을 방어하며 적을 물리칠 것이라는 사실을 알 수 있었습니다. 그리하여 모든 전우들이 침착하게 행동하며 무사히 후퇴했습니다. 전쟁에서는 이렇게 태연하고 덤덤한 사람은 함부로 건드리지 않으며, 오히려 비겁하게 도망치는 사람만이 적의 추격을 받기 마련이니까요.

소크라테스 씨를 찬양하려면 이 밖에도 놀라운 일들이 많이 있습니다. 평상시의 생활 습관에 관해서는 다른 사람과 그다지 다르지 않을 것입니다. 하지만 놀라운 점은 그의 변론과 성품에 있어서는 이 세상에 살아 있는 사람이든 죽어 있는 사람이든 견줄 수 있는 사람이 어느 누구도 없다는 것, 닮은 데가 없다는 것, 그것이야말로 가장 놀라운 일입니다. 가령 아킬레우스와 비슷한 사람으로는 브라시다스[110]와 그 밖의 몇몇 사람을 들 수 있고, 페리클레스와 비슷한 사람으로는 네스토르[111]나, 안테노르[112], 그 밖에 많은 사람을 들 수 있을 것입니다. 그 외 사람들 역시 이렇게 비슷한 사람을 들어 견줄 수 있습니다. 하지만 소크라테스 씨는 그의 언변이나 성품이 너무나 신비로워 요즈음이나 옛날을 막론하고 견줄 수 있는 사람이 없습니다. 다만 실레노스나 사티로스들하고 비교를 할 수 있을 것입니다. 앞서 말할 때 빠뜨렸지만 그가 이야기하는 모습은 열려 있는 실레노스와 닮은 점이 있습니

---

110  Nestor : 전술이 뛰어났던 트로이 전쟁 때의 명장.
111  Nestor : 전술이 뛰어났던 트로이 전쟁 때의 명장.
112  Antenor : 트로이 전쟁에서 트로이 장로 가운데 하나로 웅변을 잘했다.

다. 소크라테스의 이야기에 귀를 기울이고 있으면, 처음에는 그의 말이 허무맹랑하다고 생각할 것이고, 그의 어조는 마치 거만한 사티로스의 털가죽처럼 이상한 어구를 뒤집어쓰고 있습니다. 예를 들어 그는 언제나 짐을 싣는 당나귀, 제화공, 대장장이에 관한 것을 말하지요. 그리고 늘 똑같은 말로 똑같은 소리를 하는 것처럼 보여서 무지하고 어리석은 사람은 그의 이야기를 비웃을 것입니다. 그러나 열려 있는 내부로 들어가서 살펴본 사람은 그의 말이 의미가 있고 함축성이 있다는 것과 더할 나위 없이 거룩하고 여러 가지 덕을 지녔음을 알 수 있습니다. 또 고상하고 훌륭하게 되고자 하는 사람에게는 이분의 모든 말이 도움을 주는, 아니 모든 것에 영향을 끼치고 있음을 알게 될 것입니다.

여러분, 이것이 내가 소크라테스 씨에게 바치는 찬사입니다. 여기에는 이분에 대한 비난과 이분이 나를 어떻게 모욕했는지도 들어 있습니다. 하지만 그가 이렇게 모욕을 준 사람은 나뿐만이 아닙니다. 글라우콘의 아들 카르미데스, 디오클레스의 아들 에우티데모스, 그리고 그 밖의 많은 사람들이 있습니다. 소크라테스 씨는 구애자인 듯 보이지만 오히려 피애자(被愛者)의 위치에 있었던 것입니다. 그러므로 아가톤, 우리의 이와 같은 경험을 거울삼아 이분에게 속지 않도록 유의하게. 저 속담에 나오는 바보처럼 자기의 경험으로만 배워서 아는 어리석은 자가 되지 않도록 하게."

알키비아데스의 연설이 끝나자 그의 노골적인 이야기에 많은 웃음이 터져 나왔네. 그는 여전히 소크라테스를 사랑하고 있는 것처럼 보였으니까 말이네. 이때 소크라테스가 말했다네.

"알키비아데스, 자네는 취한 것 같지가 않군. 만일 술에 취했다면 그렇게 솜씨 있게 자네의 본심을 숨기며 돌려서 말을 하지 않았을 걸세. 그리고 맨 마지막에 자네는 본색을 슬쩍 끄집어내고 말았네. 나는 자네의 애자가 되고 다른 사람을 사랑해서는 안 된단 말이지? 또 아가톤은 자네의 애인이 되고 다른 사람의 애인이 돼서는 안 된다고 생각하고 있지 않은가? 자네는 교묘하게 아가톤과 나 사이를 이간질하고 있지만 우리는 자네 목적을 알아차렸네. 사티로스와 실레노스를 등장시킨 시시한 연극의 목적은 드러나고 말았네. 그러니 아가톤, 저 친구가 원하는 대로 하게 돼서는 안 되네. 자네와 나 사이를 이간시키지 못하도록 명심해야 하네."

"네, 옳은 말씀입니다. 어째서 저 사람이 우리 두 사람 사이에 자리를 잡았는지 그것 또한 우리를 이간시키기 위해서가 아니겠습니까? 그러나 그의 뜻대로 되지는 않을 것입니다. 오히려 제가 당신의 옆에 갈 테니까요."

소크라테스가 말하였습니다.

"그러게. 내 곁에 자리를 잡게."

알키비아데스가 입을 열었다네.

"제우스여, 이분은 또 나를 괴롭히려고 하는군. 이분은 언제나 나를 굴복시켜야 하는 모양입니다. 달리 좋은 방법이 없다면 아가톤을 우리 두 사람 사이에 자리 잡게 합시다."

소크라테스가 다시 말하였다네.

"그건 안 되네. 자넨 방금 나를 찬양하지 않았나? 이제는 내가 오른쪽에 있는 사람을 찬양해야 하네. 그러니 만일 아가톤이 자네 아랫자리에 앉으면 내가 그를 찬양해야 하는데 오히려 그가 다시 나를 찬양하는 꼴이 되지 않는가? 내가 이 젊은이를 찬양하는 것을 심술궂게 방해하지 말아 주게. 나는 이 젊은이를 꼭 찬양하고 싶네."

이 말을 듣자 아가톤이 입을 열었다네.

"알키비아데스, 나는 여기 그냥 있을 수가 없네. 선생님의 칭찬을 받기 위해서라면 어디로든지 자리를 바꾸겠네."

알키비아데스가 말하였다네.

"소크라테스 씨가 있는 곳에서는 늘상 이런 식이라니까. 다른 사람은 누구도 아름다운 자를 차지할 수 없다니. 지금도 얼마나 쉽고 교묘하게 아가톤을 그의 곁에 앉히는가 보란 말일세."

아가톤이 소크라테스의 옆에 자리를 잡기 위해 일어서자 그 순간 술 취한 무리가 몰려들어 연회장은 소란스러워졌네. 누군가가 밖으로 나갈 때 문을 열어 놓은 틈을 타 잔치 자리로 밀려온 것이네. 자리가 떠들썩해지고 질서도 무너졌으므로 자연히 많은 술을 마시게 되었다네. 아리스토데모스의 말에 의하면 에리크시마코스와 파이드로스 및 그 밖의 사람들은 밖으로 나가 버리고,

그 자신은 잠이 들었는데 눈을 떠 보니 새벽녘이라 닭이 울고 있었다고 하더군. 그가 일어나 주위를 둘러보니 집으로 돌아간 사람들도 있고 잠들어 있는 사람도 있었는데 아가톤과 아리스토파네스와 소크라테스만이 큰 술잔을 돌려 가며 이야기를 나누고 있더라는군. 하지만 아리스토데모스는 처음부터 그 이야기에 끼지 못했고, 졸음이 와서 그들이 무슨 이야기를 나누었는지 기억이 나지 않는다고 하더군.

대략 이야기하자면 그 이야기의 요점은 희극을 쓸 수 있는 사람이 비극을 쓸 수 있고, 비극을 쓸 수 있는 사람은 희극을 쓸 수 있다는 것에 대해 소크라테스가 두 사람에게 이해시키고 있었네. 아가톤과 아리스토파네스는 잘 이해하지도 못하면서 그의 생각에 동의하지 않을 수 없어 고개를 끄덕이더니 먼저 아리스토파네스가 잠들고 날이 완전히 밝을 무렵에 아가톤이 잠들었네. 소크라테스는 그들이 깊게 잠들자 밖으로 나가 버렸는데 아리스토데모스가 그를 따라갔다네. 소크라테스는 리케이온[113]에 가서 목욕을 하고, 어느 때와 같은 하루를 보내고 저녁에 집으로 가서 쉬었다더군.

---

113 Lykeion : 아폴론에게 바치는 김나지움으로, 아테네 동쪽 교외에 있었다.

**소크라테스의 변명 | 파이돈 | 크리톤 | 향연**

초판 인쇄   2020년 1월 2일
초판 발행   2020년 1월 6일

지은이      플라톤
옮긴이      강윤철
펴낸이      김상철
발행처      스타북스
등록번호    제300-2006-00104호
주소        서울특별시 종로구 종로1가 르메이에르 1415호
전화        02) 735-1312
팩스        02) 735-5501
이메일      starbooks22@naver.com
ISBN        979-11-5795-496-4  03160